一种未明的动物

增订本

马小星 著

上海社会科学院出版社

我们必须带着对于大自然的无边法力的更大虔敬和对于我们的愚昧和弱点的更深切的自惭去评判。多少可能性极小的事物，为一些忠厚可靠的人所证实，即使我们仍不信服，至少也得把它们暂且当作结论。因为，断定它们不可能，便等于带着鲁莽的臆断去自命知道一切可能。

——M.E.蒙田

目 录

引言 关于"龙棚"的传说   1

最能引起我兴趣并使我沉浸其中的,乃是一个很少被人想到的古怪问题:这个故事在生物学上有什么依据吗?

第一章   11
云遮雾障 龙归何处

数千年的文化累积,使龙的形象变得越来越庞大,也越来越模糊了。 然而,即使我们将讹传、误认、冒用等各种因素充分估计在内,仍无法彻底排除龙作为一种动物的现实可能性。

第二章   27
被遗忘的历史记载

历经两千多年风雨剥蚀而依然保存下来的这些记载,不约而同地指向同一个目标——一种在自然的长河中曾经出现过,却被现代学术界所忽视的珍稀动物。

第三章   *63*

来自松嫩平原的目击报告

令人惊讶的是,直至1944年,在我国东北地区的某处江滩,还有数百名群众亲眼目睹了这一罕见的巨型动物,并且依照古来流传的方式,重演了一幕救助"黑龙"的动人场景。

第四章   *85*

在神话与现实之间

古代文化以龙为喻,并非凿空乱道,而是言有所据。 不论民间艺术家们给龙添上了多么奇异的色彩,它的基本形象及生态特征,依然没有脱离隐藏在背后的那个生物原型。

第五章   *107*

千古悠悠说"豢龙"

在远古的某一时期,龙曾经是可以豢养的,并且还出现过以豢龙为专业的家族。 随着时间的推移,那些古代豢龙师的经验,难道真的就灰飞烟灭、不存片鳞了吗?

第六章   *131*

龙、蛇、蛟、鳄异同辨

龙、蛇、蛟、鳄,分别是四种动物,不可混为一谈。 蛇、鳄是现存的动物,实物俱在,一目了然;龙、蛟是历史上曾经有过的动物,后来渐趋绝迹,今已名存实亡。

第七章 *159*

鱼性未泯的古老动物

龙之形象"与鳄鱼为近",但并不等于就是鳄鱼。我们搜索的目光,曾经长时间停留在现代爬行类的身上,却没有意识到龙很可能是一种跟原始鱼类有着最直接联系的古代两栖动物。

第八章 *189*

龙无尺水　无以升天

古人要求控制降水量的强烈愿望,为什么不寄托于其他动物,偏偏要投注到这种被称为"龙"的动物身上呢? 会不会是跟这种动物本身的特殊习性有关呢?

第九章 *213*

今人不见古时月

由于所处环境的不同,古人实际接触到的珍禽异兽,其种类之繁多,历史之古老,可能远远超出我们的估计。"有其名而无其物者",未必都是出于古人的假想。

第十章 *235*

从环境到政治的"指示生物"

古人对于"四灵"的崇拜和宣传,最初跟生态保护的意识有密切关联。 这种朴素的动物崇拜,后来被纳入了政治伦理化的歧途,生物界的珍品被改造成了政治界的"神物"。

结语

一个半醒半睡的梦 *257*

某些动物的客观存在是一回事,将这些动物赋予何种人造的意义则是另一回事。如果说古代社会有关龙的种种传言带有梦幻色彩,那也只是"一个半醒半睡的梦"。

附录一

我写作《黑龙》一文的缘起 任青春 *266*

附录二

为了寻访"黑龙"的目击者 戴淮明 *273*

附录三

走访在肇源的土地上 马小星 *291*

附录四

风来风去走风华 崔万禄 *328*

附录五

十五年后再启程 马小星 *337*

增订本后记 *361*

引 言
关于"龙棚"的传说

最能引起我兴趣并使我沉浸其中的,乃是一个很少被人想到的古怪问题:这个故事在生物学上有什么依据吗?

本书伊始,请允许我先来讲一个故事,一个流传在我国东北地区的关于"龙棚"的传说故事:

吉林省九台县,有个地方叫冷棚。其实,这地方早先年是叫龙棚的,后来叫白了,才叫成冷棚。当初为什么叫龙棚呢?说起来话就长了。

先前,这地方是个很小的村庄。村庄里住着一个小伙子,名叫张祥。张祥靠着一手好木匠活儿,养活老母和媳妇。张祥的手艺比鲁班还巧,不但能盖房子、修桥,还会做飞禽走兽,天上飞的,地下走的,河里凫的,没有他做不上来的。周围百儿八十里,没有不知道他的。

张祥的名声,一来二去传到了龙宫。这一年龙王要修龙宫,请遍了天下的能工巧匠,张木匠也被请去了。张祥到了龙宫,就锯拉凿砍,雕龙画凤,修起龙宫来了。

张祥身在龙宫,心里可常常惦记着家乡。有一天晚上,他和龙王闲唠嗑,唠来唠去他就问龙王:"龙王大哥,我们家乡那边今年是旱啦,还是涝啦?"龙王一查旱涝簿子,说:"木匠兄弟,你们家乡今年是大旱哪!"张木匠听他这么一说,心里"咯噔"一下子,可着急啦,又忙问:"龙王大哥,既然是大旱,你咋不去行雨呀?"龙王说:"木匠兄弟,你不知道龙宫里的规矩呀!哪儿旱哪儿涝,早就安排定了。今年你们家乡要大旱九十九天啊！"

张木匠一听大旱九十九天，心里更急啦。他想起过去家乡闹旱灾，地旱得直冒烟，眼看到手的庄稼全旱死了，家家户户都吃草粮，啃树皮，有的就饿死在道旁边。如今要大旱九十九天，这可让乡亲们怎么活下去呀？他就求龙王："龙王大哥，看在小弟面上，你就行雨救救我们家乡老百姓吧；若不，连我老娘和媳妇都得饿死呀。"龙王听了张木匠的话，哈哈大笑，说："木匠兄弟，你真是直心眼。你给我修龙宫，将来我多给工钱，你娘和媳妇尽管吃好的喝好的，天再旱也饿不死呀！"张木匠说："那些老百姓怎么办哪？"龙王说："你有吃有喝就行啦，管他们干啥？"张木匠一听这话，可气坏了，就顶了龙王一句："若是你亲戚朋友龙子龙孙都活活饿死了，光给你好吃好喝，你就不心疼？"龙王说不过张木匠，一甩袖子回龙宫去了，说啥他也不行雨。

张木匠看龙王走了，心里说：你走了，我也会走！他收拾收拾家什，就吵吵着要回家。他这一吵吵，龙王可就着急啦，怕他走了没人修龙宫，就赶紧跑出来拉住张木匠，说："木匠兄弟，怎么走啊？"张木匠说："家乡大旱，我得回去看看。"龙王就拿出一颗宝珠，递给张木匠，说："你们一家三口一辈子也用不完哪！"龙王还以为这回张木匠准乐了哪！哪曾想，张木匠接过宝珠，看也不看，就扔在地上了，还是对龙王说："你不行雨，我就走。"

这下子，龙王恼羞成怒，翻脸不认人了，他喊声："来人，给我绑上！"当时就过来几个虾兵蟹将，把张木匠绑上了。龙王一瞪眼睛，问张木匠："张木匠，你修不修龙宫？"张木匠可一点不怕，他也一挺胸脯，问龙王："龙王，你行不行雨？"龙王说："我不行！"张木匠说：

"我不修!"这可把龙王活活气死啦,他哇呀哇呀乱叫道:"拉出去,给我——"他刚说要杀,又一想,杀了可没人给修龙宫啦。于是,龙王下了一道命令:虾兵蟹将看守张木匠,只准他待在干活的地方,不准他出去,若是他不修龙宫,就让他老死在龙宫里。

这回,张木匠可难住了,出又出不去,这可怎么办呢?他在干活的地方转来转去,冷不丁的,看见了自己那把斧子,灵机一动,有啦!他操起斧子,那些虾兵蟹将还以为他要干活呢。谁知张木匠却照着立柱,"当当当"三下,就把立柱给砍断了。这立柱一倒,可了不得了,就听"嘎吱吱"山响,眼瞅着龙宫向一边慢慢地倒下去。龙宫里的家什摆设,都稀里哗啦地东倒西歪。那些虾兵蟹将、龙子龙孙,都觉得头晕眼花直转悠,站也站不住啦。这下子,龙王可吓坏了,他连忙跑出来,口口声声地喊:"木匠兄弟请停手!"

张木匠看见龙王那个可怜相,又生气又好笑,说:"不让它倒也行,你得答应我三个条件!"龙王急得什么也不顾了,说:"你说吧!"张木匠说:"一,马上去行雨。"龙王说:"行。"张木匠说:"二,把旱涝簿子改了,以后永无旱灾水灾!"龙王说:"行。"张木匠说:"三,行雨的时候,我也去,我说下就下,说停就停。"龙王说:"行,你只要别让龙宫倒了就行。"张木匠见龙王都答应了,就拿根柱子,往节骨眼地方一顶,说也怪,龙宫立刻就稳稳当当的,不往下倒了。龙王看龙宫不倒了,这才松了口气。他又问张木匠:"木匠兄弟,龙宫还斜歪着呢,怎么办哪?"这时,张木匠的怒气也消了,他哈哈一笑,又管龙王叫起大哥来,他说:"龙王大哥,这好办,等你行完雨,我就把它弄正道了。那时啊,我把龙宫给你修得比玉皇大帝的灵霄宝殿还要好!"

龙王听了,真是哭也不是笑也不是。他给张木匠一件龙袍,张木匠一穿上,立刻变成一条金翅金鳞的五爪金龙。龙王还给他一把金豆子,叫他攥在手里,临走时还告诉他:"行雨的时候,千万不兴笑。若是一笑,可就得掉到地下去。"嘱咐完了,就带着他们去行雨。

张木匠混在这群龙里,腾云驾雾,觉得挺有意思。他往下一看,只见山啊,河啊,房屋啊,可美了,像画似的。张木匠心想:龙王也没啥了不起的,咱披上龙袍,不也腾云驾雾?若行起雨来,比龙王还好,哪干旱往哪去。若是我当龙王啊,准保年年风调雨顺,让咱庄稼人年年过好日子。

走着走着,到他们家啦。张木匠往下一看,家乡和别处可不一样啊!地旱得都裂了,庄稼又黄又焦,眼看就枯死了。乡亲们一个个都愁眉苦脸。看着这些,张木匠心里一阵难过,他急忙喊:"下雨!"龙王就呼风布云,下起雨来啦。这场雨真个好啊!大地眼瞅着就由黄变黑,庄稼眼瞅着就由黄变绿,由绿变青,一个劲儿往上长。那些乡亲们也不避雨,都跑出来,站在雨里,仰脸朝天直喊:"好雨!好雨!"张木匠乐得不得了。

一会儿,他又看见他老娘乐呵呵地往家抱柴火;还有她媳妇,正挑着一担水,往家紧走。张木匠心里更乐啦,他想逗媳妇一下,就拿手里的金豆子迎头冲媳妇抛下去。哪知道,那金豆子一下子就变成雹子,把他媳妇打个趔趄,把水罐子也打破了,吓得他媳妇紧忙往家里跑。张木匠一看,可忍不住了,就哈哈一笑。这一笑可坏事了,他就觉得忽悠一下子,就打天上掉下来啦。

再说下边的人,盼来场好雨,一个个都欢天喜地。等雨过去了,天晴了,出外一看,可就看见了天上掉下来的这条龙。大伙都奇怪得不得了。这时有个白胡子老头知得多见得广,走出来说:"这龙是为咱们行雨掉下来的,他救了咱一方的老百姓。龙离不开水,咱也不能让它干巴死了。"大伙一听,说:"对。"就忙着给龙搭个棚子遮太阳。棚子是用芦席搭的,龙多长,棚子就多长。大伙又不住劲儿地往龙身上浇水。就是这样,还是不行。五黄六月天,龙鳞底下,眼角里,都长蛆芽子啦。大伙急急忙忙地挑水浇龙,还有他媳妇,也往他身上浇水。可是谁也不知道这龙就是张木匠;张木匠眼睁睁地看着乡亲们,心里明白,干着急,可就是说不出话来。

等龙王回到龙宫里,一查龙数,才知道张木匠没回来,掉下去啦。龙王有心不管,可是龙宫还斜歪着哪;还有张木匠穿去的那身龙袍,也是龙宫里的宝贝。他只好又派虾兵蟹将去,打一阵雷,下一阵雨,把张木匠接回去。张木匠回到龙宫,咋也没咋的,照样给龙王修龙宫。龙王又憋气又窝火,可又不敢说啥。张木匠这回干活也真上心,把个龙宫修得十分漂亮。

后来,张木匠修完龙宫,回到家乡。乡亲就告诉他说这儿掉下过一条龙。张木匠哈哈大笑说:"那就是我呀!"大伙开始都不信。张木匠就把他怎么去修龙宫,听说家乡大旱,逼着龙王来行雨,又怎么一笑就掉下来了,从头到尾,原原本本说了一遍。又说他掉下来以后,大伙怎么给他搭棚子遮凉,谁谁谁挑水浇他胳膊,谁谁谁挑水浇他的腿,哪家叔叔浇他的头,哪家大爷浇他的尾,他媳妇怎么浇他的眼睛,哪个人说了些什么话……说得清清楚楚,一点也不差,大伙这才信啦。

打那以后,这地方人家越聚越多,变成了大村庄。就因为在这儿给龙搭过棚子,后来,人们就给这个地方取名叫龙棚。人们一讲起这名字的来历,也就忘不了那个聪明能干,强迫龙王行雨,救了老百姓的张木匠。①

读者也许会感到纳闷：你一上来就没头没脑地讲了这么一大篇"龙王行雨"的荒诞故事，究竟想要说明什么问题呢？

请读者少安毋躁。

这个故事实在是很有意思的，若从不同的方向去阅读，将会有不同的收获。研究历史的人，或许可以看到我国北方人民战胜干旱天气的长久愿望和乐观精神；研究文学的人，或许可以发现蕴藏在民间艺术家之中的卓越想象和精巧构思；研究民俗的人，或许可以由此推想古代的祭龙风俗留给民众心理的深刻影响；研究地名学的人，或许又可以从中窥见某些地名的演变与民间传说的微妙联系。然而，这一切都不是本书所要讨论的主题。

最能引起我兴趣并使我沉浸其中的，乃是一个很少被人想到的古怪问题——

"这个故事在生物学上有什么依据吗？"

我知道，提出这样的问题，是明显违背常识的。因为常识告诉我们，龙是先民们幻想出来的图腾动物，在现实的世界里根本没有它的踪影。谁想要从一个木匠智斗龙王爷的传说故事中，去寻找什么"生物学上的依据"，那就好比石头上种树、枯井里打水，完全是脱离实际的异想天开。

可是，常识就真的那么可靠吗？

五百年前的常识告诉我们，太阳是环绕着地球旋转的；四百年前的常识告诉我们，物体下坠时的速度与其重量成正比；三百年前

---

① 姜大娘口述，赵勤轩、王博搜集整理，选自《百花点将台》第184—189页，吉林人民出版社1982年版。本书引录时略有删节。

的常识告诉我们,人体的血液是从心脏流向四肢,一去不复返的;两百年前的常识告诉我们,人类与猿猴的亲缘关系,纯粹是无中生有的捏造;直到一百年前,常识还告诉我们,比空气重的机器是永远不可能飞起来的。今天,我们还相信这些常识吗?难怪老黑格尔在讲述哲学史的时候,要一再提醒他的听众们:"健全的常识是一个时代的思想方式,其中包含着这个时代的一切偏见,常识总是为它所不自觉的思想范畴所支配的。"①

"龙为幻想之物"的观念,是紧跟着近代科学的输入、伴随着反封建主义的思潮一起出现的。应当承认,这一观念在社会上产生广泛影响,不仅具有历史的进步性,而且有着科学的合理性。因为它是以生物考古学的某一阶段性成果为依据的,体现了近代科学反对迷信、注重实证的精神。然而,矫枉过正仿佛是思想界革命的惯例。在近代科学史上,为了批判某种神秘主义的观点,往往连同这种观点所依赖的基本事实也一块儿抹杀了,这样的例子早已是屡见不鲜。因此,当我们以十分坚决的态度否定神龙迷信的时候,有必要再冷静地反问一下自己:我们是否已经详尽地占有并仔细地研究过古人遗留下来的全部记录资料呢?我们是否充分注意到了古今环境的变迁,考虑到了构成这一千古谜案的各种内在和外在的因素呢?凭我们现有的结论,能够圆满地解释这种发生在古代文化史上的颇为奇特的动物崇拜倾向吗?

南宋时期,抚州白杨寺有一位不算太出名的法顺禅师,曾经写过这样一首偈子:

---

① 黑格尔:《哲学史讲演录》第2卷,商务印书馆1960年版,第33页。

顶有异峰云冉冉,源无别派水泠泠。

游山未到山穷处,终被青山碍眼睛。①

从认识论的角度来看,这首偈子的比喻是意味深长的。游山者大多有这样的体会,随着脚步的不断移动,眼前的景物也在发生变化,方才以为风光阅尽,丘壑在胸,谁知转过一道山岔,忽又发现曲径通幽,别有洞天。人类对于客观事物的认识也是如此,总是由浅入深、回环反复,不可能一次性完成。在我看来,科学从来不是一种既定的结论,而是一个持续发展的过程。科学既然在本质上是反迷信和反权威的,它也同样不应当迷信自己的某些阶段性结论。倘若将科学仅仅当作一种结论而不是看作一个过程,那么,再完美的科学结论也会像半道上的"青山"一样,遮挡了人们继续探索的目光。

我们不要忘了 L.维特根斯坦的告诫:

科学是重新使人入睡的途径。②

---

① 《五灯会元·龙门远禅师法嗣》。
② 维特根斯坦:《文化和价值》,清华大学出版社 1987 年版,第 7 页。

第一章
云遮雾障　龙归何处

数千年的文化累积,使龙的形象变得越来越庞大,也越来越模糊了。然而,即使我们将讹传、误认、冒用等各种因素充分估计在内,仍无法彻底排除龙作为一种动物的现实可能性。

假如要从浩若烟海的中国文化典籍中，遴选出一种动物来，最能够代表中华民族悠远的历史、宏伟的气势、复杂多变的精神世界以及浓郁的东方神秘色彩，那么，这项桂冠非龙莫属。

遗憾的是，龙——这种在中国文化史上占有崇高地位的动物，在自然界似乎还找不到它的位置。近百年来，学术界在神龙是否存在的问题上，基本倾向是否定的。凡是自认为已经同迷信思想划清了界限的人，都不会相信龙是一种真实存在的动物。

既然如此，那么，龙的概念又是缘何而来呢？有人说，龙是原始人看见天空中的闪电而引发的奇妙联想；有人说，龙是人们将咆哮的山洪经过艺术加工而形成的生物化意象；有人说，龙是基于云、雨关系的一种功能性解释，反映了原始先民对想象中的司水之神的崇拜心理；还有人说，龙是图腾制氏族社会所使用过的一种族徽，对龙的崇拜实际上就是对蛇的敬畏。如此等等，不一而足。

龙的崇拜，在我们民族的历史上可谓源远流长。新近出土于辽宁查海古遗迹中的龙纹陶片，又将龙文化的起源推溯到了八千年以前。既然在新石器时代就发现了龙文化的遗迹，因而将龙看作是一种早期的图腾动物，似乎也在情理之中。可是，殷周秦汉以来的社会，离开图腾时代已经很远了，为什么崇拜龙的势头非但没有减弱，反而变本加厉，愈演愈烈，有关龙的新传说层出不穷，以至达到了令人目眩的程度呢？有一种颇为圆通的解释：早期各部落崇拜的图腾形象，大多数是崇拜物的本来面目。后来，黄帝氏族在统一的过程中，创造出一种以蛇身为主体，融入其他动物特征的综合性族徽，取代了各部落原先使用的单一的族徽。这种被称为"龙"的崭新形象，它的图腾意义已经转化为超图腾的巫术意义，因而在历史上产生了更加广泛和更加持久的影响。

无论上述的种种解释存在着这样或那样的差异，有一个最基本的观念，显然已为大多数人所接受，而且是在不需要更多证明的条件下就接受的——龙仅仅出自华夏族先民们的虚构。然而，当我带着这样一个经由现代科学浇铸而成的观念，去审视古代历史上的诸多现象时，仍不免感到疑云重重。

1987年，在河南省濮阳市西水坡仰韶文化遗址的一处墓葬中，发现了用蚌壳精心摆塑的龙虎图案。蚌龙置于墓主人尸骨的右侧，龙昂首，曲颈，弓身，前爪扒，后爪蹬，状似腾飞。蚌虎位于尸骨的左侧，虎首微低，张口露齿，虎尾下垂，四肢交递，状如行走。龙为鳞虫之长，虎是百兽之王。在我们民族的传统文化中，历来以龙虎并举象征着威武和权力。这一文化特征，竟可以追溯到六千年以前，确属前所未有的大发现。值得注意的是，蚌龙的形态同后代常见的画龙非常相似，也是马首、鼍身、鹰爪，而蚌虎的形貌则跟现实生活中的老虎完全相同，并无任何夸张之处。这就不能不使人深长思之：既然左侧的蚌虎是对一种动物的真实模拟，那么，有什么根据断言右侧的蚌龙仅仅是一种作为崇拜物的抽象的图腾呢？

从古文字（甲骨文、金文）的造型来看，"龙"字显然是一个象形字，是对某种动物的粗线条描画。尽管同类字形之间略有差异，但基本形状还是清楚的,龙应当是一种身体较长、能像蛇那样弯曲扭动、后面拖着一条长尾巴的爬虫类动物,它的头部比较大,头上有角,身上时或还画有鳞片和背鳍。有些古文的"龙"字,看上去像一条蜥蜴。研究表明,古文字中有关动物的名词,几乎都是象形字,都是反映古人当时所看到的真实动物,比如虎、豹、熊、兕、象、马、鹿、羊、狐、鼠、鸡、兔、燕、翟、龟、蛇、蝎、蛙、鼋、鼍等,莫不如此。如果说龙的形象并不存在于现实世界中,那么,作为象形文字的"龙"又该如何解释呢?倘若将"龙"字看作是一个罕见的例外,那么,这个例外在理论上有充分的依据吗?

大约完成于两周时期的古筮书《周易》,其中有一组爻辞,以龙作为取象之辞,简略地描述了龙"在田""在渊""在天"的各种动态,甚至还有龙在田野交配的情景①。《周易》的取象之辞,乃是采取日常生活中的具体事物,来显示较为抽象的休咎征兆及取舍标准,简言之,即化抽象为形象。我统计了一下,《周易》中除龙而外,还涉及十六种动物,都是当时生活中实有的动物。为什么偏偏只有龙成了虚拟的动物?春秋时代一位号称博学的史官蔡墨就说过:"若不朝夕见,谁能物之?"要不是当时的人还能经常见到龙,谁又能够如此具体地描绘出它的各种动态来呢?假如仅仅是少数几个人头脑中虚构出来的意象,那又怎么可能用作筮书中的取象之辞,怎么可能在其他人的心中唤起同样的联想来呢?

---

① 《周易·坤卦》:"龙战于野,其血玄黄。"通常解释为龙在野地争斗,恐不确。"战"之本义为交战,引申为交合。许慎《说文》释"龙战于野"时说:"战者,接也。"雌雄二龙在野交配,"其血"指精血,"玄黄"为黑黄色。参阅杨琳著《小尔雅今注》第96页(汉语大词典出版社2002年版)。

鲁昭公十九年(公元前523年),郑国发大水,有龙在国都(今河南新郑市北)门外的水潭中争斗。老百姓纷纷请求举行祭祀,以消灾祈福。执政官子产坚决反对,认为龙斗与人事毫不相干:"吾无求于龙,龙亦无求于我。"鲁昭公二十九年(公元前513年)秋季,龙出现在晋国绛都(今山西侯马市)郊外,大概当时有人想要捕捉它,魏献子特意去请教太史官蔡墨,于是引出了蔡墨一大段关于上古豢龙的精彩论说。这两件事,并非出自小说家言,而是正式记载于编年体史书《春秋左氏传》之中。假如真像有些人说的那样,龙是一种事实上并不存在的虚拟动物,那么,《左传》的记载又当作何解释呢?

以十二种动物配合十二地支(子鼠、丑牛、寅虎、卯兔、辰龙、巳蛇、午马、未羊、申猴、酉鸡、戌犬、亥猪),后来又发展为用来记称人的生岁,这一习俗在我国民间起源甚早。根据现有的文献记录,至迟不过汉代,十二属的格局已成定型。在东汉人王充的《论衡·物势篇》及《言毒篇》中,十二属的配合情况跟今天的完全一样。也许很少有人会想到此中有什么蹊跷之处,但疑窦是客观存在的:假如龙果真是古人想象中的产物,那么,大千世界,物种可谓繁矣,为什么要在十一种实实在在的有根有据的动物之间,插入一种纯属虚构的荒诞不经的怪物呢?既然龙是早期氏族社会使用过的图腾标志,既然龙后来又演变为封建帝王统治万民的神权象征,那么,在十二属性的排列顺序中,为什么丝毫也看不出龙的这种至高无上的特殊地位呢?

显然,与现代学术界相反,古代中国人是把龙当作一种真实的动物来加以崇拜。民间还常可以听到"龙骨"一说,乡民们一旦掘到了埋在地下的"龙骨",便往往喜形于色。这倒不是因为"龙骨"本身会显什么灵异,而是因为中医学上早已认定它是一味收敛安神的良药。

> 玄武山一名三隅山,山出龙骨。传云龙升其山,值天门闭,不达,堕死于此,后没地中,故掘取得龙骨。(常璩《华阳国志·蜀志·五城县》)

> 崇祯丙子,沁水曲底村山崩,露龙骨,首如五斗盎,角长三四尺,齿广寸许,爪甚长。人多拾之藏于家。(谈迁《枣林杂俎·中集》)

> 嘉庆间,有人于某山麓垦田,得白骨数瓮,形段壮伟。医者汪大安曰:"龙骨也。"尽取之。(《光绪京山县志》卷一)

这些所谓的"龙骨",难道真的是神龙留下的遗骨吗?即使在古代,也有人对此表示怀疑。一位曾经探访过"龙骨"产地的明代人倪朱谟就说:"岂真龙之骨有若此之多,而又皆尽积于梁、益诸山也。要皆古燕、石蟹之伦,蒸气成形,石化而非龙化耳。"[①]经过现代科学工作者的实地考察,业已查明作为中药材的"龙骨",实际上是距今七千万年至一万年以前的古代脊椎动物的骨骼化石,其中绝大部分为象、鹿、犀牛、三趾马等哺乳动物的化石。当然也不排除在这些"龙骨"中间,可能有少量属于恐龙类动物的残骸化石。但恐龙化石的颜色、质地和内部组织不同于哺乳动物,一般不能用作药材。况且"恐龙"一词,原是近代生物学上一个不太确切的译名,跟中国传说中的龙并无直接干连,关于这一点,本书第七章中还将作更详细的讨论。

令人惊讶的是,秦汉以后的中国居民,仍不断有人声称他们亲

[①]《本草汇言》卷十八。

眼看见了活生生的真龙。我们千万不要把这仅仅看作是个别人的梦呓,因为自《汉书》以来的历代正史及杂史中,都将"见龙"当作一桩十分严肃的大事而记录下来。今天,我们想要探究中华神龙的真实面目,是不应该也不可能回避这些记载的。

我对《汉书》《后汉书》《三国志》《晋书》《宋书》《南齐书》《梁书》《陈书》《魏书》《北齐书》《周书》《隋书》《华阳国志》《十六国春秋》《水经注》《伏侯古今注》等进行初步统计,从汉高祖五年(公元前202年)至隋仁寿四年(604年),共806年间,见龙的记载达108次。隋唐以后,文献日益增多,有关龙的记载愈加纷纭复杂,给统计上造成了困难。况且由于各种因素的干扰,这类统计数字本身也不一定那么可靠。

首先,因为古代统治者早已视神龙为"祥瑞"之物,历史上有关见龙的诸多记载,不可避免地掺有作伪的成分。

例如,元和二年(85年)九月,汉章帝曾下过这样的诏令:

凤凰、黄龙所见亭部无出二年租赋;加赐男子爵,人二级;先见者帛二十匹,近者三匹,太守三十匹,令、长十五匹,丞、尉半之。(《后汉书·孝章帝纪》)

凡是发现凤凰、黄龙的亭部,免去两年租赋;最先目击者及当地官员,按不同等级均有赏赐。在这种高奖励政策的诱导下,还有什么样的奇迹不能创造出来?于是,从元和二年至章和元年,短短三年间,各地关于"黄龙呈祥"的报告多达44起,而关于"凤凰献瑞"的报告竟多达139起。[①] 这是中国古代的"浮夸风"。像这类明显虚假

---

① 《宋书·符瑞志中》。

的数字,我当然不能统计在内。

再例如,《后汉书·孝桓帝纪》载:"永康元年(167年)①秋八月,巴郡言黄龙见。"沈约的《宋书·符瑞志中》也照抄不误:"汉桓帝永康元年八月,黄龙见巴郡。"其实,这一条记载是违背事实的。据司马彪《续汉书·五行志》②记载,有一个名叫傅坚的小吏,曾揭露过当时的真相:

> 时民以天热,欲就池浴,见池水浊,因戏相恐:"此中有黄龙。"语遂行人间。闻郡,欲以为美,故上言之。

本来是当地乡民的一句玩笑话,却不料以讹传讹,竟传到了堂堂郡府。尽管傅坚已经道明了事情的原委,可巴郡太守邀功心切,仍然坚持将讹言禀报上去,以致后来修史的人因为失察而误写进了帝王本纪中。类似这样由人为造成的严重失实的记载,古书中一定还有不少,可惜我们今天已很难再去一一分辨了。

其次,由于古代中国人运用概念时随意性很大,因此古籍记载中屡屡出现的所谓"龙",在很多场合并没有被严格地限定在生物学的意义上。

就隋唐以前的记载来看,某些被观察到的现象,即可能出自其他原因,未必就是真正的龙。《南史·齐本纪下》:"永元三年七月丙辰,龙斗于建康淮,激水五里。"倘若一条大鱼在波浪中搅动,不是同样可以"激水五里"吗?《隋书·五行志下》:"普通五年六月,龙斗于曲阿王陂,因西行,至建陵城,所经之处,树木皆折开数十丈。"假如

---

① 凡引录古籍原文中出现的公元纪年,均为本书作者所加。以下同,不另注。
② 即今日通行的《后汉书·五行志》。

是一次陆地龙卷风经过,不也同样能够造成"树木折开数十丈"吗?

隋唐以后,"龙"的概念外延似乎有越来越扩大的趋势。《咸丰兴义府志》卷四四:"今江南夏雨时,常有龙见,多不胜书。"乍一听,不免使人顿生疑惑:根据一些古代学者的论述,龙自很早的时候起便是一种稀有动物,怎么会到了清代反而变得"多不胜书"了呢?原来,这里所说的常见于江南夏雨时的"龙",乃是一种大气现象,是由积雨云发展而成的猛烈旋风,今人通称为龙卷风,古人或曰"龙挂",或曰"风龙阵",地方志中则干脆简化成了一个"龙"字。

正德十年(1515年)四月,有龙起西北,风雨大至,沙石蔽空,摧撤本州礼房、架阁库、军器库,及坏民居四百余间。(《万历通州志》卷二)

顺治十八年辛丑(1661年)夏六月,有龙腾于猴拍岭,盘绕全山,山尽没,经过处田庐多坏。(《乾隆潮州府志》卷十一)

同治十年(1871年)六月七日,云中有龙下垂,风雨随之,自日兴镇至虹桥镇止,昏黑如夜,器物、人民有摄至空中复落者,皆无恙,仅坏民房数家。(《光绪崇明县志》卷五)

光绪七年(1881年)夏五月,有龙起君山,蜿蜒云际,迤西北至五牧村,卷水沸波,大风猝发,一农民吹入空中数十丈所,方坠下。(《光绪宜兴荆溪县新志》卷末)

龙卷风的外形,看上去像个巨大的漏斗,其云管的下端如果与水面相接触,便会产生一种十分奇妙的景观,民间常称之为"龙摆尾":

乾隆十七年(1752年)六月,龙见高泾,龙尾一掉,水从平地起半空,如明河。(《光绪嘉定县志》卷五)

蒲松龄《聊斋志异》卷四中,有一则短文《龙取水》,生动地描述了这种水龙卷与地区性降雨之间的微妙联系:

俗传龙取江河之水以为雨,此疑似之说耳。徐东痴南游,泊舟江岸,见一苍龙自云中垂下,以尾搅江水,波浪涌起,随龙身而上。遥望水光映闪,阔于三匹练。移时,龙尾收去,水亦顿息;俄而大雨倾注,渠道皆平。

明、清两朝的地方志中,见龙的记载颇多,其中至少有三分之一属于典型的龙卷风现象。这是我们不可不加以注意的。

第三,某些不明飞行物的频繁出没,在很大程度上影响了古代居民的判断,使得有关龙的记载更加趋向复杂化。

魏晋以前的文献,尽管把龙说得很神秘,但从未提到过龙能够喷吐火焰,能够放射出映照天宇的强烈光芒。有关这方面的记载,最早见于《宋书·符瑞志中》:

文帝元嘉十三年(436年)九月己酉,会稽郡西南向晓,忽大光明,有青龙腾跃凌云,久而后灭。吴兴诸处并以其日同见光景。扬州刺史彭城王义康以闻。

龙在向天空升腾时,居然会大放光明,其光亮持续了很长时间才熄灭。会稽(今浙江绍兴)、吴兴(今浙江湖州)等地的居民,同时目睹了这一发生在黎明时分的奇景。这种景象是前所未闻的。假如龙真有这样的特性,先秦的文献中岂不是早就大书特书了吗?纵然年代久远,文献散佚,又怎么会连一星半点的痕迹都找不到呢?

明、清时期的地方志及文人笔记中,此类记载达到了高潮:

正德七年(1512年)六月,山东招远县夜有赤龙悬空,如火,自西北转东南,盘旋而上。(沈德符《万历野获编》卷二九)

崇祯十六年(1643年)八月十四日夜,星月皎洁,绝无云雷,而一龙蜿蜒上天,金光昭耀,户牖皆黄。牧人野栖者皆伏地。(《康熙黎城县志》卷二)

癸酉(康熙三十二年,1693年)六月廿四日,平湖小圩地方,大风雨,有火龙一条,紫火绕身,经过田禾,一带数百亩俱被烧焦。居民报官,邑令吕犹龙亲验。(东轩主人《述异记》卷上)

同治十一年(1872年)夏六月,有赤龙夜见空际,自城南飞向城北羊头山去,随身烈焰,火星爆出,有光烂然烛地。(《光绪黔江县志》卷五)

这些被观察到的奇异飞行物,可能是真实存在的,但并不是古文字中所描画的龙,也不是《周易》《左传》等书中一再提到的龙。所谓"赤龙""火龙",乃是后人在无法解释的困境中随意冒用了龙的称号。这类冒用的现象十分普遍,因为自魏晋以后,"龙"差不多快成了一切神秘事物的通用的代名词。凡是蓦然相遇的说不清、道不明的怪物,都有可能被牵扯到神龙的行列中来;而那些能够放射强光的不明飞行物,反过来更加重了笼罩在龙身之上的神秘气氛。关于这个问题,我打算在另外一本小书中,用更多的篇幅去展开讨论,这里就不再细说了。

考虑到上述错综复杂的情况,我们在阅读古人的记载时,有必要谨慎一些,不能听见风便是雨。然而,即使我们将所有这些因素包括讹传的、误认的、冒用的全都充分估计在内,即使我们抱着最苛刻的态度去挑剔那些来自古代的文献记录,我们仍然不得不承认,还是有相当一部分记载清楚地表明,古代历史上曾多次发生过众人围观一种罕见动物的事件,上至帝王将相,下至士民百姓,无不前往观看。换言之，只要我们真能尊重历史，那就无法彻底排除龙作为一种动物的现实可能性。这正是本书的要旨所在。

据《华阳国志·蜀志》记载，建安二十四年（219年），黄龙见于武阳赤水（今四川双流县黄龙溪），滞留了九天后方才离去，当时曾立庙作碑。另据《三国志·蜀志·先主传》载，第二年，太傅许靖等上书劝刘备称帝时，亦专门提及此事，以为是刘氏瑞应。宋代洪适《隶续》卷十六中，著录了两块《黄龙甘露碑》的残文。其中一块镌刻的日期是"建安廿六年"，并有"武阳""赤水"等字样，显然就是纪念这桩大事的。

据《三国志·魏志·明帝纪》和《宋书·符瑞志中》记载，太和七年（233年）正月，摩陂（今河南郏县东南）的一口大井中发现青龙，浮现了十多天，魏明帝曹叡亲自率领群臣前去观看，并叫画工当场绘图，但尚未画完，龙就下潜消失了。因为此事，曹叡特地下令改年号为青龙，改摩陂为龙陂。臣僚们竞相吟诗作赋，歌咏"祥瑞"，留存到今天的有刘劭的《龙瑞赋》、缪袭的《青龙赋》。刘劭说，虽然早已听说过龙瑞的传闻，但从没有像这一次能够观看得如此真切："自载籍所纪，瑞应之致，或翔集于邦国，卓荦于要荒，未有若斯之著明也。"

郦道元《水经注·沫水》记载：

[灵道]县有铜山，又有利慈渚。晋太始九年（273年），黄龙二见于利慈池。县令董玄之率吏民观之，以白刺史王濬，濬表上之，晋朝改护龙县也。

灵道县是一个古县名，其故址位于今天四川的汉源县、甘洛县一带。泰始九年，在那里的一个池潭中发现了两条黄龙，县令带着衙吏及士民同往观看。西晋朝廷得到禀报后，还一度将该县更名为

"护龙县"。

崔鸿《十六国春秋·前燕录》记载：

慕容皝十二年（354年）夏四月，黑龙一、白龙一见于龙山。皝亲率群僚观之，去龙二百余步，祭之以太牢。二龙交首嬉翔，解角而去。皝大悦，还宫殿，赦其境内，号新宫曰和龙，立龙翔佛寺于山上。

龙山，今称凤凰山，在今辽宁朝阳市东。慕容皝自称燕王后，曾在龙山下建立都城。这一次祭龙，也是满朝文武齐出动。慕容皝亲眼看到了这种据说能带来好运的神奇动物，因而显得格外高兴，俨然以"真龙天子"自居，在其所统治的区域内颁行大赦，共庆"祥瑞"。

《太平广记》卷四二三引张读《宣室志》，叙述了太原城居民围看飞龙的场景：

汾水贯太原而南注，水有二桥，其南桥下尝有龙见，由是架龙庙于桥下。故相国令狐楚居守北都时，有一龙自庙中出，倾都士女皆纵观；近食顷，方拿奋而去，旋有震雷暴雨焉。又明年秋，汾水延溢，有一白蛇自庙中出，既出而庙屋摧圮，其桥亦坏。时唐太和初也。

龙在当地出现过不止一次，居民们在汾水河畔还特意修建了龙庙。令狐楚担任太原府尹及北都留守，是在太和六年至七年，即公元832年至833年。在此期间，龙又再度光临，引得"倾都士女皆纵观"，差不多全城的男女老少都跑出来了。请注意《宣室志》的记载，这里既出现过龙，后来又出现了蛇，说明龙是一种显然不同于蛇的动物。所谓"拿奋而去"，即拿云奋身而去。龙是能够腾空飞行的，并且多出现于大暴雨的前夕。

古人已逝，往事难追。面对着史卷中留下的斑斑陈迹，一个巨大的问号横亘在我们心头——这些古人到底在看什么呢？他们怀着那样高的兴致,带着那样深的虔敬,究竟是在观赏一种什么模样的动物呢?

数千年的文化累积,使龙的形象变得越来越庞大,也越来越模糊了。它仿佛真是一个躲在云雾深处的难以捉摸的怪物。多少流光溢彩的传说,因它而起;多少年深日久的风俗,缘它而来;多少搜肠刮肚的猜测,为它而生。

"世界上真的有龙吗?"——这个五岁男孩儿便能提出的问题,却困扰着一代又一代卓越的学者。

我们能够驱散历史在无意之间布下的重重迷雾吗?

第二章
被遗忘的历史记载

历经两千多年风雨剥蚀而依然保存下来的这些记载,不约而同地指向同一个目标——一种在自然的长河中曾经出现过,却被现代学术界所忽视的珍稀动物。

多少年来,每当议及神龙之真伪,那些否定论者总会发出这样的质问:"千古神州,有谁见过真正的龙?"

　　"一切结论产生于调查情况的末尾,而不是在它的先头。"①无论世事如何苍黄变幻,这一名言所蕴含的真理是不会过时的。

　　古代居民有没有近距离看见过真龙?他们所见到的真龙究竟是何等形状的?展现在不同时期目击者面前的这种怪物,到底有哪些共同的生物特点?在这类问题上,最具发言权的无疑是古人。由于存在着无法逾越的时间屏障,我们已经不可能同古人直接进行交谈了。所幸的是,人类发明了文字,有了记录事实和传递思想的工具。通过那些留在纸本、竹帛、金石乃至甲骨上面的书写符号,我们今天仍可以约略地窥见一些发生在古代生活中的事情。为了弄清真相,我们有必要保持极大的耐心,在久已泛黄的书卷中细细搜寻,看一看除了那些广为人知的神话传说之外,是不是还有比较真实的近距离接触的记录。

　　唐宋以前,正史中最常见的记载是"青龙见"或"黄龙见",不过寥寥数字,很少直接描写龙的外形特征。后来随着各类野史笔记的增多,随着地方志纂修事业的繁兴,在这方面也出现了一些较为具

---

① 毛泽东:《反对本本主义》。

体生动的文字。《同治崇仁县志》卷十记载：

> 太平兴国五年（980年），乐侍郎宅旁池中，有巨蟒突睛炯炯，鳞甲爪距灿然如金，雷雨大作，乘云直上。正侍郎登第日也，遂以"化龙"名池。

崇仁县在今江西省抚州地区。"太平兴国"是宋太宗的年号。依照《崇仁县志》的描述，龙的身子仿佛是一条长着脚的大蟒蛇，周身鳞片呈金色，它平时生活在水中，却能够随云雨腾空直上。这一记载，将龙的出水腾跃牵扯到某人的科举登第，因而读上去总像是一个捏造出来的迷信传说。

同是宋代，同是江西境内，有人在山地水潭边，确实看见过牛首蛇身的怪物。洪迈《夷坚志》支戊卷七记载：

> 德兴岞崿山，亘百余里，有三潭，龙螭所藏。其在桃源坞者，时现光怪。顷岁，一村妪过之，见异物如牛，卧潭侧，鳞甲熠熠，每片如斗大，其长夭矫数丈许。妪狼狈奔归，尚能为家人道所见，即死。

这位老妇人蓦然遇上了从未见过的奇形动物，当时受了很大惊吓，奔回家后便死去了。根据她临死前的粗略描述，这个动物的模样像牛，可能头上有角，但身子比牛长得多，身上覆盖着很大的鳞片，鳞片闪闪发亮。

也许有人要问：这种所谓"牛首蛇身"的怪物，会不会是出于误认呢？诚然，历史上曾经有过这方面的事例，即把口中衔着牛、鹿的大蛇错当成了头上长角的龙：

> 拜龙径，在县西十里余。旧有大蛇吞鹿，角余口外，过者惊为龙而拜之，故名。（《康熙饶平县志》卷一）

> [广西]宣化县河涨大水，而水面浮一物，蛇身牛头，有角。咸以

为龙，喧聚万人。设法打捞而起，乃楠蛇也，口中吞水牛一匹，身已下喉，而角撑其口。蛇已死，剥皮剖腹，牛身已化半矣。（慵讷居士《咫闻录》卷三）

不过，这类性质的误认，几乎很快就得到了辨明，在实际生活中并没有产生多大的影响。史书上关于见龙的记载，显然不可能完全用误认来加以解释。请看《康熙徐州志》卷三六的一则记载：

嘉靖四十三年（1564年），丰黄河在县南邵家口，有一物逆水而上，昂首数尺，约长六七十丈，面黑须白，额止一角，鼻嘴类牛而大，有时吐舌，舌纯红，长尺余，双目炯炯射人，身尾或隐或浮。舟皆避匿，两岸观者如堵。自华山至许家楼而没。

这个被成千上万居民目睹的水中怪物，从外形上看，大概就属于"牛首蛇身"之类。它的头部抬出水面数尺高，鼻、嘴像牛，但比牛更大，额头上有一只独角，面部呈黑色，口须是白色，嘴里还不断吐出一尺多长的纯红色的舌头。"约长六七十丈"，如此身长无疑是惊人的。不过，此物的大部分身子仍浸没在水里，"身尾或隐或浮"，目击者的观测就不一定可靠，或许是把它游动时漾起的水波都估算进去了吧？

位于云南石屏县东南的异龙湖，是一处天然的名胜佳境。明代末年，这里也曾出现过身长数十丈的巨龙：

崇祯四年（1631年），石屏异龙湖龙见，须爪鳞甲毕露，大数围，长数十丈。（《嘉庆临安府志》卷十七）

笼统地说龙的身长可达"数十丈"，总给人一种难以置信的感觉。这类记载，最早可以追溯到司马彪的《续汉书·五行志》："桓帝延熹七年（164年）六月壬子，河内野王山上有龙死，长可数十丈。"汉代的河内郡野王县，即今河南沁阳县。既然龙已死，当然可以就地丈量。"数十丈"尽管是一个模糊概念,但最低取值也应在二十丈以上。因为按照语言习惯,十几丈是不能称之为"数十丈"的。郦道元《水经注》中的一则记载,似乎能证实上述判断。

建武中,曹凤字仲理,为北地太守,政化尤异。黄龙应于九里谷高冈亭,角长三丈,大十围,稍至十余丈。(《水经注·河水三》)

建武是汉光武帝的年号,即公元 25 年至 55 年。东汉设置的北地郡,范围大致包括今天的甘肃东南部及宁夏南部。"稍"字的本义是禾末,这里借指尾巴。这条龙的尾巴就长十余丈,它的身躯连同头部也应该有这个长度,那么,加起来总长至少在二十丈以上。依据东汉初年的尺度标准,当时的一丈约等于今天的 2.3 米,二十丈就是 46 米。我们现今所能接触到的各种类型的大蟒蛇,都还达不到这个长度的一半,而已经发现的恐龙化石中,身体最长的梁龙、地震龙也不过 30 多米!

古籍中对于某些罕见动物的描绘,在细节上总不免有夸张之嫌。比如这里涉及的龙角长度,《水经注》永乐大典本、明抄本、吴琯本均作"角长三丈",《太平广记》卷四一八引作"二丈",朱谋㙔《水经注笺》、《古今图书集成·禽虫典·龙部纪事一》则为"三尺",其间相差整十倍,真让人不知所从。究竟是原先为"三尺",后来在传抄过程中误写为"三丈"呢,还是原本就是"三丈",后人觉得不近情理,才改为"三尺"的? 三丈差不多相当于今天的 7 米,我们很难相信世间会有这么长的兽角。尽管《南史·始兴简王萧鉴传》记载,萧鉴在益州时曾"献龙角一枚,长九尺三寸,色红,有文",可是千年之后的我们,又何尝能弄清他当时所献的究竟是一种什么东西呢?

汉章帝建初五年(80 年),黄龙出现在流经零陵郡泉陵县(今湖南零陵县)的湘江中,而且是两大六小,整整有八条黄龙。《后汉书·孝章帝纪》载:"是岁(建初五年),有八黄龙见于泉陵。"李贤注引《伏侯古今注》:"见零陵泉陵湘水中,相与戏。其二大如马,有角;六枚大如驹,无角。"著名的思想家王充,恰好就生活在那个时期。他在《论衡·验符篇》中,比较详细地介绍了泉陵城外目击者所提供的情况:

湘水去泉陵城七里,水上聚石曰燕室丘,临水有侠山,其下岩唅,水深不测。二黄龙见,长出十六丈,身大于马,举头顾望,状如图中画龙,燕室丘民皆观见之。去龙可数十步,又见状如驹马小大凡六,出水遂戏陵上,盖二龙之子也。并二龙为八,出移一时乃入。

古代居民所见到的龙,大多是以单个方式出现的。久而久之便造成了一种印象,似乎龙是不喜欢集体活动的,所谓"不众行,不群处",显得异常诡秘。但是,从生物学的角度来说,一种动物要想生存下来,必须保持一个种群的形式,必须具有一定的数量(包括雌雄及年龄的平衡),不可能是单个的。《论衡》的记载之所以显得珍贵,是因为它向我们昭示,至少在一千九百年前,这种被称为"龙"的珍稀动物仍有一定数量,仍在一个特殊的环境中悄悄地繁衍,只是人们无从去追踪罢了。依照王充等人的描述,成年黄龙的身子比马大,但并不是真正的马。除了头上有角之外,它的身子还显得特别的长,长达十六丈,相当于今天的36.8米。当时,六条小龙已经爬上了水边高地,两条大龙似乎并没有离水登岸,"十六丈"的长度也不知道是根据什么测算出来的。

在这里,最让人感兴趣的是当时目击者说出的直观印象:"状如图中画龙。"汉代的画龙是什么模样的?图1、图2是河南、陕西境内出土的汉代画像石刻上的神龙造型,从中可以看出这种动物的身子确实比较长。研究者普遍认为,汉代流行的画龙,蛇体形龙纹已明显减少,更多地糅进了一些四足走兽的特征。我们现在不知道这类画龙距离现实的动物原型到底还有多少差异,王充也没有讲清楚泉陵黄龙仅仅是头部像画龙呢,还是整个身躯都像图中画龙。纵览汉代画像石刻对于其他动物的造型,应当承认其写实风格是十分显著的。试将石刻画龙与河南濮阳西水坡仰韶文化遗址第45号墓中的蚌壳龙(图3)相对照,就会发现两者之间颇为相似。因而我们有理由推测,汉代石刻画龙较之殷、周艺术作品中的龙纹,在总体上可能更加接近真实的原型。有人以为,西水坡遗址墓葬中的蚌龙,乃是鳄鱼的造型。这一说法过于牵强。且看蚌龙的脖子,那是典型的马脖子,跟鳄鱼的颈部相差甚远。20世纪40年代,有人在松花江南沿的沙滩上,曾亲眼见过这种被称为"龙"的大型动物。目击者证实,该动物的脖颈确实有点像马脖子,二尺多长,只是没有鬃毛罢了(详见下一章)。

图 1

图 2

图 3

唐宪宗元和七年(812年),在今天的安徽桐城县境内,有两条龙,一黄一白,从一个水池中跃起,低空滑行了六里路,又坠落在另一个池塘中:

元和七年六月丁亥朔,舒州桐城梅天陂内,有黄白二龙,自陂中乘风雷跃起,高二百尺,行六里,入浮塘陂。(《旧唐书·宪宗本纪下》)

此后大约过了六十年,即咸通(860—873年)末年的某一春季,有一条青龙坠落在桐城县一户居民的庭院中,它的喉部带伤,坠地时血雨纷纷,当场殒命。县里派员将龙的遗体专车送往州府,因为身躯太重,只能分割成数十段。贾纬《唐年补录》中,对这一事件的经过记载颇详:

唐咸通末,舒州刺史孔威进龙骨一具,因有表录其事状云:州之桐城县善政乡百姓胡举,有青龙斗死于庭中。时四月,尚有茧箔在庭,忽云雷暴起,闻云中击触声,血如酾雨,洒茧箔上;血不汙箔,渐旋结聚,可拾置掌上,须臾,令人冷痛入骨。初,龙拖尾及地,绕一泔桶,即腾身入云,及雨,悉是泔也。龙既死,剖之,喉中有大疮。凡长十余丈,[①]身尾相半,尾本褊薄,鳞鬣皆鱼,唯有须长二丈,其足有赤膜翳之,双角各长二丈,

---

[①] 《太平广记》原文作"凡长十余尺",似有讹误。此据方以智《物理小识》卷十一、《渊鉴类函·鳞介部一·龙二》、《古今图书集成·禽虫典·龙部纪事二》所引《唐年补录》加以订正。

其腹光白齟齬。①时遣大云仓使督而送州,以肉重不能全举,乃剸之为数十段,载之赴官。(《太平广记》卷四二三引《唐年补录》)

方以智《物理小识》卷十一、陶珽重编本《说郛》卷四二引此作"马总《唐年补录》",这显然是把作者搞错了。马总所撰之书名为《唐年小录》,专纪穆宗以前杂事;以马总生活的年限而论,他也不可能去记载发生在咸通末年的事件。贾纬乃是唐末人,擅长史学。后晋时,曾担任起居郎、史馆修撰,参与编写《唐书》。他深感武宗以下诸朝缺少实录,不利于修史,于是搜访遗文及耆旧传说,自撰成《唐年补录》一书,又名《唐朝补遗录》。咸通末年发生在桐城县的堕龙事件,当时的舒州刺史孔威曾向朝廷上表奏明,估计贾纬后来看到过这篇奏文,所以能够将此事复述得细致入微。尤其是关于龙的外形,我们在其他古籍记载中,还很少看到如此具体的描述。

这条青龙的死因,似乎是受了某种重创。它的鳞片及背鳍跟鱼差不多,尾巴的长度相当于身长,但呈侧扁状,吻边另有长须,这些都好似鱼类的特征。可是,它又明明白白长着脚,脚上被红膜遮裹着,不知是不是像鱼石螈那样的蹼足;头上还耸起长得不可思议的角,"双角各长二丈"②,恰好跟《水经注》的记载遥相呼应。倘若要知

---

① 《太平广记》原文作"其腹相自齟齬",语义难通。按,宋人董逌《广川画跋》卷五"书传古画龙后"一则,也记录了一起发生在唐代的堕龙事件,时间、地点虽有不同(可能是误记),而对于龙的外形描绘却与《唐年补录》几乎完全一样,其中有"腹下光白鉏鋙"一句。仔细推敲,原文"相自"当是"光白"之讹。明钞本《太平广记》"相"字正作"光"。光、相,音近而误也;白、自,形似而误也。

② "二丈"也有可能是"二尺"之讹。宋人编辑的《古今合璧事类备要别集·五灵门·龙》中尚存这一事件的简略提要:"桐城县百姓吴举家有青龙斗死于树中,鳞鬣皆似鱼,唯有鬐长二尺,双角各长二尺余。"

道它的总长度，那么，文中已说"凡长十余丈"，我们姑且算作十二丈吧。按唐代的一丈，合约今天的 3.11 米，十二丈便是 37 米多。如果龙身不是很长的话，何至于要"剚之为数十段"呢？

天上会坠下牛首鱼身、躯体庞大的怪物，这类事件看起来难以置信，可是却屡见于历代正史、笔记和地方志。任昉《述异记》卷上载：

汉元和元年（84 年），大雨，有一青龙堕于宫中。帝命烹之，赐群臣龙羹各一杯。故李尤《七命》曰："味兼龙羹。"

按我们通常的理解，所谓"龙羹"云云，不过是比喻之辞；而依照任昉的说法，似乎汉章帝时的满朝文武，都曾有幸品尝过这种稀世珍馐。要是从未有人吃过龙肉，那么，张华《博物志》中何以会出现这样的经验之谈："龙肉以醯渍之，则文章生（龙肉用醋浸泡，则呈现五色花纹）。"《述异记》和《博物志》或许不可信，但《隋书·五行志下》明确记载着：

后周建德五年（576 年），黑龙坠于亳州而死。

郑仲夔《偶记》卷五记载：

浙江海盐县白昼空中忽坠一龙，身首两截，鲜血迸流，长数十丈。

淮阴百一居士《壶天录》卷下也有这样的记载：

东莞县有地名觐冈者，忽有坠龙蟠于蔗畦之间，身大于桶，鳞滑而油，长约十数丈，历二十日不去。或云"天谪之也"。

《道光永州府志》卷十七引曾钰《宁远志》：

成化（1465—1487 年）中，丹桂乡民田苗甚蔚。一夕雷雨大作，有巨物压苗，横数亩，乃坠龙也。越旬日，鳞肉腐尽，民拾齿骨归。

坠龙的遗体竟能横卧数亩地,可见其身长非同一般。自唐至清,均以二百四十方步为一亩。以方测之法,则是横十五步,纵十六步,而一步正合五尺。我们就算坠龙能够横卧两亩地吧,它的身长也应当在十五丈左右。如此看来,古籍中称这种动物"身长数十丈",固然多了一点水分,而"凡长十余丈""约长十数丈",却是有根据的,并不是诳语。

有人要问:这些所谓的"坠龙",会不会是海里的某种大鱼或水兽,被龙卷风裹起后又抛在了陆地上呢?我当然不排除这种可能性。但是,这种假设却无法解释下述现象:坠落在陆地上的龙,不仅能够爬行,而且能够重新起飞。

康熙六十年(1721年)六月,有龙悬学宫旁,腥气逆鼻,焚香祷之,腾空而去。(《乾隆金坛县志》卷十二)

乾隆三十二年(1767年)夏,霖雨,县城北街董姓民家,有龙降于煤堆,数日翔去。(《光绪临榆县志》卷九)

嘉庆十五年(1810年)六月二十五日,二龙见于云中,一龙堕地,由李腰庄至赵家塘,拖行数里。(《嘉庆萧县志》卷十八)

龙在飞升的时候,周围地区常出现较多的水汽,给人造成一种龙能够腾云驾雾的感觉。所谓"飞龙乘云,腾蛇游雾",最初很可能也是源于直观经验。据《十六国春秋·后凉录》记载,建元十九年至二十年(383—384年),前秦苻坚派骁骑将军吕光率兵进攻西域,遭到龟兹国(故址在今新疆库车县一带)的抵抗,吕光所部被迫在其南城设立营地——

营外夜有一黑物,大如断堤,摇动有头角,目光若电,及明而云雾四周,遂不复见。旦视其处,南北五里,东西三十余步,鳞甲隐地之所,昭然犹在。光笑曰:"黑龙也。"

所谓"南北五里",不是说它身长五里,而是说它在陆地上爬行了五里。龙的躯体很重,爬行时尾拖于地,会留下明显的印迹。《陈书·高祖本纪上》记载,太平元年(556年)九月,"中散大夫王彭笺称:今月五日平旦于御路见龙迹,自大社至象阙,亘三四里。"三四里之后,龙迹怎么会突然消失了呢?显然,它是飞走的。

此类事例,在唐宋以后的地方志中也时有发现。《乾隆汲县志》卷末记载:

至元二十年(1283年)六月,大雨,河西乡农家王氏,甫夕,黑雾四塞窗户间,寒凛不可胜。观之,有苍龙蜿蜒在气中,起而复堕者再。时王氏女惊仆于地,救之乃甦,问所见,亦同。少顷,霆震雾散,失所在。明日,视其地,鳞鬣印泥宛然。

《康熙饶平县志》卷十三记载:

嘉靖三十二年(1553年)冬,大城东门外遥见一物如蛇,围可五六尺,长可十余丈,横跨田中,自鸡鸣至微亮犹见。顷之,雾大作,咫尺不辨人,及霁,而失所在矣。

《后凉录》《汲县志》和《饶平县志》所描述的场景,或是在深夜,或是在黎明,或是在雨雾中,影影绰绰,总不免使人产生疑心:这种能够造成云雾的东西,到底是不是动物呢?近年来,"飞碟"一说盛行。有人会由此联想到,这种像大蛇一样,甚至大如断堤的怪物,为什么不可能是"雪茄状飞碟"呢?

让我们来看一看元好问《续夷坚志》卷三的一则记载:

大明蚕神三姑庙旁近龙见,横卧三草舍上,观者数百人。见龙鳞甲中出黄毛,其形如驼峰,头与一大树齐,腥臭不可近。既堕,天矫不得上,良久云雾复合,乃去。时己酉岁七八月间也。

文中所说的"己酉岁",即公元1249年。"大明"乃指大明川,位于今河北灵寿县东南。根据对《续夷坚志》内容的分析,该事件发生时,元好问并不在现场,他是听别人转述的。在《三姑庙龙见》之前,尚有一则记载题为《大明川异卵》,起首便是"曲阳医者郭彦达,曾居大明川"云云。有关大明川发生的事情,大概都是这位名叫郭彦达的医生告诉元好问的。郭彦达曾经住在大明川,所见所闻应该是真切的。坠落在大明川的黄龙,当时正盘卧在三间草棚的顶上,围观者达数百人。这一记载清楚地显示,确实有一种腥味浓烈的奇异动物,会从天下坠下来,又能裹着云雾而飞走。

无独有偶,还有一起与此相类似的事件,也是一条龙坠落在人家屋顶上,后来又乘云飞走了,不过地点移到了江南,时间也已经是清代中期了。徐鼒先纂《香山小志·杂记》:

咸丰间,龙降蒋墩。时五六月间,夜半狂风陡作,屋撼有声。俄而风息,腥闻扑鼻不可耐。有老妪早起,拾后园坠桃,拔关,见树桠一物,首如牛,目炯炯视人。大呼,惊集四邻,环视不动,举闩挑之亦不怒,觉重逾九鼎。视其身之脩短,则僵卧屋面,委蛇至三四家。约一炊许,有片云自箬帽峰来,徐徐举首起,蜿蜒而上,荡漾空际,若不遽逝者然。俄而得云则瞥焉不见,视其卧处,瓦无碎罍,整齐如故,而仅有余腥。或曰:此道光时事。

香山在吴县(今江苏吴县市)境内,1912年前称南宫乡,此后改为香山乡。"蒋墩"是其中的一个村名,旧志记载属"十六都十六图",不知这个村落今天是否还在。时当仲夏,夜半忽起狂风,风过后空气中弥漫着来源不明的刺鼻腥味。第二天一清早,有个老年

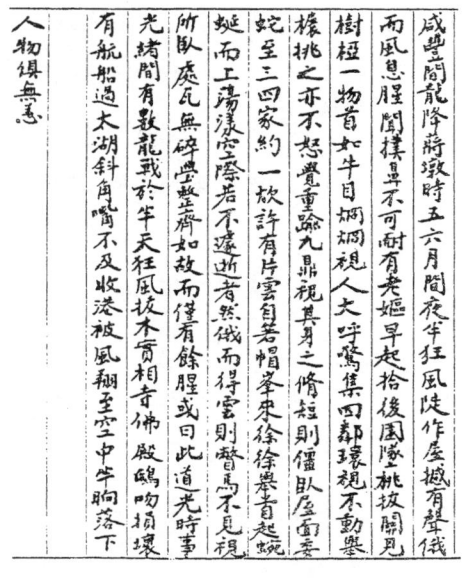

> 咸豐間龍降蔣墩時五六月間夜牛狂風陡作屋瓦有聲俄
> 而風息腥聞撲鼻不可耐有婦早起拾後園隆桃技開見
> 樹椏之亦不怒覺重踰九鼎視其自帽峯來徐徐塞首起蜒
> 榛桃之一物首如牛目炯炯視人大呼驚集四鄰環視不動
> 蛇而上揚漾空際若不遠近者俄而得雲則曹鳥不見蜒
> 蜒至三四家約一炊許有片雲自筈帽峯來徐徐塞首起蜒
> 所歇處瓦無碎壞數焦齋如故而僅看餘腥或曰此道光時事
> 光緒間有數龍戰於牛天狂風扱木貢相奇佛殿鷗吻損壞
> 有航船過太湖斜角嘴不及收港被風翔至空中牛胸落下
> 人物俱無恙

图4 《香山小志》关于"龙降蒋墩"的记载

妇女打开门,想去后园中拣拾被风吹落的桃子,忽见树杈上悬着个脑壳像牛的怪物,不由惊呼起来。周围邻居闻声都出来看,发现那怪物原来趴卧在屋顶上,弯弯曲曲的身子横亘了三四户人家的瓦面。有胆大的村民,想用门闩把它挑下来,可是根本挑不动,而它居然也没有激烈反应。直等到西面太湖边的箬帽峰飘来一片云彩,它才开始蠢蠢欲动,"蜿蜒而上",似乎还在空中盘旋了一阵,然后钻入云团消失了。《香山小志》纂辑于民国六年(1917年),这桩已经过去了六七十年的奇事,究竟是发生在道光年间(1821—1850年)还是咸丰年间(1851—1861年),连当地百姓都说不清楚了。

看来,龙这种动物毕竟跟鸟类不同,并不是说走就走、来去自如的。有不少记载显示,龙坠地后所面临的首要威胁,是水分的丧失。在缺水的情况下，它很难再飞起来。明人陆延枝《说听》卷下记载：

正德（1506—1521年）某年夏，有龙堕于陕西之乾州，其长数十丈，目光如火，开合闪闪可畏，四足据地而行五里许，得井水飞去。居民皆见之。

明代乾州的辖境，相当于今陕西乾县、武功等县地。正德年间出现在该地的堕龙，是一个大型的四足动物，有着长长的身子。它在陆地上爬行了五里左右，爬到一口井边，不知用什么方法弄上了井里的水，然后才离地飞走了。

如果一时得不到水分的补充，那就会出现一种十分奇特的景象：龙可能在原地困卧数天乃至十天半月，任凭千万人纵情围观，直等到一场大雨降临，它才乘着雨势腾空而去。

大中祥符元年（1008年）夏五月，龙坠于余干之李梅峰，七日不起，将屠之，暴雨迅雷而去。（《雍正江西通志》卷一一七）

万历三十三年（1605年）冬十二月，龙见丰城田中，身长四十余丈，头似麟。七日后，飞翔挟风雨而去。（《同治南昌府志》卷六五引《豫章书》）

万历戊戌（1598年）之夏，句容有二龙交，其一困而堕地，夭矫田间。人走数百里，竞往观之。越三日，风雷挟之而升。（谢肇淛《五杂组·物部一》）

"人走数百里，竞往观之"，在交通不发达的古代尚且如此，要是发生在今天，谁又不想去亲眼看一看这种笼罩着神秘气氛的怪物呢？据《四库全书》总纂官纪晓岚说，他的父亲就曾经去看过堕龙，可惜晚了一步，龙已乘着风雨飞走了：

癸亥夏,高川之北堕一龙,里人多目睹之。姚安公①命驾往视,则已乘风雨去。其蜿蜒攫拿之迹,躁躏禾稼二亩许,尚分明可见。(《阅微草堂笔记·滦阳消夏录五》)

癸亥即乾隆八年,公元 1743 年。高川镇,在今河北省交河县东北。纪容舒当时正居住在献县,离高川镇不过八十里。他虽然未能及时赶到,但"里人多目睹之",当地居民中有很多目击者,而遭到滚压破坏的两亩多庄稼,也可证明曾有一个躯体较长的庞然大物在此地停留过。

趋利避害,挣扎求生,是所有动物的本能,龙也不例外。《聊斋志异》卷二有一则记载,讲述了一条堕龙在不利的处境下,如何设法保全自己,以等待时机再重新起飞:

北直界有堕龙入村。其行重拙,入某绅家。其户仅可容躯,塞而入。家人尽奔,登楼哗噪,铳炮轰然,龙乃出。门外停贮潦水,浅不盈尺。龙入,转侧其中,身尽泥涂,极力腾跃,尺余辄堕。泥蟠三日,蝇集鳞甲。忽大雨,乃霹雳挐空而去。

所谓"北直界",即北直隶地界。这是沿用明代以来的区划概念。明成祖迁都北京后,以直隶北京的地区为北直隶,相当今北京市、天津市、河北省大部及河南、山东之一小部分。这里说的"北直界",很可能是指山东隶属北直的地域。至于事件发生在具体哪个村落,则尚未查实。

这条困在陆地上的堕龙,行动迟缓,很不灵便,即所谓"其行重拙"。它的身躯很粗,勉强钻进了一户乡绅人家的院门,结果引起合

---

① 纪容舒,字迟叟,号竹厓。官至姚安知府,故称"姚安公"。

宅大哗，又被人们轰赶了出来。它迫切地需要水，哪怕是一洼浅浅的泥浆水，它也能借此苟延残喘。它多次试图腾飞起来，可是刚离开地面，又坠落下来。它无可奈何地蟠卧在泥水中，苍蝇集满了它身体的表面。三天后，一场大雨降临了，龙终于得救了。它重新抖起神威，在雨中腾空而去。

如果说《聊斋志异》的记载很容易被看成是一篇寓言作品，那么，清代学者俞樾《右台仙馆笔记》卷五的一则记载，无论我怎么去看，都无法想象那会是一个编造出来的故事：

平望镇之西，有地名韭溪，里人潘氏之墓在焉。某年夏，忽于赤日杲杲中霹雳一声，白云四起，有一物从空中堕其墓上。其物长四五尺，牛首鼍身，有角有鳞而无尾。四足皆五爪，而后足若痿痹不能起者，但以前两足蹒跚而行。所过之处，翁仲俱仆，大木尽拔。村人大骇，聚而观之，且奔告于潘。次日，潘至，是物已力倦，颓卧丰草中，腥气不可向迩，蝇蚁集于其身，遍体蠕蠕然，而是物若不知者。或以竹竿刺之，亦不动，间或昂首一嘘气，触之者无不立倒。潘知其异，禁人勿犯之。无何，风雷交作，大雨如注，物奋身一跃，腾空而去。至天半，犹垂首俯视，久之始杳，竟不知是何物也。

平望镇，位于江苏吴江县西南、大运河的西岸。《右台仙馆笔记》大约成书于光绪七年以后。在此之前的某一年夏季，青天白日之下，有一个动物自空坠落在平望镇以西的一处墓地。这个动物的模样十分罕见，牛的头，鳄鱼的身子，头上长角，身上有鳞，但没有长尾巴；它长着四条腿，每条腿有五个足趾，后腿好似痿弱无力，只能靠前腿来缓慢爬行。跟其他记载中的堕龙相对比，有两点可说是完全相同的：其一，它散发着异常浓烈的腥味，使人难以靠近，苍蝇、蚂蚁等小虫子爬满了它的全身;其二,它在旱地上显得疲软不堪,滞留了大约两天光景,后来也是在雷雨中一跃而起,腾空远去。

俞樾晚年居住在杭州西湖旁的右台山。他为撰写这本逸闻笔记,曾致函四方友人,称"伏望儒林丈人、高斋学士,各举怪怪奇奇之事,为我原原本本而书,寄来春在草堂,助作秋灯丛话"。关于潘氏墓地牛首鼍身怪物的记载,文笔朴实,描述详尽,可能就是住在平望镇一带的人士提供的。记述者的态度相当谨慎,他没有给这个动物随意安上一个名称,而是老老实实地说"竟不知是何物也"。从这个动物的外形及特性来推测,很像是民间传说中的龙,只不过它的躯体短小,仅长四五尺,并没有身长数十丈。这大概是一条尚未成年的小龙吧?

明人郎瑛也在《七修类稿》卷四四中证实,确有一种呈长条状的大型动物,能够凭借风雨腾空飞行:

尝闻都指挥李一之云:正德(1506—1521年)间,桃渚所海口淤泥中,见一物如鳅鳝,然盘曲跳跃,奋震莫定,大不可计也。人皆视之。顷刻云气相接,风雨腾空而去。然后知其为龙,然于耳目角爪,亦未明白耳。

吾友金茂之之父,成化(1465—1487年)末,客游广东新会县。一日,早潮方平,一龙自空坠于沙场,渔人各以所担之木,箠之至死。官民群往观之,其高可人,其长数十丈,头足鳞角,宛然如画,但腹惟多红色。此可谓见之明也。

这里记述了两起堕龙事件。一起发生在正德年间,地点是浙江临海县以东的桃渚寨。这条龙在淤泥中翻腾了一阵后,便伴着风雨飞走了,只能看出它的大概形状像条泥鳅或黄鳝,至于身长则"大不可计也"。另一起发生在成化末年,地点是广东新会县海滩。这条自空而坠的龙,不幸被渔民们活活打死,随后引来了大批围观者。此龙约有一人之高,身长数十丈,头足鳞角酷似画上的龙,只是腹部呈红色。住在海边的居民,时常会发现随潮水冲上海滩的大鱼,这类记载在古籍中也是屡见不鲜。但是,鱼不会头上长角、腹下有足,也不会忽然从天上坠下来。据郎瑛说,这条堕龙是他的朋友金茂之的父亲客游广东时亲眼所见,故而称"此可谓见之明也"。既然当时有渔民在现场作证,可知堕龙断不是常见的鱼类。请注意"头足鳞角,宛然如画",这同我们已经习惯的下述观念将发生明显冲突:古代绘画中出现的飞龙图形,仅仅是古人想象力的产物。

堕龙被围观者击毙,这种事毕竟是很少见的。在多数情况下,堕龙总是受到当地居民的特殊礼遇。居民们为它搭起凉棚以遮蔽阳光,不断用水浇洒它的身体,州、县的地方官员甚至亲临现场,举行祭祀活动。《聊斋志异》卷四有一则记载,题为《龙无目》,仅有45字,很不起眼,然而在今天看来,却具有相当高的认识价值:

沂水大雨,忽堕一龙,双睛俱无,奄有余息。邑令公以八十席覆之,未能周身。又为设野祭。犹反复以尾击地,其声塥然。

沂水县令动用了八十领席子,居然还不能完全遮住堕龙的身体,这条龙的长度真有点不可思议了。我怀疑"八十席"乃是"十八席"之误,可惜蒲松龄早已不在了,无法向先生当面讨教。假若要故意夸大其词,那么,"鲲之大不知其几千里也",似乎也不为过。但蒲松龄的这篇《龙无目》,显然不是汗漫的寓言故事,而是一篇实实在在的纪实作品。

前文已经介绍了《聊斋志异》卷二的"北直界堕龙",现在又强调《龙无目》一篇的认识价值,有人也许会感到奇怪:《聊斋志异》明明是一部以想象力超群而闻名于世的短篇小说集,怎么会有纪实作品,怎么能当作真事来看待呢?

诚然,《聊斋志异》具有很大的独创性,就其总体而言,它已经超越了古代笔记的范畴。但是在形式上,它依然保留着魏晋六朝志怪类笔记的传统,即创作故事与纪实小品兼而有之。因此,在那些洋洋洒洒、摇曳生辉的狐鬼故事之间,仍有若干短小精悍、近似"丛残小语"的篇章。这些"丛残小语"有不少是纪实性的,或记蒲翁亲身的经历,或记他人转述的逸闻,原原本本写来,一般不作敷演,如卷一的《真定女》《蛇癖》,卷二的《义鼠》《地震》,卷四的《瓜异》《蛙曲》《龙取水》,卷五的《螳螂捕蛇》《小人》《狮子》等篇皆是。即以此篇《龙无目》而论,《聊斋志异》手稿本在"沂水大雨"之前原有"是月"二字,后又涂去。从这一迹象来看,好像是从一本什么记事册上抄下来的。蒲松龄是一位勤于搜访的作家。康熙九年他南下游幕时,曾因天雨,在沂州旅店中逗留了若干天。有关沂水县堕龙的记载,或许就是那时候搜集来的。至于这条堕龙的结局如何,短文中没有交代,可能连蒲翁自己也弄不清楚。《乾隆沂州府志》卷十五记载:"万历八年(1580年)春正月,龙见于沂水之南城。"假如蒲翁所记的即为发生在万历八年的事件,那么,其间相隔差不多一百年了。

在《龙无目》之下,道光初年的冯喜赓(号虞堂)加了一段附记,追述了乾隆末年发生在光州(今河南潢川县)城郊的另一次堕龙事件,因年代较近,叙述情节也显得更加详细:

乾隆五十八年(1793年),光州大旱。忽大雷震,堕一龙于东乡去城十余里某村,村屋崩塌。蛇然而卧,腥秽熏人。时正六月,蝇绕之。远近人共为篷以避日。久不得水,鳞皆翘起,蝇入而咕嘬之,则骤然一合，蝇尽死。州尊亲祭。数日，大雷雨，腾空而去，又坏房舍以千百计，闻篷席有飞至西乡去城数十里外者。

冯喜赓的意图，似乎想证明沂水县的堕龙事件不是孤立的，在其他地区也有所闻。光州郊外出现的情景就很相似，也是远近乡民赶来搭建凉棚，也是州署长官亲临现场主持祭祀。这条腥秽熏人的堕龙，将人家的屋顶都压坍了，在原地趴卧了好几天，后来随着大雷雨腾空飞走了。

四十五年后，同样的事件又发生在滦河下游的滨海地区。《光绪永平府志》卷七二记载：

道光十九年(1839年)夏，有龙降于乐亭浪窝海口，寂然不动。蝇蚋遍体，龙张鳞受之，久而敛以毙焉。因覆以苇棚，水浇之。如是者三日夜。忽风雨晦冥，雷电交作，龙遂升天去。

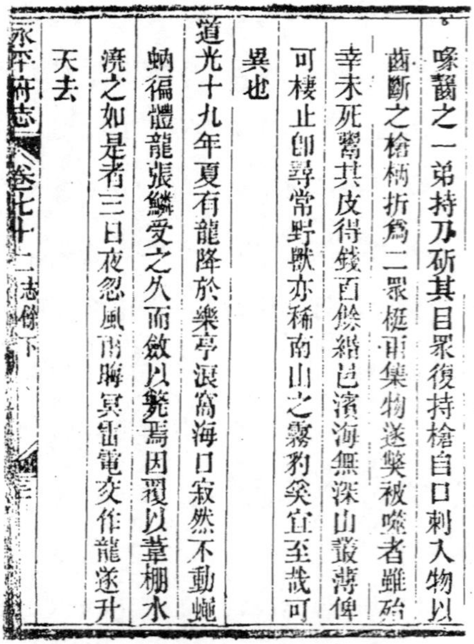
喙齧之一弟持刀斫其目眾復持槍自口刺入物以
齒斷之槍柄折爲二眾梃而集物遂斃被噬者雖殆
幸未死鬻其皮得錢百餘緡邑濱海無深山叢薄俾
可棲止卽尋常野獸亦稀南山之霧豹奚宜至哉可
異也
道光十九年夏有龍降於樂亭浪窩海口寂然不動蠅
蚋徧體龍張鱗受之久而斂以斃焉因覆以葦棚水
澆之如是者三日夜忽風雨晦冥雷電交作龍遂升
天去
永平府志　卷七十二志餘下

图5 《光绪永平府志》关于“堕龙”的记载

这里有一个细节,《永平府志》和《聊斋》虞堂附记作了相同的描述。龙鳞既不是鳄鱼身上的角质鳞,也不完全像日常习见的鱼鳞。堕龙的鳞片,似乎具有某种程度的开合功能,甚至可以把钻进去的苍蝇活活夹死。究竟是现场所见到的真实情形呢,还是在传说过程中出现的添枝加叶的成分?这点疑问,且留待后文再作辨析。

如前所述,从天坠落下来的龙,有的坠落空地上,有的坠在屋顶上,还有的爬进了人家的院门,又被轰赶出来。更有奇者,堕龙居然钻进了大户人家的厅堂,而且盘卧了一个多月,每天还要给它饮水四五石。这件奇事,就发生在清代初年杭州老城的北门。景星杓《山斋客谭》卷一记载:

康熙乙巳(1665年),杭郡北关纸佥朱仰亭家,龙降于厅事之东柱下,其身大于斛,盘旋曲屈,弥塞半屋。甲如蛇而方,张偃不常,色正青,日每吸水四五石。家人骇愕,远迩聚观,可月余。一夕风雨,龙乃从东牖徐出,升瓦飞去。

杭郡北关即武林门,旧时那一带曾开设不少纸行。这条进入纸行商人朱仰亭家的堕龙,身子比量斛还粗,弯弯曲曲塞满了半间屋子。它的体表呈青黑色,鳞片像蛇但呈方形,也是能够忽开忽合的。景星杓字亭北,性喜种菊,自号菊公。他也是杭州人,家居东城。北关堕龙事件发生的那一年,他13岁,不知有没有亲自跑去看。杭城就那么大点地方,龙既然在朱家滞留了月余,闻讯赶去看热闹的人肯定不在少数,所谓"远迩聚观"是也。这条龙后来也是在一个风雨之夜,从东窗钻出爬上屋顶,然后飞走了。《山斋客谭》是景星杓晚年的作品,有康熙丙申(1716年)自序,时为64岁。记得刘向《新序》中有个"叶公好龙"的故事,传布千年尽人皆知,我们过去总以为那纯粹是一个寓言罢了。然结合后世记载来反思,坠地之龙钻入民宅,"窥头于牖,施尾于堂",这类奇事在历史上恐怕发生过不止一两次吧。

神龙坠落在旱地上,若不能际会风云,便可能命归黄泉。而这后一种情况,在那个时代的人们看来,乃是政治衰败、人祸将作的先兆。文秉《烈皇小识》卷七记载:

崇祯十五年(1642年)四月中,顺天三河县地方,半空中忽堕下一龙,牛头而蛇身,有角有鳞,宛转叫号于沙土中,以水沃之则稍止。抚按不敢奏闻。如是者三昼夜,乃死。

三河县,位于北京以东约50公里处,当时隶属于顺天府。神龙坠死在京畿重地,已是大大的不祥,何况崇祯十五年的中国,关内关外烽烟四起,朱明王朝日暮途穷,政治局势险恶到了极点,难怪顺天府的官员不敢将堕龙事件向上禀报了。这种迷信,其实由来已久。如《隋书·五行志下》记载了后周建德五年,黑龙坠于亳州(今安徽亳县一带)而死。随后,修史者便很有把握地断言:"龙,君之象。黑,周所尚色。坠而死,不祥之甚。"

行文至此,不由得想起了南宋著名文学家姜夔的一首诗。姜夔47岁时,写过一组五言《昔游诗》,追述自己早年在湘、鄂间的漫游生涯,读来历历如画。其中有一首,向来未曾引起研究者的重视,这是很可惜的。现将这首诗的前半部分抄录于下:

青草长沙境,洞庭渺相连。

洞庭西北角,云边更无边。

后有白湖沌,渺莽里数千。

岂惟大盗窟,神龙所盘旋。

白湖辛巳岁,忽堕死蜿蜒。

一鳞大如箕,一鬐大如椽。

白身青鬣鬉,两角上捎天。

半体卧沙上,半体犹沉渊。

里正闻之官,官使吏致虔。

作斋为禳祓,观者足阗阗。

敛席覆其体,数里闻腥膻。

一夕雷雨过,此物忽已迁。

遗迹陷成川,中可行大船。

是年虏亮至,送死江之壖。

或云祖龙讖,诡异非偶然。①

诗中的"辛巳岁",指的是绍兴三十一年,即公元1161年。这一年的秋季,海陵王完颜亮统率金兵大举犯宋。十一月,金兵在采石矶附近渡江时,遭到宋军的有力阻截。金兵败退后又转往扬州,部分将领趁机发动兵变,完颜亮被杀于瓜洲渡。"是年虏亮至"四句,说的就是这件大事,作者以为堕龙的凶兆恰好应在了敌酋身上。将自然异象同人世纠纷联系起来,诚然是一种迷信,但那是古人的思维习惯,本不足为怪。这首诗的真正价值在于,它用诗体语言描述了八百年前发生在湖北汉阳地区的一起堕龙事件。

白湖,本名太白湖,是汉阳与沔阳之间的一个大湖。《嘉靖汉阳府志》卷二:"太白湖,在县治西一百里,九真山南。旧传李白泛舟游玩,后人以为名。其水西接沔阳,广袤二百余里。"《嘉靖沔阳志》卷

---

① 《白石道人诗集》卷上。

五:"太白湖,一曰九真白湖,沔之巨壑也。"绍兴三十一年,姜夔才满6岁,而且远在江西的鄱阳,不可能亲自赶到白湖边去观看堕龙。不过,姜夔从9岁开始,即跟随担任知县的父亲迁居汉阳县城;父亲去世后,他又依随出嫁在汉川县山阳村的姐姐,在那个地区生活了近20年。白湖就在汉川县附近,姜夔常去那里游玩,并同当地老乡结下了深厚的友情。从诗中描述的场景来看,堕龙事件发生时,当地乡民也是用席子遮盖龙的身体,官府还派员亲临祭祀,前往围观的人摩肩接踵,热闹非常。姜夔很容易从当年的目击者那里了解到详情,所以诗中对堕龙的描写才会如此切近而传神。

这条腹白背青的龙,并没有完全脱离水,它半身卧在沙滩上,半身仍泡在湖水里。从"忽堕死蜿蜒"一句来看,它似乎也是从半空坠落下来的,可能在坠地时受了伤,但并没有真的死去。所以,一夜雷雨过后,它便从原地消失了。既然是诗歌,遣词用语上难免有些夸张,有时还不得不迁就押韵的需要。"一鳞大如箕,一髯大如椽",是形容这条巨龙的鳞片很大、胡须很粗,并不一定真的就大如簸箕、粗如屋椽。"遗迹陷成川,中可行大船",是说在龙趴过的地方留下了一道深沟,并不等于这道深沟中真的可以行驶大船。同样,"两角上捎天"也是一种夸张之辞。但是,这种夸张总还有一定的现实依据,至少说明这动物的角确实很长,高高地耸起。否则,像湾鳄头上那种只不过寸把高的角质隆起物,也要说成"两角上捎天",岂不是太可笑了吗?

《嘉靖汉阳府志》卷十记载,在汉阳县滨江之处,早年有一座龙王庙,据说是为了祭祀潜伏在当地水域中的一条神龙:

龙王庙,在[汉阳县]南纪门外、大江之浒。江有洑流,土人名龙窝。相传昔有龙潜于此,立祠祀之。今废。

这座龙王庙修建于何朝何代,《汉阳府志》中没有具体说明,反正是到了明朝嘉靖年前,此庙已经荒颓。祭告龙王,祈求丰年,这是古人无法避免的盲从心理。也许九千九百九十九座龙王庙都是虚妄之举,但是,这种貌似虚妄的举动跟现实世界的事物之间,到底有着什么样的联系,我们至今还不十分清楚。即以汉阳地区为例,既然姜夔的纪游诗已经向我们证实了南宋绍兴年间曾经有过万众争睹白湖堕龙的事件,那么,汉阳县修建的这一座龙王庙或许就是事出有因,尽管向龙王爷供奉香火未必真能带来什么好运。

事实上,直到明、清时期,在湖北、湖南境内,仍有庞大的龙身屡次浮上水面来:

洪武二十九年(1396年),东安孝子唐逊负米养亲,见江中有物如大堤,迫视之,则云气滃起,鳞甲森然。归语母,母曰:"龙也,见之当登第。"果以是秋隽秋闱,洪武丙子科也。(《道光永州府志》卷十七)

永乐十九年(1421年)正月朔,县东北西良湖近岸有深渊,名石潭,是日风浪恬息,有妇人出汲,见一物横亘湖汊,长不可度。众往视之,乃龙也。久而始沉。其年是方大疫。(《同治蒲圻县志》卷三)

龙身浮现究竟是科第之兆还是疫病之征,在此类问题上,我们没有必要去跟古人做太多的纠缠。我们现在想要弄清楚的仅仅是:这种像大堤一般横卧在水面上的怪物,果真是一种动物吗?能有什么更加具体的记载来加以证明呢?

《同治宜都县志》卷四下记载,咸丰十年(1860年)夏五月,湖北宜都地区遭受水灾。就在大水到来之前——

白洋江中有物浮出，不见首尾。舟人往视，则鳞甲森然，狎之不动；扒其甲即脱，共得二十余片，巨浪倏震，物掉转不见。甲大如掌，金碧射目，有细纹如龟背形。后数日，大水至。

这一起遭遇，可谓真真切切。乡民们不仅驾着船靠了上去，而且亲手揭下了二十多片像巴掌那么大的金碧色鳞片。这已经是十九世纪中叶发生的事，距离现在相当近了。所谓"狎之不动"，即用手抚弄，它也不会反抗。可要是去揭下它的鳞片，它就忍受不了，只能逃之夭夭。这不由使人联想到一句古谚："龙怕揭鳞，虎怕抽筋。"

关于龙的鳞片，吴趼人在1910年发表的《我佛山人札记小说》中，有一则引人注目的记载：

光绪（1875—1908年）某年，济南大风雨，雷击一龙，掷市上。时吾乡李山农观察，需次山左，督办某金矿，寓省城。其仆入城，所一爪以归，其大如婴儿腿，腥膻不可近。观察取其鳞数片，使化学师验之，不得其原质。鳞为方式，累无数薄层而成，其大如掌。然终不知其果为龙与否也。

吴趼人在《趼廛剩墨》和《趼廛笔记》中，也分别记述了这件事，并说："鳞作方式，其纹亦都作正方形"，"灿烂作五彩色"。请注意吴趼人笔下对龙鳞形状的描绘，与前文所引《山斋客谭》描述的"甲如蛇而方"正相呼应。这里提到的"李山农观察"，此人名李宗岱，字山农，是吴趼人的同乡佛山镇人，曾担任过山东盐运使、布政使。当时为了开办金矿，聘有几位西洋化学师在署。李宗岱将鳞片交给他们化验，不知是由于受到条件限制，还是因为这些化学师无能，结果未能弄清其构造成分。虽然李宗岱的仆人仅弄回了一个脚爪，但根据那"鳞甲满焉"的体征、"腥膻不可近"的气味来推测,很可能就是堕龙的遗体。这件事在时间上距离现在更加近了。吴趼人不无遗憾地说:甲辰岁(1904年)他游历济南时,竟忘了将此事询问当地居民,估计济南城中仍有人收藏着分割下来的片鳞碎甲。①

其实,不单是龙鳞,龙身上其他易于保存的部分,历史上也都曾有人收藏过。孙光宪《北梦琐言》记载:五代后晋时,常山郡与邢郡交界处(今河北内丘县、邢台市一带),曾斗杀一龙,当地乡豪有名曹宽者,收藏了这条龙的双角。这是《北梦琐言》的佚文,见于《太平广记》卷四百二十五。同书还有一段关于龙的佚文,或许更值得珍视:

大江之南,芦荻之间,往往烧起龙。唐天复中,澧州叶源村民邓氏子烧畲,柴草积于天井(原注:山中穴也),火势既盛,龙突出腾在半空,萦带为火所燎,风力益壮,狂焰弥炽,摆之不落,竟以仆地而毙,长亘数百步。村民徙居而避之。

朱梁末,辰州民向氏因烧起一龙,四面风雷急雨,不能扑灭,寻为煨烬,而角不化,莹白如玉。向氏宝而藏之,湖南行军高郁酬其价而强取。于时术士曰:"高司马其祸乎,安用不祥之物以速之!"俄而被诛。(《太平广记》卷四百二十三引《北梦琐言》)

"烧畲"俗称"火耕",是丘陵地区曾经流行的一种较为原始粗放的耕作方式。唐人温庭筠《烧歌》云:"自言楚越俗,烧畲作早田。"宋人范成大写过一首《劳畲耕》,诗前有一小序,介绍了三峡地区的"畲田"过程:初春时节,山民先将树木砍倒,等候雨讯。在雨将临的前

---

① 《趼廛笔记·龙鳞》。

一天晚上,开始放火烧山。第二天趁土热赶紧下种,这样有利于种子萌发,而焚过后的草木灰又成了天然的肥料。不过这么一来,那些潜藏动物可就倒了大霉,往往在烟熏火燎中被迫现出原形。

《北梦琐言》的作者孙光宪,出生于唐末,经历了五代。五代十国中有一个小国叫荆南,其统治中心在荆州(今湖北江陵县)。孙光宪在荆南生活了三十七年,故而对当时长江中游地区的奇闻轶事所知甚详。他记录的这两起"畲火烧龙"事件,都发生在湖南境内。

一起发生于晚唐天复年间(901—903年),地点在澧州(治所在今湖南澧县),距荆州不远。这条巨龙被烈焰从山穴中逼出来后"腾在半空",可见不是蛇也不是鳄鱼。它被烧死后的遗体"长亘数百步",确是个庞然大物。附近村民闻讯后,纷纷迁往别处以躲避灾祸,这一举动颇耐人寻味。这种已被赋予了太多神性的奇异动物,一旦出现在某地,民众总是祈愿它平安离去;倘若不幸死在当地,尤其是人为致死的,那将被看作犯了大忌,是要招来大祸的。

另一起发生于五代后梁(907—923年)末年,地点在辰州(治所在今湖南沅陵县)。被焚之龙的龙角,起先为一姓向的农家所珍藏,不久被楚国都军判官(后降职为行军司马)高郁强行买去。高郁是楚王马殷的重要谋臣,才智超众而性贪侈,见别人家有"莹白如玉"的龙角就眼馋了,非要夺到手不可。殊不知,这种被活活烧死的神龙的遗物,是被视为"不祥之物"的,所以当时就有人预言高郁不会有好结果。到了天成四年(929年),果然被马殷之子马希声诛杀,珍贵的龙角遂下落不明。

袁枚《续子不语》卷七也记载了一起分割堕龙遗体的事件:

乾隆辛亥(1791年)八月,镇海招宝山之侧,白昼天忽晦冥。有两龙互擒一龙,捽诸海滨,大可数十围,如人世所画龙状,但角颇短,而须甚长。始堕地,犹蠕蠕微动,旋毙矣,腥闻里许。乡人竞分取之,其一脊骨正可作臼。有得其颔者市之,获钱二十缗。

这条龙坠落在浙江宁波镇海东北招宝山下,起初还微有余息,不久便呜呼哀哉了。它的形状非常像世间流传的画龙,只是角比较短,而胡须却很长。分割下来的一节脊椎骨,竟然能够当舂臼使用,可见此龙的身围较之一般大蛇要粗得多。龙的颔即下巴,为什么可以卖钱呢?原来,值钱的是龙颔上面那长长的须。

苏鹗《杜阳杂编》卷上有这样的记载:唐代宗时,宰相元载有一柄用龙须制成的拂尘,颜色像熟透了的桑葚,约三尺长,后来被代宗索去。《杜阳杂编》中每多无稽之谈,固然不可尽信,但是在清代康熙初年,有个名叫李澄中的翰林,确实收藏过龙须,并且经常拿出来给宾客观赏:

康熙(1662—1772年)初年,曾有龙斗秦凤山泽间,脱其颔。乡人拾归,湔取其须,以遗翰林李渭清澄中。[李]异而宝之,在京邸,每出以示客。(东轩主人《述异记》卷下)

尤为令人惊奇的是,唐代的首都长安,甚至公开展览过一条身长一丈多的活龙。据《太平广记》卷四二二引牛肃《纪闻》:

韦皋镇蜀末年,资州献一龙,身长丈余,鳞甲悉具。皋以木匣贮之,蟠屈于内。时属元日,置之大慈寺殿上,百姓皆传,纵观二三日,为香烟熏死。国史阙书,是何祥也?

这条龙得之于资州(今四川资阳县以南、内江市以北的沱江流域),由当时的四川节度使韦皋装入木匣,献往京城。尽管没有具体描绘此龙的外形,但唐代的长安是人文荟萃之地,各类珍禽异兽也见得多了，假如捉来的是一头鳄鱼或穿山甲，岂不早让人给揭破了吗？可知这家伙定是一种罕见之物。它被供在大慈寺中，前往瞻仰者接踵而至，搞得香火太旺，不出三天，把条活龙熏得一命呜呼了。《纪闻》的作者牛肃，正好生活于那个时期，所闻应当不妄。其言"国史阙书"，指的是唐朝自修的国史漏载此事。后来欧阳修、宋祁等人编修《新唐书》，便将此事补写进去，并且注明是贞元末年，大约相当于公元799—804年。

韦皋献来的这条龙死去后，尸体是怎么处理的，有没有制成标本被保存起来，古书上没有细说，我们也不得而知。倒是后起的辽国，在他们皇宫的内库中，珍藏着一具首尾完整的黑龙遗骸。据说，这条黑龙还是契丹族的开国首领耶律阿保机亲自射获的。《辽史·太祖本纪下》记载：

神册五年(920年)夏五月庚辰，有龙见于拽剌山阳水上。上射获之，藏其骨内府。

元好问《续夷坚志》卷二叙述此事更为详细：

辽祖神册五年三月，黑龙见拽剌山阳水。辽祖驰往，三日乃得至，而龙尚不去，辽祖射之而毙。龙一角，尾长而足短，身长五尺，舌长二寸有半。命藏之内库。贞祐南渡尚在，人见舌作蒲秸形也。

拽剌山，位于今内蒙古自治区境内，查干木伦河以西。这条被辽太祖亲手射杀的黑龙，似乎也是一条小龙，身长只有五尺，按宋元时期的尺度标准，相当于今天的150多厘米。龙身可能做过防腐处理，所以能够长期保存而不朽烂。从《续夷坚志》的记载来看，这具龙骸的收藏者已经易主，转入了金国的内库。辽天庆十年(1120年)，完颜阿骨打率金兵攻占辽国的上京(故址在今内蒙古巴林左旗南),焚掠甚惨。龙骸大约就是那时候作为战利品而抢夺去的。元好问说,贞祐二年(1214年)金宣宗迁都南京(今河南开封市)时,有人看见龙骸尚在内库,龙的舌头形状像蒲秸一样。蒲秸即蒲剑,指菖蒲草的叶子,因其形狭长似剑,故又名水剑草。

早在元好问之前,北宋著名学者沈括已经在自己的著作中,提及辽太祖射龙一事。宋神宗熙宁八年(1075年),沈括奉命出使辽廷,与契丹贵族谈判代北争议地界。他后来在《梦溪笔谈·杂志一》中追述当年的旅途见闻:

黑水之西有连山,谓之夜来山,极高峻。契丹坟墓皆在山之东南麓。近西有元祖射龙庙,在山之上。有龙舌藏于庙中,其形如剑。

"黑水"即查干木伦河,"夜来山"即拽剌山。沈括出使契丹时,上距辽太祖逝世已经150年,故称其为"远祖"。射龙庙在山之上,沈括未必有暇亲自上去看一看,因而庙中收藏的到底是龙的舌头,还是龙的全躯,后人也难以深究。但沈括说龙舌形状似剑,这一点正与元好问的记载相吻合。

另一位曾经到过金国的南宋官员洪皓,也证实金国内库藏有龙骸。建炎三年(1129年),洪皓以礼部尚书的身份出使金廷,被金人强行羁留达15年。回到宋朝后,洪皓撰写了《松漠纪闻》一书,追忆自己在金国期间的所见所闻。其卷下载:

阿保机居西楼,宿毡帐中。晨起,见黑龙长十余丈,蜿蜒其上。引弓射之,即腾空夭矫而逝,坠于黄龙府之西,相去已千五百里。才长数尺,其骸尚在金国内库。悟室长子源尝见之,尾鬣支体皆全,双角已为人所截,与予所藏董羽画出水龙绝相似,盖其背上鬣不作鱼鬣也。

辽太祖阿保机射获黑龙的经过，《续夷坚志》的叙述看来比较接近真实：这一动物在拽剌山阳水盘桓数日之久，结果被闻讯赶来的阿保机断送了性命。而《松漠纪闻》所记录的，却是一个带有夸诞色彩的民间传说，仿佛当年阿保机扣弦一射，黑龙带着伤往东一蹿，竟蹿出去一千多里路，坠落在黄龙府（今吉林农安县）地区。为什么非要往东蹿呢？阿保机认定此乃天意，是进军东北、吞并渤海国的"胜兆"。① 民间传说对真实事件的加工改制，传说的演变常服从于政治的需要，于此亦可窥一斑了。

洪皓在金国羁留了很长时间，与金朝的高级官员有过较多接触。悟室，即完颜希尹，是金朝有名望的重臣，女真文字的创制者。据洪皓说，完颜希尹的大儿子曾亲眼见过这具龙骸，身长仅数尺，除双角已被人截去，其他肢体尚完好，背脊上有鳍鬣，看上去跟北宋画家董羽所画的出水龙非常相似。董羽画的龙是什么模样，我将留待第七章中再加以讨论，这里暂且不表。洪皓称此龙头上原有双角，而元好问却说龙骸仅有一角，也不知道哪一种说法正确。莫非当时收藏的龙骸竟不止一具？

好了，我在本章中已经连续介绍了近50种古籍中关于龙的记载。② 现在要下结论固然为时尚早，那么，是否可以从中获得一个初步的印象呢？经过两千多年风雨剥蚀而依然保存下来的这些记载，不约而同地指向同一个方向———一种外貌接近画中之龙、有着奇特构造的水生动物，一种偶尔现身、引得古人诚惶诚恐的神秘动物，一种在自然的长河中曾经出现过、却被现代学术界所忽视的珍稀

---

① 叶隆礼《契丹国志》卷一。
② 此外还有一些重要的记载，我将留在后面各相关的章节中再加引录。

动物。

我介绍的这些古籍记载，并非来自罕见的秘阁珍籍。使人难以理解的是，几乎所有研究神龙之谜的论著，都缄口不提上述记载。迄今为止，我还没有看到哪一位研究者能够站出来，认真解释一下在历史上多次发生过的"堕龙"事件。对于神龙的真相，尽管仁者见仁、智者见智，但是有一个结论性的前提，差不多是一致公认的："古代传说中的那种龙，其实谁也没有真正见过。"然而，这样一个重大的结论性前提，究竟是怎么得出来的？在那些言之凿凿的历史记载面前，我们难道可以采取一种视而不见、听而不闻的态度吗？难道我们竟可以绕开这些记载，甚至连最基本的爬梳归纳的工作都不做，而径直去发明所谓的"科学结论"吗？我们研究问题的出发点，难道不是客观事实的本身，而是某种自以为是的观念、符号吗？

诚然，由于目前还缺少生物考古学的支持，我这里所说的"事实"，仅仅是纸上的东西，是历史文献中的记载。那么，这一系列记载是不是可靠呢？对此，我曾抱着审慎的态度，下过一番鉴别的功夫。只要不带偏见地认真读一读这些记载，就不难发现：它们都不属于文学故事，而是实况描述，有些还是近距离观察的记录，用我们今天的话来说，叫作"现场目击报告"。

其中一部分记载，来自历代地方志。地方志以真实地保存本地区的自然、人文史料而著称。方志中有一栏目，名曰"祥异志"，或称"灾异志"，专记当地的自然灾害及各种异象。现代科学工作者编纂《天象史料》和《地震史料》时，曾经从中大量取材。既然地方志中有关日食、陨星、地震、洪水等自然史资料早已为科学界所充分肯定，既然人们能够从地方志中准确地发现大象、老虎、鳄鱼等名贵动物在历史上的分布范围,那么,我们又有什么理由断定其中关于"龙"的记录偏偏都是无稽之谈呢?

另一部分记载,来自各种野史、笔记。这类书籍的一大特点,是多记民间的琐闻轶事,常可补充正史的缺漏。有些见闻得之于亲身经历者,所以显得格外真切。要是没有《唐年补录》《续夷坚志》《七修类稿》《右台仙馆笔记》等书的具体描绘,我们也许至今还弄不明白堕龙的大概面貌。即使像《聊斋志异》《子不语》这类故事性很强的短篇小说集,由于它们继承了魏晋以来志怪小说的传统样式,其中仍然夹杂着若干篇幅短小、未经渲染的纪实作品,这是很容易分辨出来的。

如果事情真像古希腊作家埃斯库罗斯说的,我们远古祖先觉醒时的生活同我们现代人的梦态生活一样,那么,来自上古的飞龙传说或许是可以理解的,因为那是原始居民精神生活的一个组成部分。可是,秦汉以后、唐宋以来的那些见龙的记载,又该如何解释呢?我们怎么可能相信,成千上万的目击者,以及不同身份的记录者,几乎都患了精神病学上的所谓"虚构症",一而再、再而三、不厌其烦地重复着一个古老的图腾梦幻!

如果有人指出上述记载中的某几则出自讹传,或在情节上夸张过甚,这是完全可能的。因为古代的文献从来就不会那么纯净,由于观察者的失误、记录者的草率以及某些盲从心理的影响,文字记载偏离事实的地方在所难免。然而,要说所有这些记载全是在造谣和传谣,却是无法令人接受的。我们又怎么能够相信,这些"伪造"的目击记录,分别来自不同的时代、不同的地域,在细节的陈述上竟然如此相似,恍如一个跨越时空而联合制作的千古大骗局!

第三章
来自松嫩平原的目击报告

令人惊讶的是,直至1944年,在我国东北地区的某处江滩,还有数百名群众亲眼目睹了这一罕见的巨型动物,并且依照古来流传的方式,重演了一幕救助"黑龙"的动人场景。

面对众多的怀疑者,我愿意郑重地推荐一份由当代人口述、当代人撰写的目击报告。

1989年12月,上海人民出版社编辑出版的《中外书摘》第三卷第四期上,在《人间奇事》专栏里,发表了一篇来自黑龙江省的征文稿。全文如下:

我所看到的黑龙

黑龙江杜尔伯特蒙古族自治县对山奶牛场(退休干部)任殿元口述

黑龙江杜尔伯特蒙古族自治县博物馆任青春整理

图6 任殿元

1944年阴历八月(具体哪一天记不清了),我父亲任佰金领着我(任殿元)和渔民丛来顺(43岁)、谢八(38岁)等驾船出江打渔,我们出江少则三五天,多则十数天,整天在江上漂泊。和我们同行的四艘船加我们共五艘船,十多个人一起出海了。

这天早晨,我们的船只行进到了牡丹江南沿(这里也归肇源县管辖,距肇源县城偏西北30多里处),突然发现陈家围子村后头围了许多人,估计要比陈家围子全村人还多四倍。我们的船拢岸,向岸边的一个人打听,那个人小声地告诉我们:"黑龙江里的黑龙落到沙滩上了!"一听这消息,我们既兴奋又紧张,我父亲说:"鱼上不上网不差这一会儿,走,看看去。"他是网户搭,说了就当令,五只船的十几个人全上了岸,我们几乎是跑着赶到的。一看那场景,把我父亲那样一辈子老渔鹰子的人都吓呆了。但见一个黑色的巨型动物卧在沙滩上,它太大了!陈家围子人在它身上搭了个棚子,整整十五领炕席,算起来得有二十多米长。头颈比身子细,头上没有叉角,只是在前额上长了一个一尺多长的扁铲形的角。脸型和画上画的龙差不多,长着七八根长须子,又粗又硬,还直抖动。它闭着双眼,眼角围了一团苍蝇,它眼皮一动,苍蝇就嗡的一声飞开了。它长着四个爪子,看不准每个爪子几个趾,因为四爪深深地插进沙滩里,每个小腿都比小伙子的胳膊粗。它的身子前半部分粗;由于是卧在地上,能看出接近大人腰那么高,估算直径也得一米多。后腿以后的部分是尾巴,比前身细,但很长,足有八九米。整个形象就像个巨型四脚蛇(东北土话叫马蛇子)。它通身是鳞,脊背上的鳞是铁青色的,足有冰盘那么大,形状和鲤鱼鳞差不多。它肚皮和爪子上的鳞是粉白色的,瞅着比脊背上的鳞鲜嫩,并且略小于脊背上的鳞。脊背上的鳞,干巴巴的,像晒干的鱼坯子。大群的苍蝇在它的身上飞来飞去,它不时地抖动身上的鳞,发出干涩的"咔咔"声,每响一次,苍蝇就嗡地飞起来,声音一停,苍蝇又落了回去。它身上的腥味极大,相距几百米远就能闻到。它身下卧着的地方已卧出了一条长沟,身边四周的嫩杂草都被它踩倒了,可惜的是看不出脚印是什么图案。

陈家围子只有二十多户人家,总共六十多口人,而在场的人却有三百多,原来附近的任家亮子、瓦房子、尚卧子等好几个村子的人全来了;他们中有挑桶的、端盆的,都拿着盛水工具,统统由陈家围子村伪村长陈庆组织,陈庆不许大家议论这个巨型动物,不许大家叫"龙",只能称"水虫"。听陈庆讲,昨天下午他还来过这里,什么也没有,今天早晨就有人看到了这只"水虫",说明它是昨夜卧在这里,今早被人发现的。陈庆组织陈家围子人搭起了苇席棚子,然后让男女老少挑水往"水虫"身上浇,水一浇上去,"水虫"身上的鳞随之一抖动,人们就这样一桶桶地往"水虫"身上浇水。

看了一个多时辰,我父亲说:"走吧,明天再来看。"就这样,我们十几个人恋恋不舍地上了船,在船上大家还直议论。丛来顺说:"如果这个水虫没有尾巴的话,那它就是秃尾巴老李。"谢八说:"这一定是黑龙江里的黑龙,你没看它通身都是黑色的吗?"大家惦念着黑龙,连鱼都没打好。

当天下午下起了大雨,到夜晚变成了暴雨。整整下了一夜,时缓时急。第二天一早转为牛毛细雨。我们五只船直奔陈家围子村后,赶到那儿一看,心凉了!曾经趴卧"黑龙"的地方现在只剩下一条深沟,沙子里还留有浓烈的腥味。据当地人讲,"水虫"是半夜走的,怎么走的,到哪去了,谁也不知道,因为下暴雨的夜晚不可能有人守候它。但我们清楚地看到在距它卧着的沙沟的东北还有一条深沟,明显能看出是它站立起来时搞成的,这说明它极可能是朝东北方向走的,怎么走却是个谜。会不会是像飞机那样行进一段后鳞片张开,腾空飞起了呢?但这只是猜测。

再后来我们打鱼到那儿就听当地人悄悄讲,日本人封锁这消息，不准到处乱讲。以后就很少有人提起了，到如今已经有四十多年了，那动物究竟是什么东西我们仍然不知道，但四十几年前的情景历历在目，恍如昨天刚发生过的一样。我常常想，如果当时不是在伪满统治时期，如果当时有现代化的科学技术，有录音、照相、录像设备的话，那么这个谜也许早已揭开了。哪怕能留下一张黑白照片该有多么珍贵啊！可惜没有。我冒昧地做过猜测：那个巨型动物会不会真的是一条黑龙？为什么它长得那么像画上画的龙？会不会是我们祖先也曾看到过龙？当然，这些都是猜测。

《中外书摘》在刊登这篇征文稿的同时，还发表了作者任青春写给编辑部的一封信：

编辑同志：

想写这篇文章是十年以前的想法，因为我父亲亲眼看到了"龙"这件事对我震动极大，我总觉得我应该把它记录和整理出来，这将是一份极珍贵的资料。事情已经过去四十多年了，许多当年目击者都去世了，如拙稿中的丛来顺、谢八等早已去世，就是我父亲也已73岁了；但他精神好，一点不糊涂，讲起这件事来如同昨天刚发生过一样。

我不知道肇源县县志是否记载此事，但我敢相信陈家围子附近还有和我父亲一样的目击者存在。我这是第一次向报刊披露这件事。尽管我很早听我父亲讲述这件事，但当时我怀疑这件事的真实性。1986年我去肇源出差（肇源和我县毗邻），住在县委招待所对面的一家个体旅社内，夜晚同屋的一位老头和我闲聊时讲起了此事，其经过和我父亲讲的完全一样。我问他是哪里人，他答是陈家围子的，年龄77岁（可惜的是我忘记问他叫什么名了），他也是目击者之一,还亲自挑水往"龙"身上浇水。通过这件事我相信我父亲讲的是事实,如果他们这些目击者去世的话,以后这事就不好考察了。

任青春

1989.5.17

坦率地说,这篇描述"黑龙"的文章,在许多人看来,顶多不过是茶余饭后的谈资罢了;然而它在我心里引起的震荡,却是那样的强烈和持久,以致我不得不中断了其他文稿的写作,开始把注意力更多地集中到了本来不应该由我去关心的古生物学领域。虽然我过去已经意识到龙是一种真实存在的动物,古籍中记载的"堕龙"事件未必都是出于捏造,但是我仍然没有想到,直至1944年,在我国东北地区的某处江滩,还有数百名群众亲眼目睹了这一罕见的巨型动物,并且依照古来流传的方式,重演了一幕活生生的救助"黑龙"的动人场景,而这一切的发生,距离今天才不过半个多世纪啊!

我也是一个生性谨慎的人。尽管《人间奇事》征文启事中一再要求来稿"必须是本人亲眼目睹的事",尽管任青春在给编辑部的信中声称他的父亲"精神好,一点不糊涂",我仍然不敢轻易相信这一事件的真实性。在此后的两年时间里,我更多地搜集了散布在各类古籍中的见龙记载,更广泛地阅读了祖国各民族民间故事集中有关龙的传说。我很想弄明白:假如那份目击报告果真出自杜撰,制造者到底需要掌握多少种素材方能进行此项创作?

从1991年11月起,我同任青春建立了通信联系,至今已进行了数十次通信,从各个方面了解了任氏父子的情况。那篇投向《中外书摘》的征文稿,其细节的真实性究竟如何,是我最为关心的问题。1992年5月,按照我拟定的提纲,任青春又同他已经75岁高龄的父亲任殿元进行了一次长谈,并做了详细的谈话记录。这篇谈话记录稿,不仅在细节上更加具体、真实,而且还订正了那篇发表在《中外书摘》上的回忆文章中的若干失实之处。下面是谈话录的全文:

两年前,我曾将我父亲亲眼看见"黑龙"一事撰写成文,刊登在上海人民出版社《中外书摘》杂志上。当时是参加该杂志举办的征文活动,为了增强文章的可读性,我较多注意了叙事的连贯性和描写的生动性,将我父亲口述中的许多口头语言换成了书面语言。由于我当时不够谨慎,致使部分细节出现了误差和遗漏。为了给研究者提供一份翔实可信的资料,我近日又向父亲做了一次细致的调查。

75岁高龄的父亲,身体虽不及两年前,但精力却依然旺盛。听明我的来意,他极为赞赏,表示全力支持我的调查。我们的谈话便由此开始。

我问:"请您再回忆一下,看到黑龙的那年到底是哪一年? 当时您多大年纪?"

父亲很快回答说:"康德十一年①。肯定没错,因为那一年我二十七岁。"

"那地点您能说得再具体一些吗?"

父亲想了想,说:"肇源县和扶余县相邻,肇源归黑龙江管,扶余归吉林管。两县的边界是一条2里宽的江②,当地人称它是牡丹

---

① 任青春注:伪满纪年,即公元1944年。
② 任青春注:我父亲所说的"里"是指华里,以下同。

江①。附近的地形我说不太准,不过当地人都说那里是黑龙江、牡丹江和松花江三江交汇处的三江口。有一点我可以肯定,我说的那条牡丹江是东西走向,江南归吉林省扶余县,江北归黑龙江省肇源县,江北最近的村子是任家亮子,江南最近的村子是陈家围子。发现龙的地点在江南,在陈家围子村东北大约 10 多里的江边沙滩上,离开江还有 20 多丈远。"

"您能不能再讲一讲当年发现黑龙的经过?"

"记得那是康德十一年七月末八月初吧②,具体哪一天记不准了。因为当时正是雨季,铲地已经挂锄了,所以我大致能记住月份。我们五艘小船在你爷爷任佰金的带领下又顺着牡丹江奔上游去了(上游即肇源与扶余以东)③。随船的有 60 多岁的老裴头、43 岁的丛来顺、38 岁的谢八等 10 余人。这天早晨,当我们的船正沿江行进时,突然发现不远处的江南沙滩上聚了许多人,往来奔走不知作什么。这里是扶余县领地,比较荒凉,附近村庄很少,往西南 10 多里地仅有一个陈家围子村,可是全村人加一起也不会有这么多呀!我也是好奇,向你爷爷请求要去看一看,他同意了。于是,我们的船就拢了岸,向岸上的人一打听,说是'黑龙落到沙滩上了'。我问:'怎么会有那么多人?'别人告诉我:'附近尚卧子、任家亮子和邢家围子都有人来帮忙。'你爷爷眼尖,指着前边说:'快看,瞅那外形准是一

---

① 任青春注:我觉得应为松花江。但父亲不同意我的看法,他说当时当地人均将此江系称为牡丹江。
② 任青春注:我父亲说的月份是指农历。
③ 本书作者注:原文如此。当时未发现有错误,后来才知道把方向弄反了,上游应该是在肇源、扶余以西。

条鲂鱼①。'我常听他讲鲂鱼显灵的事儿,只是从没见过,因此就更加感到神秘,脚下的步子也加快了。到跟前一看,可把我们吓呆了。一个黑色怪物,直愣愣卧在那里,足有十好几讨长②。"

这时,我忙问:"您能不能比画一下,它到底有多长?身围有多粗?尾巴又有多长?"

父亲顿了一顿,说:"那东西真是太大了,从这儿一直到那儿。"父亲用手指着,从屋里指向院外。我按照他指示的距离,用皮尺量了一下,正好12米。

进屋后,父亲接着说:"它卧在那里,身下看不着,但身围直径足有1米,上下略宽,左右略窄,也就是说它的身子是椭圆形的,高1米,宽有2尺稍多点。尾巴比身子略短一些。如果刚才你用皮尺量全身有12米的话,后腿以后的尾部也就5米左右吧。圆形,越往后越细,尾尖最细,没毛,尺寸说不上来,但那形状和咱东北马蛇子一模一样。"说到这儿,父亲略思忖了一下,又说:"它尾巴形状极像马蛇子尾巴,不同的是上面有鳞。鳞片的形状跟身上一样,只是大小不同,越往后越小,尾尖处也有鳞,更小,小到什么程度我记不清了。"

"您能不能再说一下龙的长相?"我说,"您以前常讲它的相貌和

---

① 任青春注:父亲多次讲起这种鱼,大多是重复我祖父的话。"鲂"字发音为 fáng,我是按发音记录,未知正确与否。本书作者注:或许是鳇鱼。该鱼种分布于黑龙江流域,个体较大,身长5米,重达2000斤,夏季在江河中产卵,过一段时期后,回到海洋中生活。

② 任青春注:"讨",地方语。成年人双臂横张,向左右平伸,两手之间的距离为一讨。

画上画的龙差不多,我总觉得太笼统,您能说得再具体一些吗?比方说眼睛、嘴巴、鼻子、耳朵什么的。"

父亲大概觉得很难一下子准确地描述出来,他微闭双目好半晌,呷了口茶,然后缓缓地说:"那东西确实和画上画的龙差不多,脑袋稍小,大约像牛犊的脑袋那样大,略呈方形,上宽下窄。因为它是卧在那里,头部看不太仔细,好像没鳞,铁青色,头上有一根朝天角,位于额头正上方,独角根部较粗,直径约10厘米,角形状像牛角,短且直,长约七八寸,顶部稍尖但不锐利。额头向前凸起,脸上无毛,眼睛闭着,看不准形状,鼻子和嘴较近,形似牛头一般,鼻孔稍稍小于牛鼻孔,嘴形特像鲶鱼,又扁又宽,因为闭着嘴,既看不到牙和舌,又听不到喘气声,嘴巴有1尺多长,额头约1尺来宽,嘴巴宽度也得有6寸多吧,嘴上有几根青色的又硬又长的须子……"

我赶紧问:"那须子有多长?"

父亲回答说:"那怪物的须足有一那①多长,根根硬朗,还微微抖动。值得一提的是没有看见它的耳朵,两侧的脸上和头上都没看见竖长的耳朵,如果有耳朵的话,也很有可能是像鸡耳朵那样贴在头上的一个孔洞。更有意思的是,它还有一个比较细的脖子,形状有点像马脖子,又扁又长,长度大约有2尺多点,接近头的地方略细一些,脖子上也有鳞,鳞片比身上的小,形状相同,颜色也差不多。我记得那会儿是谢老八发现的,他叫:'你们快看,它的脖子多像马脖子!'我们一看,果然像,只是上面有鳞,而没有鬃毛。"

这段目睹"黑龙"的经历,过去常听父亲讲起,有些情节都听得

---

① 任青春注:"那(nǎ)",地方语。即把手掌立起来,拇指与其他四指分开,从拇指尖到立起的中指尖的最长距离。又叫一豁豁长。

烂熟了,可是对于龙的外形特征,却还从来没有像今天这样描述得细致入微。看着父亲正在兴头上,我赶紧趁热打铁,又提出了一连串问题:"龙的鳞片是什么形状的?是有颜色的还是透明的?鳞有多大?是紧贴在身上的吗?还有,它的脊梁上是不是有像鱼鳍那样的东西?"

面对我连续的提问,父亲一点也不显得忙乱。他一边思索,一边慢慢地回答道:"它的鳞是圆的,似乎有一端略有一些尖,也就是说,形状特别像鲤鱼的鳞。那鳞也不是透明的,而是有颜色的。身脊上的鳞最大,铁青色,脖子和尾部的略小,颜色也略浅,腿上的也略小,和肚皮边缘的差不多,还略有点粉红色。大的鳞嘛,足有冰盘那么大。"

我插问了一句:"冰盘有多大?"父亲用双手比画了一下,我赶紧上去用尺子一量,最大的鳞直径约5寸,小的约2寸许。

"它的鳞是可以自己抖动的,"父亲又接着说,"水边的苍蝇多,鳞片一动咔咔直响,有时还能夹到苍蝇。它通身是椭圆形,因此脊背也是圆的,根本没有像鱼分水那样的东西①,否则,人们就会怀疑它是鱼而不是什么龙了。虽说那鳞片可以动,但它轻易是不动的,只有当人们担来水浇在它身上的时候,它才冷不丁一动,用咱们土话说就是一激灵。"

父亲的话引起了我的思索:龙的鳞片有时能夹住苍蝇,这一方面说明鳞片下面存在空隙,可以让苍蝇钻进去,另一方面也说明它身上有什么特别的东西,吸引着苍蝇甘冒危险死叮不放。于是,我

---

① 任青春注:指鱼鳍。

就问父亲:"它身上的味大吗?是一种什么味?你们那时离开它多远?有谁上去摸过它吗?"

也许我的问话很有趣,父亲笑了笑,说:"它身上的味特别大,主要是鱼腥味,但也不完全相同,那就是它身上还有一种特刺鼻子的剧烈的气味,特别的难闻。我们刚下船,就闻到了岸上的腥味,顺风吹过来,特冲。你说有谁摸过它?没有人敢摸它,也不敢走得太靠前了,那倒不全是因为害怕,至少我就不怕,在鱼鹰子里①,我是出了名的大胆。可村长陈庆就在旁边站着,谁也别想过格。我最近离那家伙也得1丈来远,如果我能担水的话,还可以再走近点,借浇水的机会再仔细看看,可惜了,我们只是过路的人。"

"我记得听您说过,当时还给龙搭了个棚子,用了十五领炕席。"我问,"是用炕席苫的吗?"

"不是这样的。"父亲瞅着我说,"关于搭的棚子,我再给你详细讲一讲。棚子是用江边附近弄来的柳条通的条子插入地里,1尺来远一根,然后再绑上几道绳子。宽有1丈宽,长有7丈左右,高有七八尺。那上面不是用席子苫的,而是从附近折来的柳条子、乱草之类的遮一遮。我和你说的是有十五领炕席那么长,并不是真的用炕席苫的,因为江边离村庄太远,又没人肯出席子。有一点我得格外讲给你听,陈庆组织大伙儿浇水,是隔着棚子往里浇,也就是站在柳条桩外,不准挨着那家伙,更不准别人用手碰它。什么原因呢?我想一是怕触犯神灵,二是怕出危险。"

按情理说,面对这样一个以前从没有见过的巨型动物,必然会

---

① 任青春注:指打鱼人。

引起人们的恐慌和回避,至少也要站在远处观望,当地人怎么会冒冒失失地前来救它呢?于是,我便问父亲:"当时您可曾看见女人和孩子在场?他们害怕吗?"

父亲说:"我记得在场的几乎全是青壮年汉子,好像没有妇女,可以肯定没有小孩。"

"为什么要给黑龙搭棚子?是谁让这么做的?为什么还要往它身上浇水?不浇又怎么样,它会死吗?"我觉得这些问题是挺重要的。

父亲想了一想,然后说:"这事儿我也说不好。我听在场的人说,这么多人都是陈庆给弄来的。陈庆这人,我是认得的。他是这里的甲长,也可叫村长,在这地方有些号召力,没人敢不响应。他为什么要这么做,我也说不清楚。不过,老辈人常讲'龙随云,虎随风',龙是管民间发水的,旱涝都得听它的。人们还传说,出现龙的地方就要出真龙天子,有人要做皇帝了,这可是神灵哪!所以陈庆不许大家叫'龙',只能叫'水虫'。'水虫'离了水,干渴死了怎么办?老百姓又喜又怕,所以壮着胆搭了一个棚子,既防日头晒着龙,又给人划定了一个界限,别太靠前了。一般传说中龙都是与人为善的,没有听到哪个故事说龙吃过人。可是说是说,真要面对这么大个家伙,心里还是有些害怕的。我当时瞅着也怕,从没见过哪!"

我赞同父亲的看法。我是民间文艺家协会的会员,也曾搜集、整理过不少民间传说故事。传说中的龙都住在水里,它是管水的,能普降甘霖使百姓受益,也能发起洪水让天下受灾,因此我们的祖先敬龙如神。我认为这些传说不无根据,龙或许真是一种水下动物。再从现实的情况来看,我父亲看到的"水虫"因干燥而奄奄一息,不能动弹了,老百姓用水去浇它,也是情理之中的事。

我估计该问的问题也差不多了,便从资料夹中取出一沓图片来,想请父亲给辨认一下。那图片上是各种类型的鳄鱼,有短吻鳄、尖鼻鳄、圆鼻鳄、马岛鳄、恒河鳄、泽鳄、湾鳄、扬子鳄等。我问父亲:"您见到的那东西,会不会是这其中的哪一个?"

父亲接过去,仔仔细细地看了一回,然后将图片递还给我,说:"这些都不是。这鳄鱼吧,咱东北虽说没有,可我在电视上见过好多回了。那东西要真是鳄鱼的话,我能这么着小题大做吗?"

我觉得父亲的话很有道理,便又问:"方才听您讲,我爷爷曾说那东西是条鲂鱼。真的是鲂鱼吗?"

"当然不是。"父亲回答道,"我们起先也以为是鲂鱼显灵了,跑到跟前一看,哪是什么鱼呀,整个一个大马蛇子!别看它满身鱼鳞,它可有四条腿,爪子陷在泥里,那腿胯子却看得清清楚楚。"

"我爷爷当时没对你们说什么来着?他以前也曾见过这动物吗?"

"当时啊,你爷爷脸上是少有的严肃,我看着都有些心慌,不知道他为什么要这样。他对我们说:'看看赶紧走。'他自己先急急奔回我们停船的江边去了。我们又围着前后看了一会儿,约莫一个多时辰,就听你爷爷在喊我们,只好过去。你爷爷说:'我这袋烟抽透了,咱们走吧,别耽误了路程,等明天返回来再看吧。'到了船上,大家还直议论。可不管别人怎么说,你爷爷只是一声不吭。我有些沉不住气,就问他:'您原来也见过这水虫?'他摇摇头,又含混地点点头。我一时弄不懂他的意思,就又问:'那么说它不是鲂鱼?'你爷爷说:'当然不是鲂鱼。我以前虽没见过,可我就觉得它是黑龙。鲂鱼怎么可以和黑龙比呢？不过,应该让它上天入海,不可以这样作践它,这是罪过！'我这才明白他看见黑龙时为什么会变得那样严肃。往日打鱼时,偶尔打到甲鱼或别的什么怪鱼,你爷爷总要拜上一拜,然后放生。他常说:'久在江边站,哪有不湿鞋？干咱们打鱼混江这一行的,江里什么神都得罪不得,否则是要遭报应的。'"

看着父亲的叙述略有些岔开去,我赶忙转到了剩下的几个问题:"那黑龙到底是怎么来的,后来又是怎么走的？朝哪个方向走的？您再说一说,当时留下了什么痕迹没有？"

父亲回答道:"它是怎么来的和怎么走的,我没有赶上,当然不会知道。听当地人说是头一天掉下来的,也有人说是两天前掉下来的。可我总不大相信它真会从天上掉下来,也可能是江水涨潮时把它推上岸的。黑龙卧的那地方,地势平坦,距江边近,担水的人往返杂乱,弄得满地都是泥坑和积水,把原先的样子都破坏了。再说呢,龙的四个爪子插在沙子下,看不见它的脚趾,也就不知道那脚印是什么形状,是从哪里过来的。它走的时候,大约是我们见到它的当天傍晚或者深夜,当时正下暴雨,没人会守在那里,所以也弄不清是怎么走的。第二天,我们五只船从上游返回来,又经过这里,还看到了场地上七零八落的柳条,沙子里还留着很腥的气味。趴过龙的地方,朝东北方向又弄出了一条沟,这个方向正是冲着江的方向。这条沟最深处有一立铁锹深①,沟长约丈把长吧,越离远越浅,约莫最浅处被暴雨冲平了,有痕迹的就这么长一段。"

"后来你们又去过那里吗？还听到些什么传说？"

---

① 任青春注：估计有 30 多厘米深。

"我们打鱼常路过那里。再以后听当地人讲,日本人封锁消息,不准人到外面乱说,陈庆也不让说。这事儿也就慢慢平息下来了。日本人为什么封锁这消息,我想他们可能怕人心浮动,对他们不利。这事儿已经过去好多年了。那地方是两县交界,又是三江口,附近村落稀、人口少,比较偏僻,再加日本人又封锁消息,知道这件事的人,我估摸着不会太多,也就是附近几个村子的人。如果不抓紧调查,非成死案不可。"

任青春

1992.5.30 完稿

只要是对生物学略有所知的人,读了这份由目击者口述的证词,一方面会感到非常惊讶,另一方面也必然会发生疑问:这份目击记录果真可靠吗?

在得出应有的结论之前,我也曾作过多种假设。我曾经假设:任殿元会不会是根据当地流传的某些民间故事,然后编造出一段耸人听闻的"亲身经历"来呢?

且不说任殿元是一位正直而朴实的基层老党员,并非那种哗众取宠之徒,单看他对于"黑龙"形象的细致描摹,便很难相信那会是出自一个年迈老人的凭空想象。诚然,在扶余、肇源、杜尔伯特等地流传的民间故事中,我们不时可以发现这样的情节:一条龙突然坠落在地,飞不起来了,当地老百姓纷纷赶来,为这条受难的龙搭建席棚,往它的身上浇水。但是,这类情节往往只是整篇故事中的一个部件,交代过程十分简略,并且很少直接描绘龙的具体形象。即使描绘,用的也是"两角像棒槌、眼睛像灯笼"之类近乎夸诞的文学语言。而在雕塑、年画、剪纸等民间工艺美术品中出现的神龙,则无非是北海公园九龙壁上的那种造型：头上长着鹿角，口边伸出长须，整个身躯犹如大蟒蛇添上四条腿，前后身子几乎一般粗细。经过世世代代的耳濡目染，民间对于这类造型已经非常熟悉了。像任殿元那样一个长期生活在边远地区、文化程度又不高的老汉，他若想要编造一段"见龙"的奇特经历，脑海中浮现出来的必然是上述美术作品中的神龙形象。这是最合乎逻辑、最为省力的做法。

然而，任殿元的实际描述却并非如此。任殿元说，他亲眼目睹的"黑龙"，脸型确实有些像画龙，但头上长出的是牛角，而不是鹿角，嘴边虽然有须，也没有画上的那么长。尤其是躯干部分，跟画龙有明显不同，中段特别粗壮，后腿以下则越来越细，用他自己的话说，就像"一个大马蛇子"。马蛇子，是我国北方居民对蜥蜴类动物的俗称。显而易见，任殿元对于"黑龙"外形的描述，并不是依照后世习见的美术造型而敷衍出来的。追根寻源，只有某些古文"龙"字的写法，才颇似蜥蜴或鳄鱼状，而已经发掘出的新石器时代的彩陶上，也曾出现过奇怪的蜥蜴图案，据研究者说，这很可能便是龙的最原始造型。任殿元所说的"大马蛇子"，居然要到上古文化中去寻觅踪影，这无疑是一条最具有研究价值的线索。我在后面的章节中还要对此作详细论证，如果龙确为一种动物的话，它的真实形象应当是接近鳄鱼状，而任殿元在1944年亲眼目睹的巨型怪物，极有可能就是这种神秘动物的真正原型。

鉴于任青春是这份目击材料的撰写者和披露者，我也曾假设：任青春会不会充分施展了他的文学想象力，利用那些关于"堕龙"的古史记载，精心创作出这样一份颇具传奇色彩的目击材料呢？

我和任青春不仅有过较长时间的通信往来，还同他进行过面对面的直接交谈,因而对他的生平及志趣有比较真切的了解。任青春出身于一个贫寒的农家,靠着勤奋自学和不懈努力,成为当地颇有名气的年轻才子。我读过他已经发表的主要作品,大多属于文艺类或新闻类,少数几篇是考古文章。他对于生物学并无特殊的爱好,很难想象他会有那样高的兴致去创作出一个"巨型四脚蛇"来。他向外界公开他父亲的那段经历,其动机和整个过程,详见本书附录一:《我写作〈黑龙〉一文的缘起》。我认为,他的自叙是可信的。

坦率地说,在我的这本小书之前,还没有哪一部著作或哪一篇论文,曾经收集、汇总过这么多的关于"堕龙"的古史记载。因为科学界大多数人不相信世上真有这种动物,有关这方面的资料整理一向是被忽略的。任青春在《中外书摘》上发表那篇征文稿时,年仅24岁。他所能接触到的古代文化典籍毕竟很有限。由于受到环境的限制,包括明、清地方志在内的许多古籍,任青春至今也没有机会去翻阅。他并不知道,在他以前很久,便有人描写过这种巨型动物,描写过围观这种动物的场面。我曾问任青春,是否读过姜夔的《昔游诗》。任青春回答,没有读过。我告诉他,从《白石道人诗集》中可以查到。他说,不知哪里可以找到《白石道人诗集》。我们退一步说,即使任青春读过《昔游诗》,凭着"一鳞大如箕,一髯大如椽"的夸张性诗句,难道就能复制出一段刻画精细的现代奇闻吗?以前读过姜夔这首《昔游诗》的学者何止千万,其所以没有引起充分的注意,就是因为弄不明白"忽堕死蜿蜒"究竟指的是一种什么东西。我也曾数度吟读这些诗句,总觉得迷迷糊糊、似懂非懂。只有把关于"堕龙"的古史材料都汇集到一起,再去对照任殿元老人口述的内容,方才感到胸中豁然,姜夔用诗歌所描述的情景仿佛历历在目。由任青春记录下来的这份目击材料,对于"黑龙"从头到尾描画得细致入微,这不仅在民间故事中找不到可供摹仿的蓝本,即使是那些关于"堕龙"的古史记载也无出其右。至于国外盛传的"尼斯湖怪兽"之类,其形态与"黑龙"相去甚远,更难以作为编造故事的依凭。因此,任青春在这份材料上施展想象力的可能性是微乎其微的。

值得一提的是,哈尔滨出版社的戴淮明,曾接受我的委托,为了查证任殿元口述材料的真实性,分别于1992年10月走访了扶余市,1993年5月走访了杜尔伯特蒙古自治县。在杜尔伯特县逗留期间,淮明君直接采访了任殿元老人,并同老人的家属们共处了两天时光。淮明君告诉我,任殿元是一个朴实厚道而充满自信的人。他所讲述的,确实是一段他早年生活中的经历,而不是一个由别人编排出来的故事。关于淮明君的走访过程,请阅本书附录二:《为了寻访"黑龙"的目击者》。

1994年3月底,我又亲赴肇源县,走访了古恰、超等两个乡,同江北岸的数十户老农进行了交谈。我意外地发现,五六十年以前,不仅在肇源境内,甚至在东北的其他地区,这类"掉龙"事件发生过远不止一二起。我的采访纪实,列为本书附录三:《走访在肇源的土地上》。同年4月中旬,古恰乡文化站长崔万禄,为了查实"陈家围子"的确切所在,去松花江南岸的风华乡走访了三天。他也同样意外地发现,任殿元所目睹的事件,在该地区历史上决不是独一无二的。崔万禄的调查结果,可见本书附录四:《风来风去走风华》。

不管别人如何看待,我坚定地认为,这项调查工作是有意义的。这不是为了猎奇,而是为了科学研究。事实上,我们不可能回到一千一百多年前的舒州桐城县,去亲眼看一看那条被分割成数十段的青龙尸体,不可能回到八百年前的太白湖边,去亲耳听一听那些老乡们讲述"观者足阗阗"的热闹场面,甚至也不可能回到一百多年前的济南城中,去向居民们查询谁家仍收藏着堕龙的残鳞碎甲。然而,仅仅相隔几十年的事件,认真追索下去,还是有可能调查清楚的。那些古史记载究竟是不是人工制作的神怪之谈,只要查明了今事,也就理解了古事。考虑到任殿元老人已溘然长逝,而他对于这种未明动物的详细描述,乃是迄今为止最宝贵的资料,因此我决定:在本书中不避重复,不嫌累赘,尽可能完整地存录任殿元的口述材料以及我们对此所进行的追踪调查纪实。我心里明白,即使我的某些观点遭到科学界的严厉否决,我仍有必要为后来的研究者提供方便。

从肇源采访归来,我愈加深切地感到:我们以往在探讨神龙之谜的时候,所掌握的材料是远远不够的。有时,研究者本身也不一定具有完备的科学精神。一方面,他们中的许多人,至今仍对卜筮之学趋之若鹜;另一方面,现实中发生过的众多乡民救助巨型动物的事件,反被当作"迷信传说"而遭到冷落,长期以来无人过问。倘若不是遇上任青春这样的"好事者",那些有潜在价值的真实事件,可能会长久地沉埋于荒江僻野之间。即使经常深入民间从事采风的文化工作者,听到乡民们绘声绘形的述说,往往也是一笑置之,以为那不过是一个美丽的神话而已。谁能相信,在某些特定的情况下,从神话到现实,其间只有一步之差!

第四章
在神话与现实之间

古代文化以龙为喻,并非凿空乱道,而是言有所据。不论民间艺术家们给龙添上了多么奇异的色彩,它的基本形象及生态特征,依然没有脱离隐藏在背后的那个生物原型。

第四章

《现代汉语词典》(1983年版)根据历来的传说,对"龙"作了如下定义:

龙,我国古代传说中的神异动物,身体长,有鳞,有角,有脚,能走,能飞,能游泳,能兴云降雨。

《辞海》(1989年版)所作的概括也许更加精炼:

龙,古代传说中一种有鳞角须爪能兴云作雨的神异动物。

正是在这一定义面前,我们曾陷入了深深的困惑之中。有人查遍了中外所有的生物学资料,就是找不到一种能够与上述定义相对应的动物。于是,一个并不算过分轻率的结论便自然产生了:龙不过是一种神话而已。有人甚至称之为"生物学上假设的杰作"。

这样一个来自虚空的"假设",竟能笼罩中国文化达数千年之久,并且愈演愈烈,蔚为大观,多少有点不可思议。翻开中华古籍,举凡诗词曲赋、小说杂记,乃至哲学著作、政治论文,龙的形象无所不在。人们既然已经主观地认定龙是一个神话,就不会认真看待这些文字。人们甚至以为,说龙是最省力、最不需要什么根据了,随心所欲,信口开河,"大而无当,往而不返,犹河汉而无极也"。

可是,从前文所列举的那些来自不同朝代的历史记载中,从任殿元老人关于1944年秋季在松花江畔亲身经历的追述中,我们隐约地意识到世间确曾有过这么一种会走、会飞、会游泳的奇异动物,我们的思路便不能不因此而发生转折。当一种我们自以为熟悉的事物,正通过某种方式开始显露它的真相时,我们为什么不换一种眼光,去重新估价那些流传了很久的神话、传说和寓言,去重新认识那个已经被解释了千百回的神龙之谜呢?

一说起龙的神秘性,人们很容易想到《说文解字》上的那段诠释:

龙,鳞虫之长。能幽能明,能细能巨,能短能长。春分而登天,秋分而潜渊。

严格说来,这并不是许慎的发明。

有鳞之虫三百六十,而蛟龙为之长。(《大戴礼记·易本命》)

龙生于水,被五色而游,故神。欲小则化如蚕蠋,欲大则函于天地,欲上则凌于云气,欲下则入于深泉。(《管子·水地》)

神龙,能为高,能为下;能为大,能为小;能为幽,能为明;能为短,能为长。(《说苑·辨物》)

可见,在《说文》之前,这类夸诞的、诡异的说法已经在社会上普遍流传,许慎只是略作概括罢了。浓重的神秘色彩,必然会掩盖事物的本来面目,就好比笼罩在烟雾中的山峦,难以辨清它的全貌。现在的问题是:这类看似荒诞不经的说法中,是否仍有可能包含着某些真理的成分?

最值得注意的是"春分而登天,秋分而潜渊"。本书第二章有关堕龙的记载中,除了《豫章书》所记降落在丰城县的那一次是冬季十二月,其余的全在农历四月到八月之间,尤以夏季为多。这难道是偶然的巧合吗?差不多跟许慎同时的张衡,在《应间》中写道:"夫玄龙,迎夏则陵云而奋鳞,乐时也;涉冬则掘泥而潜蟠,避害也。"这也说明龙的腾飞是有季节性的,一般在春夏之际。所以当汉成帝在位时,有一年冬季黑龙出现于东莱郡(治所在今山东掖县),陈汤便认为这不是正常现象①。《周易·系辞下》:"龙蛇之蛰,以存身也。"我现在还弄不清楚,龙是不是真的跟蛇一样,每年有一段冬眠期。不过,古人通过断断续续的观察,至少获得了这样的经验:秋分以后,龙在地表的活动归于阒寂,即使偶尔露面,也是在某些大井的深水里。一个同样显豁的事实就是:在冬天,地下水的水温明显高于地表水。

古代神话中说,舜之臣属伯益,始凿地而为井,潜龙恐被害,故登云而去。② 神话固然多赖于想象,但也不可能完全是空中楼阁。龙常见之于井水中,这是有史实依据的。本书第一章中曾提到,太和七年正月,摩陂的一口大井中浮现青龙,魏明帝曹叡亲率群僚前往观看。隋代以前,类似的记载还有不少,我将已经搜集到的按时间顺序开列于下,并且标明了今日的位置所在:

惠帝二年(公元前193年)正月癸酉旦,有两龙见于兰陵(今山东苍山县西南)廷东里温陵井中,至乙亥夜去。(《汉书·五行志下》)

和帝永元十年(98年),黄龙见颍川定陵(今河南郾城县西北)民家井中,色黄,目如镜。(《艺文类聚》卷九八引《伏侯古今注》)

正元元年(254年)冬十月戊戌,黄龙见于邺(今河北临漳县西南)井中。(《三国志·魏志·高贵乡公纪》)

甘露元年(256年)春正月辛丑,青龙见轵县(今河南济源县南)

---

① 《汉书·陈汤传》。
② 《淮南子·本经训》高诱注。

井中。夏六月乙丑,青龙见元城县(今河北大名县东)界井中。(同上)

甘露二年(257年),青龙见温县(今河南温县西南)井中。(同上)

甘露三年(258年),青龙、黄龙仍见顿丘(今河南清丰县)、冠军(今河南邓县西北)、阳夏县(今河南太康县)界井中。(同上)

甘露四年(259年)春正月,黄龙二,见宁陵县(今属河南)界井中。(同上)

景元元年(260年)十二月甲申,黄龙见华阴县(今属陕西)井中。(《三国志·魏志·陈留王纪》)

景元三年(262年)春二月,青龙见于轵县井中。(同上)

晋武帝咸宁二年(276年)六月丙申,白龙二见于新兴九原(今山西忻县)居民井中。(《宋书·符瑞志中》)

太康五年(284年)正月癸卯,青龙二见[洛阳]武库井中,帝亲往观之。(同上)

太康九年(288年)十二月戊申,青龙一见鲁国公丘(今山东滕县西南)居民井中。(同上)

咸宁二年(400年),夜见龙出东箱井中,行大殿前蟠卧,旦见其鳞甲、足迹,尚有湿处。(《事类赋注》卷八引《凉州记》)

世祖神䴥三年(430年)三月,有白龙二见于京师(今山西大同市)家人井中。(《魏书·灵征志上》)

真君六年(445年)二月丙辰,有白龙见于京师家人井中。(同上)

庄帝永安二年(529年),晋阳(今山西太原市)龙见于井中,久不去。(同上)

隋唐以后,有关井龙的记载仍时有所见,其中有些还描述得相当具体。例如,南宋人洪迈在《夷坚三志·壬集》卷一中记载,宜黄县(今属江西)有一涂姓大户,其宅内深井中浮现龙身,搞得合家惶恐不安:

……其宅有大井在厨旁。一日,婢晨兴汲水,桶坠于内,取它桶继之,复然。至假诸邻舍,迨至七八,若有物从中掣搦者。走白主母,母以为妄惑,将杖之。济止之曰:"未可,吾当自往观。"即往井栏探首,见一物头角巍然,乃龙也。中有重雾,出气滃滃然,但微觉腥秽,急奔避之。一家危慄,几无所容。遽施锦被覆井口,而邀旗昌观道士醮谢。里闬稍知之,莫敢来视。有胆勇男子窃窥之,见其鳞爪,而水时时震动。次夜,乃潜迹不出,水平如初。后两月,始命淘浚,入桶俱存,悉已片裂,而井水竟无所增。

"头角巍然""微觉腥味",足证乃一动物也。此物能将提水用的七八个木桶都弄成碎片,可见其力量委实不小。"中有重雾,出气滃滃然",这不正是能够喷吐水雾的龙吗?

逮至清代乾隆年间,合江县(今属四川)一张姓居民家井中,亦曾浮起一条"满身金鳞"之龙。这在当地可算一大新闻,前往观看者甚多,县志中也留下了记录:

乾隆二十四年己卯(1759年)八月初二日,庙高张英家井中龙见,其女汲水遇之,归告其祖。往视,犹存头角,分明满身金鳞,大若小桶,逾时不见。连见三日,后其水若米汁焉。观者如堵。(《同治合江县志》卷五二)

我之所以详尽地引录古籍中有关井龙的记载,是因为龙的这一特殊习性,将有助于我们鉴别它在生物界的真实身份,亦将有助于我们理解"潜龙"一语的实际意义。

试想,龙怎么会钻到井里去的呢?考井水之来源,多半为不透水岩层之上的潜水;但有些井在开凿时穿过了不透水岩层,与更深处的地下水相接,因而水量更加丰富。《初学记》卷八引《续征记》:"历山有井无底,与城西南涌泉相通。"指的就是这类能与地下涌泉直接相通的深井。地下水是在土壤、岩石的孔罅之间弯弯曲曲流动的。其中有的孔罅可能较大,有的还可通向地表的江湖。古书上就曾记载,有人不慎将马鞭坠入一井中,过后不久,又从数十里外的江中得到了。由此看来,一种动物若要时常出现于井泉中,尔后又能从井泉中悄然而逝,它必须具备一项特殊的本领,即能够在构造复杂、宽窄不一的地下水网之间潜行自如。

它会是蛇吗?纵然是惯于水栖生活的水蚺,在休眠期间,也是蟠卧于河滩淤泥内,并不钻入地下水泉。前文所引的《凉州记》明确记载,咸宁二年某夜,有龙出于井中,第二天清晨,发现在它趴过的地方留有鳞片和足印,可见这种动物并不是蛇类。

它会是鳄鱼吗?鳄鱼除了肺器官以外,并无其他的呼吸功能,因而呼吸时仍要浮上水面,不可能在地下深水中作长距离的运动。有人曾观察到这样的事例:一条被豢养的鳄鱼偶尔滑入井中,它在里面足足困守了两个星期,根本不会从地下水中潜走。何况古籍记载中所描绘的某些井龙,"满身金鳞""光色烛爚",体表呈现彩虹般的光泽,这跟鳄鱼的体色又是明显不同的。

它会不会是穿山甲呢?穿山甲古称"鲮鲤",又名"龙鲤"。它倒是擅长掘地之术,但所掘之洞大都较浅,很少有深达5米以上者。穿山甲属于陆地哺乳动物,虽然也会泅水,却不善于深潜,更没有长时间泡在水里的习惯。穿山甲的头部比较小,头上也没有任何角状突起物，不可能给人以"头角崚然"的感觉。

看来，这种有鳞有角的常以地下深水为藏身之所的井龙，属于一种迄今未明的潜藏动物。王充在《论衡·验符篇》中说："龙，潜藏之物也，阳见于外，皇帝圣明，招拔岩穴也。"将龙的出现与"皇帝圣明"联系在一起，显然是封建迷信的臆说，生当东汉时代的王充也未能免俗；不过，王充判定龙是一种"潜藏之物"，这应该说还是很有见地的。龙在古代历史上之所以被搞得那么神秘，客观上有一个重要因素，就是它平日里很少出现，即缪袭《青龙赋》中说的"旷时代以稀出"。

洪迈《夷坚志》丁志卷五记载：绍兴末年，朝廷发数万民工，在溧水县（今属江苏）石臼湖浅处修筑圩堤——

次年（绍兴二十四年，1154年）四月十二日正昼，忽有巨物浮宣江而下，蹙浪蔽川，昂首游其间，如蛟螭之类而戴角。村民老弱夹岸呼噪，争携罔罟篮畚，循水旁捕鱼。邑尉黄德琬适董役，见之，问其人，皆云："螭龙也，或一年、或二年、或三五年必一出，其体涎沫甘腥，故群鱼逐而啖食。但掠岸时，渔人所获无百斤以下者。"是日，此物穿丹阳湖而去。

这就引发了一个问题：如果乡民反映的情况属实，这条流沫腥烈的螭龙每隔一两年或三五年才出现一次，那么，大部分时间里它又钻到哪儿去了呢？严忌《哀时命》："蛟龙潜于旋渊兮，身不挂于罔罗。""旋渊"即九旋之渊，很深很深的水泉。到底要多深呢？葛洪《抱朴子·广譬》："重渊不洞地，则不能含螭龙。""洞"意为穿透。重渊之下再透地，不就和地下暗河相沟通了吗？

让我们来读一读《拾遗记·虞舜》中的传说吧：

南浔之国，有洞穴阴源，其下通地脉。中有毛龙、毛鱼，时蜕骨于旷泽之中。鱼、龙同穴而处。其国献毛龙，一雌一雄，故置豢龙之官；至夏代养龙不绝，因以命族。至禹导川，乘此龙，及四海攸同，乃放河汭。

何谓"地脉"？《山海经·海内东经》郭璞注："今吴县南太湖中有包山，下有洞庭穴道，潜行水底，云无所不通，号为地脉。"可见，这里的"地脉"是指地下暗河。王嘉《拾遗记》所拾来的，大多是一些已经高度传说化了的历史遗闻。我们不能把它当作信史看待，却也不能排除其中或多或少含有某些历史的投影。夏代豢龙之事，留待下一章再论。且说龙居住的岩洞与地下河相通，鱼、龙能够同穴而处，这很可能来自原始居民对自然界的观察。一些民间故事也曾反复提到，龙盘踞在很深很深的洞穴里。大约成书于两周时期的《周易》，开篇即有"潜龙"的形象，说明龙善于深潜乃是当时人们普遍认同的。

如今看来，地下水中有鱼类生存，已不是什么希罕事了；至于会不会有一些史前时代的动物依然躲在地下，却始终是一个谜。儒勒·凡尔纳《地心游记》中有这样一个情节：一支仅有三人的探险队，在距地面一百五十英里的地下海中，居然发现了活着的鱼龙、蛇颈龙。这当然是一个幻想故事。按照地质分析，这样的深度早已进入高温高压的状态，不复有生命存在了。不过，凡尔纳是一位具有超常直觉力的天才。我们且不去说他的许多幻想已成了现实，即使那些貌似荒诞的构想，今天也还没有到最后否定的时刻。早在两千年前，古罗马的卢克莱修就曾用诗体语言描述过地下的奇观：

……大地下面

> 正像我们四周的地面一样,
> 是到处充满着有风的洞穴;
> 在她的胸膛里还包藏着
> 许多的湖泊和许多的潭窟,
> 是的,还有峭壁和峥嵘的岩石;
> 还有许多河流隐藏在地背下面,
> 滚动着它们湍急的浪涛……①

据估算,埋藏在地下的水要比地表江河之水多6千倍以上。尽管这些地下水常分散于土壤、岩石的孔隙之间,但在一些比较大的洞穴中,确能汇聚成真正的河流,"滚动着湍急的浪涛"。我们在石灰岩溶洞中所看见的地下河,只是其中很少的一部分。那些位于更深处、形态更奇特的水泊,是人类目前尚无法涉足的。加拿大有学者甚至推测,在距地面15—20公里的岩层中,仍有可能存在液体层。② 一部科学发展史留给我们的最宝贵的箴言,或许就是:"我们知道的不是太多了,而是太少了。"

从上述的分析来看,许慎说的"能幽能明",其实并无大错。龙潜入地下深水,是为"幽";龙进入地表水域,则为"明"。《艺文类聚》卷九六引《齐地记》:"平昌城有井,与荆水通,有神龙出入焉,故名龙城。"既然龙惯于在地表水与地下水之间往返潜行,那么,它有时从井水里探出头来,还有什么可奇怪呢?正因为不能确切地掌握龙的

---

① 《物性论》,方书春译,商务印书馆1981年版,第383页。
② 2014年,美国科学家在北美地壳660公里下的地幔岩石中发现隐藏水源,含水量足以填满地上海洋3次。(参见:"美发现地下水,水量为全球海洋3倍",http://news.wenweipo.com/2014/06/16/IN1406160023.htm)

生活区域，古人才会发出"乍存乍亡、变化无常"的感叹；也正因为无法观察到龙从出生到发育成熟的整个过程，古人才会怀疑蝾螈、蜥蜴是神龙的幼体，才会误信"能细能巨、能短能长"之类的夸诞性传言。

龙作为水生动物，第一大特征是不能脱离水。关于这一点，古往今来，众口一词。

川渊者，龙鱼之居也；山林者，鸟兽之居也；……川渊枯则龙鱼去之，山林险则鸟兽去之。(《荀子·致士》)

鸟排虚而飞，兽蹍实而走，蛟龙水居，虎豹山处，天地之性也。(《淮南子·原道训》)

山岳气扰，则强禽号于林；川渎结滞，则龙虬惨于泽。此自然象也。(陶弘景《真诰》卷八)

恁么则龙得水时添意气，虎逢山则长威狞。(《五灯会元·天衣怀禅师法嗣》)

阐说此理最为透辟的，当属《管子·形势解》：

蛟龙，水虫之神者也。乘于水则神立，失于水则神废。

假如龙的原型是蛇或者鳄鱼，那就很难使人理解了。作为爬行纲动物的蛇、鳄鱼，已经能够整个脱离水域，在陆地上追逐食物，在陆地上生儿育女，怎么会"失于水则神废"呢？鳄鱼虽然性喜水栖，但它具备完善的肺组织和发达的四肢，因而决无困厄陆地之虞。雌鳄鱼在孵卵期间，能够持续两三个月趴在地面上，何尝需要人们用水去浇它的身体？然而，当我们把目光转向史籍记载的堕龙现场时，便会感到惊讶不已。那些坠落在陆地上的牛首蛇身或牛首鼍身的怪物，大多呈现一副神气俱丧、可怜兮兮的模样，趴在原地，半死不活；只有当大雨降临，它才重新抖擞起来。有些堕龙还会在沙土中挣扎号叫，人们用水去泼它，叫声才有所缓解。可见，这种长满鱼鳞的怪物对水的依赖性，远在爬行纲动物之上。于是乎，"蛟龙失水"成了古代作品中常见的譬喻。《新列国志》第二十二回庆父对圉人荦说："蛟龙离水，匹夫可制。"《红楼梦》第九十回薛蝌吟诗道："蛟龙失水似枯鱼。"唐代大文豪韩愈，则在《应科目时与人书》中写道：

天池之滨，大江之渍，曰有怪物焉，盖非常鳞凡介之品汇匹俦也。其得水，变化风雨，上下于天不难也；其不及水，盖寻常尺寸之间耳，无高山大陵、旷途绝险为之关隔也。

这里所说的"非常鳞凡介"的"怪物"，即为民间盛传的神龙。龙只要有了水分的补充，便可腾空飞行，其技近乎神矣；而一旦脱离了水，就只能匍匐于原地，辗转在"寻常尺寸之间"而无可奈何。我们在习惯上总将这类譬喻视作文学上的修辞手段，从没有把它当作真事看待。谁又曾想到，"蛟龙失水"的譬喻原来并非杜撰，竟是来自多少世代积累起来的对自然界某种生物现象的精细观察！

我们的探索，曾经走入了狭窄而黝黑的山谷。现在，让我们顺着有光亮的方向找去吧。我不敢保证前面一定会豁然开朗，但是，我们或许会由此而发现一些新的路标。《楚辞》中有一篇题为《惜誓》的作品，作者不详，有人说是贾谊。其中有这么两句：

神龙失水而陆居兮，为蝼蚁之所裁。

王逸注："言神龙常潜深水，设其失水，居于陵陆之地，则为蝼蛄、蚍蜉所裁制，而见啄啮也。以言贤者不居庙堂，则为俗人所侵害也。"神龙受制于蝼蚁，是取譬的事物；贤者见欺于小人，是表达的思想。这些都是明确无疑的。现在我要问：这个形象化的譬喻，其本身的根据是什么？有人会不假思索地回答：这还用问吗？当然是出自文学虚构啦！

　　人类所犯的错误，半数以上是因为不肯深思的缘故。请读一读《永平府志》所记乐亭堕龙、《聊斋志异》所记北直界堕龙、冯喜赓所记光州堕龙以及任殿元所述松花江畔的黑龙，这些记载都揭示了同样的事实：龙一旦出现在陆地上，由于它散发的特殊气味，必然引来大群飞蝇的骚扰。俞樾《右台仙馆笔记》卷五记载：某年夏季，有一牛首鼍身的怪物，坠落在平望镇附近的墓地，"颓卧丰草中，腥气不可向迩，蝇蚁集于其身，遍体蠕蠕然，而是物若不知者。"两天后，此物乘大雨腾空而去。丁树诚《仕隐斋涉笔》卷六也记录了一则时地不详的传闻：时当三伏，有一瘦角短足、状似泥鳅的怪物，坠于江苏某县城外土坪中，"腥涎满地，臭闻数里，蚁附蝇营，粘鳞甲无隙处"。这个怪物后来也是望空飞走的。这些，难道也是偶然的巧合吗？古代作品中描写"神龙失水"的窘况，固然可以有这样或那样的想象，但是，这类想象的核心部分仍然受到实际经验的深深约束。因为在事实上，只有这种被称为"堕龙"的动物，才特别容易受到蝇、蚁等小昆虫的包围，而蛇、鳄鱼在陆地上的境况却并非如此。《惜誓》是否贾谊亲笔并不重要，它既然收在刘向辑录的《楚辞》中，其为西汉人的作品当无疑问。我有理由相信：西汉以前的古代居民，曾经不止一次地观察到神龙坠陆、蝇蚁遍体的场面。可惜当时的文献记录手段还相当落后，有关这方面的观察记录没有能够保存下来。但是，这类得之于实际观察的经验仍在民间众口交传，久而久之，成了古代自然常识的一部分，并为《惜誓》的作者所取材。

　　也许有人会对此提出异议。因为《庄子·庚桑楚》中说过："吞舟之鱼，砀而失水，则蚁能苦之。"《吕氏春秋·慎势》亦云："吞舟之鱼，陆处则不胜蝼蚁。"《战国策·齐策一》记齐人说靖郭君："君不闻大鱼乎？网不能止，钩不能牵，荡而失水，则蝼蚁得意焉。"楚辞《惜誓》的作者，难道不会是融化改造了这类先秦文献中的譬喻材料吗？然而我认为，即便这种假设能够成立，疑问仍然存在：为什么不是别的动物，而恰恰是鱼类的生态经验，才可以借用来描写神龙的特殊境遇呢？龙和鱼之间，是不是有一种特别的联系呢？这个问题的答案，最终仍要从生物现象本身去探求，我将在第七章中对此作更加详细的分析。

古文化中以龙为喻，并非凿空乱道，而是言有所据。在这一点上，我们以往确实太粗心了。扬雄在《法言·问神》中写道：

龙蟠于泥，蚖其肆矣。蚖哉蚖哉，恶睹龙之志也欤！

班固《答宾戏》中也有类似的比拟：

应龙潜于潢汙，鱼鼋媟之，不睹其能奋灵德、合风云、超忽荒而躔昊苍也。故夫泥蟠而天飞者，应龙之神也。

这两段议论，用的都是拟人手法，所取的意象也是相同的。蝾螈、鳖鱼等小动物，在浅水中显得灵活自在，它们尽可以嘲笑神龙的木然无能，可是，它们怎么会料到，神龙具有拿云冲天的非凡本领呢！这是一个中国的士大夫阶级津津乐道的主题：怀抱卓异才能的俊杰，在他尚未显达的时候，似乎比普通人更加蠢笨，而一旦风云际会，鸿图大展，则令千万人不敢望其项背。所谓"先贱而后贵，时暗而久彰"，即此而言。然而，我们从来没有去深究、也不想去深究：这个"神龙泥蟠"的意象，到底取自何方？

前文已引《聊斋志异》卷二关于北直界堕龙的记载。此记载后

面,但明伦写有一段评语:

方其堕也,见重拙之躯,皆谓蠢然一物耳;否则亦必曰:"不祥之物耳。"以不盈尺之浅潦,未能转侧,困辱泥涂,虽极力腾跃,而尺余辄堕;小至蝇蚋,且得而凭陵之。又必群起而睨之曰:"无能为也,技止此耳。"及其际风云,遭霖雨,霹雳一声,拿空而去,鳞甲焕耀,润泽群生,乃惊心骇目,相与动容而告曰:"龙也!"士之辱在泥涂,屈久乃信,而倨之恭之者,前后判若两人,何以异是?

这段评语,同扬雄、班固的议论如出一辙,只是在描摹情状上愈加细致罢了。现在我们已经知道,但明伦的议论不是凭空而发,而是针对着某一次具体的堕龙事件。扬雄、班固生活的时代,此类观察经验肯定也已经广为人知。这就使得所有这些"神龙泥蟠而天飞"的宏论,都不能不受到同一类型的观察经验的暗中制约。换言之,不是因为古代士大夫感到怀才不遇,便虚构出神龙困辱泥涂的意象来,而是因为客观上存在着这么一种奇妙的生物现象,才使得那些心怀隐衷的人很容易从这一现象中获得灵感。

不独文人作品为然,即使那些以虚构为主要手段的民间传说故事,尽管想象丰富、波诡云谲,在细节上仍不免受到实际观察经验的深刻影响。以神龙而言,它在民间故事中所扮演的行云布雨、翻江倒海的角色,应该说是非现实性的、高度夸张的。然而,不论民间艺术家们给龙添上了多么奇异的色彩,它的基本形象及生态特征,依然没有脱离隐藏在背后的那个生物原型。

傈僳族民间故事《天、地、人的由来》中讲到,可怕的洪水退落后,一对靠着大葫芦躲过劫难的兄妹,为了征服天上过多的太阳和月亮,鼓起勇气去向龙王索取金弩银箭。龙王长得什么模样呢?

龙宫里住着一个头长九叉角、胡须有七拃长的老龙王。①

苗族民间故事《连扎和吾扬妮磅》中亦说,青年连扎和龙王的女儿成婚后,龙女叫连扎到他岳丈——龙王那里去讨牲畜,并再三叮嘱他:

龙王那里的牛马是魔鬼,金银财宝和粮食是疾病。这些东西都不能要,只要龙王的几根胡须就够了。②

壮族神话《布伯》则讲述了一个人类制服龙王的故事:在天旱无雨、万物枯萎的年代,英雄布伯率领众人去向龙王借水,不料遭到龙王的蛮横拒绝。布伯怎肯善罢甘休?于是在他的带领下——

人们七手八脚地来拔龙王的胡须,疼得龙王直喊救命,只好答应放水。③

其实,龙有胡须的证明,远可追溯到汉武帝时公孙卿讲述的那个关于黄帝升天的著名神话:

黄帝采首山铜,铸鼎于荆山下。鼎既成,有龙垂胡髯下迎黄帝。黄帝上骑,群臣后宫从上者七十余人,龙乃上去。余小臣不得上,乃悉持龙髯,龙髯拔,堕,堕黄帝之弓。(《史记·封禅书》)

那些被小臣们扯落下来的龙须,据说后来都长成了草,就是如今作为中药材的"龙须草"④。将虚构的情节附丽于日常的事物,是神话在流传过程中不断衍生的现象,司空见惯,不足为奇。这一情

---

① 《傈僳族民间故事》,上海文艺出版社 1985 年版,第 5 页。
② 《云南民族民间故事选》,云南人民出版社 1981 年版,第 349 页。
③ 《中国少数民族神话》,中国民间文艺出版社 1987 年版,第 92 页。
④ 崔豹《古今注》(卷下):"世称皇(黄)帝炼丹于凿砚山,乃得仙,乘龙上天。群臣援龙须,须堕而生草,曰龙须。"

节至少表明,早在秦汉时代的民间意识中,龙长有口须便是一个显著的特征,我们从已经出土的战国时期的绘龙器具中,也可看到龙的头前部确有明显的触须。

除了口须之外,龙浑身还裹满像鱼鳞那样的鳞片。这些鳞片是比较容易脱落的,甚至可以用手去一片一片地揭下来。龙很害怕遭受揭鳞之苦。

在满族民间故事《女真定水》中,那位勇敢的女真面对兴风作浪的恶龙,毫无惧色——

女真紧紧攥住龙尾上下抖动,白龙浑身骨节格格作响,鳞片纷纷下落。①

根据民间传说改编而成的古典小说《封神演义》,第十三回写到哪吒在南天门大展身手,拦截了前去天庭告状的东海龙王敖光:

哪吒将敖光朝服一把拉去了半边,左胁下露出鳞甲。哪吒用手连抓数把,抓下四五十片鳞甲,鲜血淋漓,痛伤骨髓。敖光疼痛难忍,只叫"饶命"。

而居住在杭州栖霞岭紫云洞里的那条善良的小黄龙,为了帮助穷苦百姓还债,却是自己动手把身上的金鳞一片一片揭下来:

老话说:"龙怕揭鳞。"小黄龙自己揭自己的鳞,该有多么疼呀!他咬紧牙关忍住疼,把一身金鳞片全揭下来,分给老头儿、老婆婆和放牛娃。②

既然我们是从生物学的角度来重新评估这些神话传说的价值,那就不能回避一个近在眼前的问题:这种吻边长触须、体表覆鱼鳞

---

① 《满族民间故事选》,春风文艺出版社1981年版,第31页。
② 《西湖民间故事》,浙江人民出版社1978年版,第56页。

的怪物,究竟是实有的,还是虚拟的? 若是生活中实有的,那么,它到底是以何种动物作为原型的呢?

杨钟健认为:"龙在我国最初意义相当简明,就是指几种不常见的爬行动物,如蛇、蜥蜴、鳄鱼等。"①这一说法显然是矛盾的。若说龙属于"不常见的爬行动物",或许还有几分道理;可是,蛇、蜥蜴、鳄鱼诸物,至今尚属习见,往古更非罕有,怎么也能够算作"不常见的爬行动物"呢? 蛇类无口须,鳄鱼无口须,林林总总的蜥蜴目动物,从身长5厘米的草蜥,直至长达4米的巨蜥,皆无口须。蛇、蜥蜴、鳄鱼体表所包裹的,是由角质层演化而来的角质鳞,这跟骨质薄板形态的鱼鳞有明显的不同。以蛇鳞为例,那是由一连串复杂的褶皱将皮肤表面依次分成鳞片,使皮肤具有可曲性和可张性。每一鳞片的表面,是表皮的一个平整部分;在鳞与鳞之间,表皮是连续的。因此,可以将蛇鳞连同整张表皮一起剥下,却不能像鱼鳞那样一片一片地揭下来。

对此,闻一多在20世纪40年代前期完成的《伏羲考》一文中,提出了著名的"综合图腾说":

大概图腾未合并以前,所谓龙只是一种大蛇。这种蛇的名字便叫作"龙"。后来有一个以这种大蛇为图腾的团族(Klan),兼并了、吸收了许多别的形形色色的图腾团族,大蛇这才接受了兽类的四脚,马的头,鬣和尾,鹿的角,狗的爪,鱼的鳞和须……于是便成为了我们现在所知道的龙了。②

将龙的形象假定为各种动物特征的集合体,从而也就巧妙地避

---

① 杨钟健:《演化的实证与过程》,科学出版社1957年版,第39页。
② 《闻一多全集》第1册,生活·读书·新知三联书店1982年版,第26页。

开了在生物世界追索其原型时必然遇到的困难。闻一多的这一超越原型的论断,半个多世纪以来一直被众多研究者奉为圭臬。

　　我并不否认,龙的崇拜在我国起源甚早,可以上溯至图腾制的时代;我也不否认,唐宋以后社会上广为流传的神龙造型,已经是一个经过不断加工的艺术形象,其中或多或少地糅合进了其他一些动物的特征。然而,这些因素的存在并不能从根本上取消龙在生物界曾经享有的独特位置。事实上,闻先生的说法仅仅是一种主观猜测,并不符合实际情形。请再读一读古籍中那些很少被人提起的有关"堕龙"的记载吧,读一读任殿元对于他所亲眼看到的那条"黑龙"身上各个部位的描述吧。我可以肯定地说:龙绝不是以某种大蛇作为原型的。它头上长着角,腹下有四足,颈脖有点像马脖子,却没有鬃毛。它的整体外形,看上去颇似一头巨型蜥蜴,但又不是真正的巨蜥或鳄鱼。它那会抖动的长须和比巴掌还大的鳞片,也是本身固有的,而不是从鱼类身上借来的。我们在以往很长的一段时间里没有发现,甚至没有意识到神龙的生物原型,并不等于客观世界中绝不存在这样一个原型。也许不太确切,我还是忍不住想借用一下辛弃疾《青玉案》中的词句:"众里寻他千百度。蓦然回首,那人却在、灯火阑珊处。"

　　现在,让我们回到本书的开头,重温一遍流传在吉林省九台县地区的关于"龙棚"来由的奇妙传说,再次面对那样一个可能会遭到很多人的嗤笑、但它本身却不会因为人们嗤笑而丧失其应有价值的古怪问题——"这个故事在生物学上有什么依据吗?"

　　那种牛首鼍身的怪物,竟会突然从空中坠落下来,坠地之后又显得那么疲惫不堪、无可奈何。类似这样的现象,在古代历史上曾

经一再发生,因而引起了各种近乎神话的猜测。有人说,在天上行雨是很累的,龙大多不愿意承担这件苦差事:

世传乘龙者,苦于行雨,而多方窜匿……(黄休复《茅亭客话》卷五)

又有人说,掉到地面上的龙,是因为在行雨中违犯了天规,被罚到下界来受罪的:

龙,神物也,何以致堕?或曰:是行雨有误,天所谪也。(纪昀《阅微草堂笔记·滦阳消夏录五》)

生活从来是文学创作之源。难怪民间故事中经常会出现"天帝谪龙"之类的情节,从一个新的角度来思考,这很可能是真实的堕龙事件在文学创作上的折光反映。请看《龙棚》故事中最有意义的一段文字:

等雨过去了,天晴了,出外一看,可就看见了天上掉下来的这条龙。大伙都奇怪得不得了。这时有个白胡子老头知得多见得广,走出来说:"这龙是为咱们行雨掉下来的,他救了咱这一方的老百姓。龙离不开水,咱也不能让它干巴死了。"大伙一听,说:"对。"就忙着给龙搭个棚子遮太阳。棚子是用芦席搭的,龙多长,棚子多长。大伙又不住劲儿地往龙身上浇水。就是这样,还是不行。五黄六月天,龙鳞底下,眼角里,都长蛆芽子啦。……

只要读一读那些关于堕龙的历史记载,我们还能够说这样的描写是完全虚构的吗?我们从小听惯了海龙王的种种故事,我们在这方面的反应已经变得相当麻木了。我们何曾想到,在一个如此浪漫的幻想故事中,竟然会有这么一段贴近真实的细节描写!

重视观察经验,是中国传统的直观型思维方式的一大特点。古代中国人对自然的观察记录细致而又丰富,这是人所共知的。龙的知识,首先也是一种观察经验,而后才有在此种经验之上的其他衍生物。古人说的"蛟龙乐潜居"①,其实就跟"维鹊有巢,维鸠居之"②、"偃鼠饮河,不过满腹"③、"狡兔有三窟,仅得免其死耳"④一个样,都是从当时的自然常识中撷取相关的譬喻材料。这类自然常识有时是肤浅的,有时甚至是错误的。《说文·犬部》:"狐,妖兽也,鬼所乘之。"这种说法有什么科学性?《诗·小雅·小宛》:"螟蛉有子,蜾蠃负之。"这种说法又有什么科学性? 然而,我们毕竟不能因此而否认狐狸是一种客观存在的动物,也不能因此而否认蜾蠃蜂与螟蛉之间确实有着某种关系。由于龙被观察到的机会很少,有关龙的知识更加零碎不全,掺有更多的主观成分。但是,龙作为一种实际存在过的动物,数千年来始终是得到肯定的。即使在龙作为抽象的符号被引进了各个领域之后,即使在龙作为皇权的象征被赋予了超现实的力量之后,唐宋以来的大型类书中依然把龙列为鳞介部的第一类,而民间相沿至今的十二生肖中也依然保留着龙的位置,并且龙是跟另外十一种动物平起平坐的。如果说龙和其他动物有什么不同的话,大概就是王安石《龙赋》中说的:

惟不可畜,所以异于牛羊。

---

① 《艺文类聚》卷二九引李陵赠苏武别诗。
② 《诗·召南·鹊巢》。
③ 《庄子·逍遥游》。
④ 《战国策·齐策四》。

第五章
千古悠悠说"豢龙"

在远古的某一时期,龙曾经是可以豢养的,并且还出现过以豢龙为专业的家族。随着时间的推移,那些古代豢龙师的经验,难道真的就灰飞烟灭、不存片鳞了吗?

王安石的话，其实只说对了一半。龙不可畜，仅仅是后世的现状；而在远古的某一时期，龙曾经是可以豢养的。最能够引起人们注意的，莫过于《左传·昭公二十九年》中记载的蔡墨同魏献子的一段对话：

秋，龙见于绛郊。魏献子问于蔡墨曰："吾闻之，虫莫知于龙，以其不生得也。谓之知，信乎？"对曰："人实不知，非龙实知。古者畜龙，故国有豢龙氏，有御龙氏。"献子曰："是二氏者，吾亦闻之，而不知其故。是何谓也？"对曰："昔有飂叔安，有裔子曰董父，实甚好龙，能求其耆欲以饮食之，龙多归之，乃扰畜龙，以服事帝舜。帝赐之姓曰董，氏曰豢龙，封诸鬷川，鬷夷氏其后也。故帝舜氏世有畜龙。及有夏孔甲，扰于有帝，帝赐之乘龙，河、汉各二，各有雌雄。孔甲不能食，而未获豢龙氏。有陶唐氏既衰，其后有刘累，学扰龙于豢龙氏，以事孔甲，能饮食之。夏后嘉之，赐氏曰御龙，以更豕韦之后。龙一雌死，潜醢以食夏后。夏后飨之，既而使求之。惧而迁于鲁县，范氏其后也。"……

考虑到《左传》的文辞比较古奥，为了便于读者理解，我将这段对话的现代语译文同时抄录于下：

秋天，龙出现在绛都郊外。魏献子问蔡墨道："我听说，虫类没有比龙再聪明的了，因为它不能被人活捉。认为它聪明，是这样吗?"蔡墨说:"实在是人不聪明,不是龙聪明。古代养龙,所以域内有豢龙氏、御龙氏。"献子说:"这两家,我也听说过,但不知道他们的来历。这是说的什么呢?"蔡墨回答说:"过去飂国的叔安,有一个后代叫董父,实在很喜欢龙,能够了解龙的嗜好欲求来喂养它们,龙多到他那里去,于是就加以驯服,以此来伺候帝舜。帝舜赐他姓叫作董,氏叫作豢龙,封他在鬷川,鬷夷氏就是他的后代。所以帝舜氏世代有养龙的。到了夏代的孔甲,顺服天帝,天帝赐给他乘龙,黄河和汉水各两条,各有一雌一雄。孔甲不能饲养,而又没有找到豢龙氏。陶唐氏已经衰替,其后代有刘累,向豢龙氏学习驯龙,以此进奉孔甲,能够喂养这几条龙。孔甲嘉奖他,赐氏叫作御龙,以代替豕韦氏的后代。龙中间一条雌的死了,刘累偷偷地做成肉酱给孔甲吃。孔甲吃了,后来又让刘累再去找这种美味。刘累害怕而迁居到鲁县,范氏就是他的后代。"……①

这段对话的背景是,龙出现在晋国绛都(今山西侯马市)郊外,②前去围观的人大概不少,于是引出了"能不能活捉它"的问题。根据秦汉以后的记载,尽管一再发生堕龙事件,可是围观者要么眼看它凌空飞走,要么听任它就地死去,确实极少有人将龙捕捉回来。除了对龙的敬畏之心外,一个根本的原因是,豢龙技术早已失传。龙到底吃些什么? 在这个重要问题上,我们看到的只是"龙食乎清而游乎清"③之类的空话。由于不了解龙的生活习性,即使把它抬回

---

① 此段现代语译文主要依据沈玉成的《左传译文》(中华书局1981年版),个别地方作了改动。
② 据《太平寰宇记·河东道八·绛州》称,昭公二十九年龙见之所,其地名曰"龙谷水"。这个名称可能是后人追加的。
③ 《吕氏春秋·举难》。

来,也无法喂养它。贞元末年韦皋在四川捕获又送往长安的那条龙,不是就没有活下来吗?"人实不知,非龙实知。"蔡墨此言可谓精当之论。

蔡墨是晋国的太史,当时以博学多知见称。他所介绍的豢龙氏、御龙氏的来历,是否可信呢?对此,我还是赞同那句流传了很多年的俗语:"不可不信,亦不可全信。"历史记录是从口耳相传开始的。《说文》:"古,故也;从十口,识前言者也。"十口相传,便是"古"字结构的本义,也是古史最初的传播手段。早期的史官,不同于后代的史学家,对于什么是传说故事、什么是历史真实,并不加以严格区分。历史中有传说的成分,传说中亦有事实的依据,本是那个时代的通例。上一章所引录的《拾遗记》中,也曾提到虞舜时设有"豢龙之官",并称"夏代养龙不绝"。《拾遗记》所言,多为虚辞浮文,"豢龙"一节却是虚中有实,隐含着若干史实在内;而《左传》是一部可以信赖的史书,其中关于豢龙、御龙二氏的缘起,虽然也带有传说化的倾向,但基本上仍属于七实三虚。综合这两段叙述,我们至少能够获得下列几点可供参考的信息:

第一,龙从很早的时候起就是一种稀有动物,平时很不容易找到,因而既不能定期捕捉,也不能大批饲养。

第二,从传说中的帝舜时代起,直到夏王朝的孔甲为止,即大约从公元前22世纪到公元前18世纪,曾出现过一批以豢龙为业的专门人才。

第三,豢龙术的要点仍不外是针对龙的嗜好欲求,但由于龙是一种在特殊环境中繁衍下来的稀有动物,因而豢龙术在当时即是一门难度颇高的技艺,其传授方式主要是在一定的血统关系内部进行的。

一向对那些光怪陆离的上古传说持审慎态度的司马迁,也没有否定"孔甲畜龙"一事的历史真实性。将他的记载同《左传》相对照,仅在个别细节上稍有差异:

帝孔甲立,好方鬼神事,淫乱。夏后氏德衰,诸侯畔之。天降龙二,有雌雄,孔甲不能食,未得豢龙氏。陶唐既衰,其后有刘累,学扰龙于豢龙氏,以事孔甲。孔甲赐之姓曰御龙氏,受豕韦之后。龙一雌死,以食夏后。夏后使求,惧而迁去。(《史记·夏本纪》)

《左传》说"孔甲扰于有帝,帝赐之乘龙",仿佛那几条龙是天帝特意赏给孔甲的。这种夸诞性的描述,来之于传说过程中不可避免的增饰成分。对比之下,司马迁的记载就显得实在多了:"天降龙二"。天降者,天堕之龙也。如第二章所述,秦汉以来的史籍记载反复显示,这种神秘的动物有时候会从半空中坠落下来,乃是屡经目击者证明的事实。至于"天赐""天谪"云云,则不过是面对这种奇异的自然现象而生发出来的主观联想罢了。

孔甲畜龙做什么?鉴于龙是一种数量很少的稀有动物,因而无论是作为畜力,抑或是作为食源,都是不现实的。依据古代文献中有关夏文化的资料来推断,龙应当是夏人所崇拜的一种吉祥动物。夏人自命为龙族,视龙的出现为本族兴旺的标志:

夏得木德,青龙止于郊。(《史记·封禅书》)

夏人的器物,亦多以龙形为饰:

夏后氏以龙勺。

夏后氏之龙簨虡。(《礼记·明堂位》)

而在神话传说中,常可见夏族的首领乘龙出游:

夏德之盛,二龙降之。禹使范成光御之,行域外。(张华《博物志·外国》)

大乐之野,夏后启于此儛九代,乘两龙,云盖三层。(《山海经·海外西经》)

由于我们尚未弄清那些已经逝去的现实,因此很难将这类传说同实际生活联系起来。然而,神话毕竟是远古人类经验的升华物。以龙为御迹近浪漫,诚非事实,但也不至于无中生有,至少说明夏族跟龙曾经有过较多的接触。善于饲养龙的家族之所以受到推崇,正与这一历史背景有关。下逮孔甲执政,豢龙事业似乎已近尾声,以至当孔甲偶然获得了两条堕龙之后,想要再找一个豢龙高手都深感不易了。

众所周知,历代帝王几乎都拥有供享乐之用的私人动物园,多以罗致珍禽异兽为炫耀。据《史记·殷本纪》,殷纣王时期就辟有规模庞大的皇家动物园:"帝纣……益广沙丘苑台,多取野兽蜚鸟置其中。"夏代的情形如何,因文献不足,尚难以论定。不过,在一般认为与夏文化晚期有密切关系的河南偃师县二里头废墟中,发掘出占地面积达1万平方米的大型宫殿基址,由此可以推想当时的贵族生活已经相当奢靡。《竹书纪年》称"夏桀作倾宫、瑶台,殚百姓之财"[1],当非虚拟之辞。若说夏代后期已出现贵族的私人动物园,恐怕也在情理之中。孔甲是夏王朝第十三代君主。《国语·周语下》说:"孔甲乱夏,四世而陨";《史记·夏本纪》亦言:孔甲"好方鬼神事,淫乱"。可知孔甲也是一个耽于享乐的昏君。《左传》和《史记》都写得

---

[1] 《文选·东京赋》注引《汲冢古文》。

很明白，刘累是为夏王孔甲个人服务的，说得透彻一些，刘累不过是夏王动物园中一个有点身份的饲养官罢了。

刘累原本也是名门之后，祖先是大名鼎鼎的帝尧，不过到了他这一代，其家族的地位早已衰落。刘累凭着从豢龙氏那里学来的一技之长，尚能在孔甲的手下讨个一官半职。论技艺，刘累远逊于前辈董父之流；论胆量，他倒是真有点"后生可畏"了。"潜醢以食夏后"，从这一细节来看，当时对于这种动物仍存在禁忌，龙肉是不能吃的，即便是已死之龙，也不能随意下箸。不然的话，刘累烹制龙肉酱何必要偷偷摸摸的？孔甲可能并不知道他吃下去的是什么东西，只是觉得味道还不错，以前似乎从未尝过，于是后来又吩咐刘累再去寻找此种"野味"。刘累哪有这等本事？眼见得夏王动物园的差事是混不下去了，三十六计，走为上计，刘累不知找了个什么借口，举家迁移到鲁县，豢龙一业从此也就没有了下文。

这里所说的"鲁县"，据史家考证，应当是在今河南鲁山县一带。当地民间一直流传着有关刘累的种种故事，甚至还直接影响到某些山川的命名：

尧之末孙刘累以龙食帝孔甲，孔甲又求之，不得，累惧而迁于鲁县，立尧祠于西山，谓之尧山。故张衡《南都赋》曰："奉先帝而追孝，立唐祠于尧山。"（郦道元《水经注·滍水》）

如果有人认为上述关于豢龙的记载仅停留在传说的阶段，不足以作为立论的依据，那么，我们不妨来看一看在河南、甘肃境内发现的新石器时代的若干彩陶纹饰吧。图7是甘肃武山县石下岭文化遗址出土的彩陶瓶人首蜥蜴纹；图8是河南陕县庙底沟仰韶文化遗址出土的残陶片蜥蜴纹塑像；图9是甘肃临洮县辛店文化遗址出土的

双耳罐蜥蜴纹。这些古朴而又逼真的蜥蜴状纹饰,究竟代表着什么呢?有研究者据此推测,夏族的龙崇拜可能起源于蜥蜴图腾崇拜:

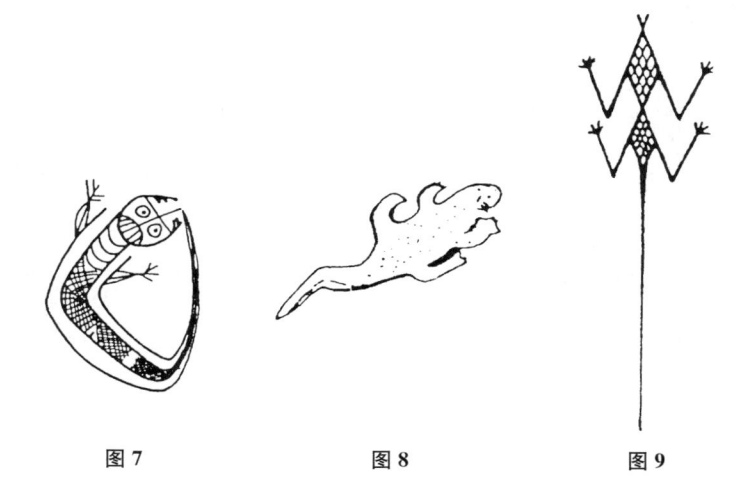

图7　　　　　图8　　　　　图9

夏人的中心活动区域在今河南西部和山西南部一带,属中原地区偏西一侧。新石器时代彩陶上蜥蜴形象的发现地点也基本上都在河南西部至甘肃东部一带,也在中原地区偏西一侧。二者在地域上也是吻合的。因此我们可以推测,在新石器时代,这一地区可能比较盛行蜥蜴图腾崇拜。

现在居住在西南地区的彝族中,仍有以蜥蜴为龙的,如云南峨山、新平等地区,每年耍龙灯时的龙或十二生肖中的龙,都是蜥蜴形象。显然这是一种关于龙的较原始意象。彝族从族源上讲,与古代分布在中原地区西侧的氐、羌族有密切的关系,而彝族的这种龙的观念,可能也是源于这一地区的。[①]

---

① 罗二虎:《龙与中国文化》,三环出版社1990年版,第54页。

然而令人费解的是,纵览现存的先秦文献,只发现龙的崇拜起源甚古,却找不到历史上曾经有过大范围的蜥蜴崇拜的痕迹。其实,外观上像蜥蜴,并不等于就是蜥蜴。彩陶蜥蜴纹饰的出土地点与夏人的中心活动区域基本一致,西南地区的彝族至今仍将他们所崇拜的龙绘制成蜥蜴形状,这类现象的背后确有可能隐藏着重要的线索。既然我们已经意识到龙是一种真实存在过的动物,那就不妨尝试从另一个方向上去寻求答案。

还记得任殿元老人所描述的情景吧?他说,他在松花江南沿沙滩上目睹的那条身长12米的黑龙,整个形象犹如"一个大马蛇子"。马蛇子,又名四脚蛇,皆为蜥蜴的俗称。这是一个相当有力的证明。暂且不论这种动物究竟是什么,至少在人们的视觉印象上,它恰如一头巨大的蜥蜴。让人感到惊讶的是,甲骨文中某些"龙"字的写法,看上去也酷似蜥蜴或鳄鱼,这与来自新石器时代的彩陶纹饰悄然暗合。文化程度仅有初小的任殿元,怎么可能认识"龙"字的甲骨文字形,怎么可能理解彩陶蜥蜴纹的涵义,又怎么可能知道那些连专家、学者都未曾提起过的散布在古代方志、笔记中的关于"堕龙"具体形象的描述呢?

真理有时候简单得几乎令人难以置信。那些表现为蜥蜴形状的纹饰,确实跟龙崇拜有关,但它并不是龙的"较原始意象",而是龙的较真实形象。夏代乃至夏代以前曾被人豢养过的龙,很可能就是这样一种状如巨型蜥蜴的动物;古器物和古文字中的蜥蜴形象,便是这种动物留在文化史上的早期印迹。随着中原文化的日渐发达,尤其是在融汇了富有高度想象力的楚文化之后,龙纹设计上的艺术成分越来越重,千姿百态,变化多端,以至先前那种古朴的蜥蜴状造型反倒不为人们注意了。而曾经接触过这种动物的,事实上绝非只有华夏一族。同样历史悠久的彝族,由于其文化上的相对独立性,没有受到汉族后来发明的"三停九似"之说的影响①,因而依旧保留了那样一种较接近真实的古龙造型。

我们假设夏代乃至夏代以前中原地区曾经有过豢龙事业,即使从当时的气候条件来看,也不应完全排除这种可能性。古气候学的研究已经证明,三千多年前的黄河流域,气候及地貌与今日大不相同。在仰韶时代的半坡遗址中,发现大批獐和竹鼠的残骸;安阳殷墟中,亦发掘出象、貘等动物的遗骨。獐性喜水,多见于沼泽地带,竹鼠以竹笋为食,象和貘则属于热带雨林动物。时至今日,这些动物在中原地区早已不能生存。由此可见,距今三千年至六千年前的中原地区,存在着大面积的沼泽、竹丛、草原和森林,气候相当温暖湿润。竺可桢指出:"从仰韶文化到安阳殷墟,大部分时间的年平均温度高于现在2℃左右,一月温度大约比现在高3℃—5℃。"②胡厚宣则根据甲骨文的记载,推断"殷代自一月至十三月,终年可以降雨",降雨量较之今日要丰沛得多③。研究者普遍认为,这样的气候、环境,较有利于鳄类动物的繁衍。殊不知,非独鳄鱼为然,其他的爬行类或两栖类动物,也大多偏爱暖湿气候。我在后面的第八章中要着重讲到,那种被古人称为"龙"的动物,惯于在高湿度的空气中活动,雨水充沛、沼泽遍野乃是其理想的胜境,而寒冷干燥的气候对它

---

① 关于"三停九似"之说,详见本书第七章。
② 竺可桢:《中国近五千年来气候变迁的初步研究》,《考古学报》1972年第1期。
③ 胡厚宣:《气候变迁与殷代气候之检讨》,《中国文化研究汇刊》1944年第1期。

是大为不利的。《论衡·感虚篇》尝言:

> 唐、虞之时,豢龙御龙,龙常在朝。夏末政衰,龙乃隐伏。

唐尧、虞舜之时(新石器晚期),龙在地表层的活动稍为频繁,从夏代末年起,龙的踪迹渐稀,多隐伏于深渊暗壑——这一切果真为事实的话,那也不是由于尧、舜二帝德洽四表,夏末诸君政乱当朝,而是因为自夏、商以后,中原地区的气候发生了显著的变化。

三国时代的曹植,曾写过一篇《龙见贺表》:

> 臣闻凤凰复见于邺南,黄龙双出于清泉。圣德至理,以致嘉瑞。将栖凤于林囿,豢龙于陂池,为百姓旦夕之所观。

这篇贺表,可能作于黄初三年(222年),是献给魏文帝曹丕的。《三国志·魏志·中山恭王曹衮传》:"其年(黄初三年),黄龙见邺西漳水,衮上书赞颂。诏赐黄金十斤。"曹植贺表中所说的"黄龙双出于清泉",大约也是指发生在邺都西面、漳水之畔的事件。曹丕跟他的父亲不同,喜欢讲符瑞和谶纬,因而他当了皇帝之后,左右人臣(包括亲属)便经常利用那些奇异的自然现象来做马屁文章。曹植当时正受到这位胞兄陛下的排斥和监控,《龙见贺表》称颂所谓"圣德",固然是言不由衷,但贺表本身的内容仍是值得重视的。因为它不仅说明龙、凤均为现实中的珍稀动物,并非是想象中的图腾符号,而且说明在曹植生活的年代,这些动物尚未绝迹,仍然偶有所见。曹植提出的建议是相当诱人的:设法将龙、凤羁留并畜养在动物园内,让四方的百姓都能够观赏到这些兆示"嘉瑞"的罕见之物。此议若能畅行无碍,那古老的豢龙之业岂不是要重放异彩了吗?然而,如何才能养活某些罕见的珍稀动物,是古今都曾碰到的难题,可谓"知之者不易,行之者更难"。且不说那久已失传的豢龙技术何从寻觅，单就当时的气候条件而论，也早已时过境迁、旧梦难圆了。三国时代正是我国气候史上一个明显转向寒冷的时期。综观曹魏之世留下的见龙记录，差不多近半数是关于"井龙"的，这中间的道理恐怕不言自明。

或许有人要问：随着豢龙事业的消歇，那些古代豢龙师的经验，难道真的就灰飞烟灭、不存片鳞了吗？

《礼记·礼运》中有这样一句话：

龙以为畜，故鱼鲔不淰。

孔颖达疏："鱼鲔从龙者，龙既来为人之畜，故其属不淰然惊走也。"其大意是说，鱼类是以龙作为首领的，首领既然被人畜养在池，属下的鱼群也就怡然相随，不会受惊逃走了。换言之，畜龙在池的结果，对于养鱼业是有利的，而不是相反。可是，在人们普遍视龙为虚妄之物的情势下，还有谁会将《礼记》的这种说法当成确有根据的生态经验呢？

我在上一章中曾引录了洪迈《夷坚志》丁志中的一则很有价值的记载。让我们再来回顾一下其中的主要情节：绍兴二十四年四月十二日白天，有一个巨型动物，头上长角，如蛟龙之状，从宣州（今安徽宣城县）方向的水面上浮游过来，直蹿入丹阳湖中，一路上激起了滚滚水浪。两岸的男女老少齐声欢呼，拿出各式各样的捕捞工具，纷纷涌向水边。当时正在石臼湖监督筑堤工程的溧水县尉黄德琬，目睹此种景象，十分惊奇，赶紧上去打听。乡民们告诉他："这是一条螭龙，每隔一两年或三五年才出现一次。它身上散发出来的涎液，腥气浓烈而带有甜味，所以鱼群都跟在后面争相舐食。趁这时候捕鱼，真是太容易了。尤其是当螭龙掠岸而过时，每一网下去，几乎没有少于一百斤的。"洪迈还特意注明,这段经历是由黄德琬亲自陈述的。

乡民们对这种生物现象的解释是否科学,鱼群尾随其后是否真的在舔食涎液,我们暂且不必去深究。重要的是,这一生物现象的存在是真实的,是曾经为千万人所目睹的客观事实——当"螭龙"出现之时,鱼儿不是四散躲开去,而是成群聚拢来,如众星之拱北辰。① 尽管我们目前还不能确认这种巨型动物的真实身份,但至少可以肯定它决不是大鳄鱼。因为鳄鱼的体表并不分泌黏液,况且鳄类动物是要吃鱼的,鱼儿纵然再笨,也不至于争先恐后地往虎口里跳。我在下一章中还要举例证明,古人从实际经验中已经注意到,在大鳄鱼经过的水域,"沠流顺水,俱无他鱼",鱼儿早就逃得一干二净了,怎么可能是"不淰然惊走也"?

在文盲占总人口绝大多数的古代中国,生活在石臼湖地区的乡民们,难得有几个人是读过《礼记》的。那些淳朴的乡民何曾料到,被他们屡次三番观察到的这种生物现象,竟然同成书于一千多年前的《礼记》遥相契合:"龙以为畜,故鱼鲔不淰。"这恐怕不是"巧合"二字所能轻易解释的。古代思想家们把龙封为鱼类的首领(鳞虫之长),固然有着将自然现象赋予政治伦理化的倾向,但是,犹如凤凰高举而百鸟翔集一样②,首先是自然现象本身的可惊可叹,尔后才引

---

① 据四川地方志记载,这种鱼群追随"神龙"的生物现象,降至晚清仍可偶尔一见。《民国中江县志》卷十五:"光绪二十年甲午三月四日,通山井龙潭龙头见,鱼数十尾围之。乙未再见。"
② 《说文·鸟部》:"凤飞,群鸟从以万数。"有相当多的记载可以证明,这在古代同样是能够直接观察到的生物现象,而不是少数好事者的杜撰之辞。

发出对于这类现象的神秘性阐扬。据此而言之,《礼记》"龙以为畜"云云,当是某种古代经验的凝结。在我们民族早期的历史上,可能确实有过那么一段豢龙在池的实践,不然的话,畜龙可以招致鱼群的生态经验又何从而来呢?

《韩非子·说难》中的一段名言,更值得我们再三玩味:

夫龙之为虫也,柔可狎而骑也,然其喉下有逆鳞径尺,若人有婴之者,则必杀人。人主亦有逆鳞,说者能无婴人主之逆鳞,则几矣!

韩非是以民间传说中的龙作为譬喻,来阐明说客处世之艰难:进说者若不能掌握国君的特殊心理,势必会招致杀身之祸。以龙的形象隐喻君主,在我国是由来已久的传统,贾谊《新书·容经》便直言不讳:"龙也者,人主之辟也。"对于龙和君主之间的这层联系,杨钟健阐释得相当透辟:"既把龙当作神秘性的动物,自不妨用来形容神秘性的东西;皇帝在我国一向是富于神秘性的人物,因此龙与皇帝就结了不解之缘。"[①]

《说难》是《韩非子》中的名篇,不少《古代散文选》都将此篇收录在内。"夫龙之为虫也"一段,则是《说难》结尾处的点睛之笔,凡讲解《说难》者,无不论及这几行警策动人的文字。我们自以为对这段名言已经很熟悉了,殊不料,最熟悉的事物往往最容易被忽略。歌德说得好:"我们看到的只是我们知道的。"[②]而那些我们不知道的、或者并不想真正知道的东西,即使我们从它跟前走过千百遍,也会视若无睹。只有当我们不再把龙看作虚妄之物的时候,才会蓦然发现《韩非子》的这段名言,其实不仅概括了沉痛的人世教训,而且蕴

[①] 《演化的实证与过程》,科学出版社1957年版,第38页。
[②] 转引自《科学研究的艺术》,科学出版社1979年版,第103页。

含着如吉光片羽一般珍贵的生物经验：一、龙性柔可狎；二、龙可骑；三、龙喉下有逆鳞，是一处禁区。这类经验的获得，单凭粗浅的观察是不行的。试想，能够对龙的脾性及生理特征有如此深切了解的，除了那些长期与龙打交道的人，还会有谁呢？韩非生活的时代，豢龙之事早已不复存在；可韩非毕竟去古未远，那些豢龙师留下来的经验片断，仍有可能以某种形式在社会上流传。韩非正是从这类传说中取材的。

韩非说的到底是不是言之有据，我们可以在一个有限的范围内加以验证。所谓"柔可狎"，即柔顺而可亲近，这是对龙的脾性所下的重要结论。这个结论，同蛇、鳄鱼的实际情况相较是方枘圆凿，而同前文所列举的古今目击报告倒是吻合得宛如天成。这难道又是偶然的巧合吗？有一个迹象颇耐人寻味：那些来自堕龙现场的报告，从来没有提到龙有獠牙巨口，更没有提到龙会对围观者发起致命的攻击。《右台仙馆笔记》所描述的那个"牛首鼍身"的怪物，当村民们用竹竿去戳它时，它最强烈的反应也不过是向人嘘气而已，并没有猛扑过来咬人一口。是不是由于龙被迫困在陆地，因而丧失了攻击能力呢？有一些古籍记载却清楚地显示，龙即使在水中，也不会直接伤害人。王士禛《皇华纪闻》卷一载：

> 赖塔拉巴土鲁，满洲人，素以勇称。常从征浙闽，一日浴于溪，水底有物，槎枒如古木。因呼侪辈缚以绳，共引出之，则一龙首，须鬣宛然，缚者乃其角。众皆惊走。赖神色不变，徐入水，手解其缚。少顷，雷雨晦冥，龙腾空而去，众皆无恙。人更称为"缚龙巴土鲁"。

"巴土鲁"来源于蒙古语，意为勇士。此则逸闻从正面看，说明这位满族勇士卓尔不凡，胆力过人；从反面看，恰好证明龙的脾性温顺,反应迟钝,即使抓住它的角,它也不会咬人。据《四库总目提要》称,《皇华纪闻》一书,是王士禛于康熙二十三年奉命祭告南海的途中,搜集各种地方传说而写成的。这类道听途说的新闻,难免会发生讹传。相比之下,来自地方志的记载更应受到重视。我在第二章中所引录的《宜都县志》,其中写得明明白白:咸丰十年夏季,有一巨型动物浮现在白洋江面,"不见首尾","鳞甲森然"。当地居民驾船靠上前去,伸手抚弄这个动物,它居然什么反应也没有,"狎之不动"也。后来连着揭下了二十多片金鳞,它才抖动身体,急遽地下沉消失了。试想,这个动物倘若是一条大蟒蛇,或者是一头大鳄鱼,那些船民们岂不早就没命了吗?

如果龙的原型真是一种食人猛兽的话,那么,有关龙的传说中一定充满了血腥味;然而事实上恰恰相反。① 《左传》中魏献子谈到"龙不能被活捉"的原因,也只是因为它聪明、有灵性,而不是因为它凶猛可怖。《周易·履卦》中出现过老虎的形象,明确指出老虎是会咬人的:"履虎尾,咥人,凶。"同样在《周易·乾卦》中,出现了龙的各种动态描写,可是,为什么偏偏看不到龙会吃人的警告呢?当"堕龙"出现在陆地时,古代居民虽说怀有迷信意识,毕竟还敢于走上前去,为它搭建凉棚,往它身上浇水,可见这种动物大则大矣,却并非嗜血之兽。依照韩非的说法,龙在特定情况下也会伤人,其前提是触犯了它身上的禁区。"逆鳞"一说,就是从《韩非子》发端的。不过,就我目前所看到的古代书面记录,揭龙鳞者有之,缚龙角者有

---

① 古人常提到另一种能危害人畜的水生动物,称其为"蛟"。蛟、龙实为两种不同的动物,由于习惯上多以两者并举,因而造成了长期以来的误解。详见本书第六章。

之，就是不见有哪位好汉敢于去摸一摸龙的喉下，因此，这一点还无法得到证实。况且，伤人并不等于吃人。世界上有不少性情温顺的动物，一旦惹恼了它，同样会作出伤害人的举动。比如骆驼，可谓温顺矣，而当它发怒的时候，竟会咬掉人的手臂或膝盖，甚至把人抛在地上，用全身重量将他活活压死。难道我们可以因此而判定骆驼是一种凶恶的猛兽吗？

在世界各国的神话故事和民间传说中，都曾出现过巨龙的形象。有科学家推测，当原始人类尚处于穴居的时代，某些巨型动物的孑遗可能仍在活动，巨龙的故事便是这种集体记忆经过艺术加工的产物。然而，我们不能不注意到，中华神龙与外域之龙有一个明显的不同。在我国古代的传说中，龙和人之间往往有着亲善的关系。据说大禹治理洪水的时候，神龙即用它的尾巴画地成沟，导引着泄水的方向。① 上推至黄帝时代，有个名叫马师皇的兽医，还曾经屡次对病龙施以针石之惠，他后来也跟黄帝一样，骑龙登仙去了。② 唐代志怪小说《原化记》和《博异志》中，更是详尽描述了那不慎坠入深谷的人，如何攀附龙身而跃出绝境，绘声绘影，恍如亲历。③ 这些虽说都是虚构出来的故事，但至少可以说明在我国人民的心目中，神龙自有其善良、温驯的一面。而盛传于中东及欧美各国的古神话里，那些龙大都为反面形象，代表着邪恶与凶暴，绝没有中华之龙所享有的那种崇高、神圣的地位。古埃及神话、古巴比伦神话、古希腊神话等，莫不如此。这与其笼统地说是中西文化背景

---

① 《楚辞·天问》王逸注。
② 《列仙传》卷上。
③ 《太平广记》卷四二一。

的不同,毋宁说是分处两大地域的民族在创造巨龙形象时所依据的动物原型有所不同。中华神龙是以那种状如巨型蜥蜴、浑身裹满鱼鳞、不会直接伤害人类的珍稀动物作为基本原型的,而外域之龙所依据的原型则是另一类凶猛可怖的动物。

我在这里论定中华神龙的原型是一种"柔可狎"的动物,大概会引起不少人的质疑。有人要问:全国各地的民间传说中,不是经常可以见到诛杀恶龙的英雄故事吗?这不正好说明了龙是一种危害人类的可怕动物吗?

其实,传说中的恶龙之所以可怕,主要不是因为它喜欢吃人,而是因为它的出现往往带来了暴雨和洪水。民间对于恶龙的切齿痛恨,必欲唤起英雄而除之,实质上是表达了人民渴望征服水患的心愿。"李冰锁孽龙"的著名传说,就是以蜀郡太守李冰治理岷江水患为背景的。这类例证在民间故事中几乎是不胜枚举。

满族民间故事《女真定水》:

在大兴安岭上,住着一对年轻夫妇,男的叫完达,女的叫女真。这一年,他们在黑龙江边种上了大麦、糜子和麻。秋天到了,庄稼熟了,可是恶龙挟着狂风暴雨也来了,江水泛滥,庄稼全给淹没了。[1]

白族民间故事《月——洱海月》:

第二年,不知从哪里蹿出一条公猪龙,喷起乌云,遮天蔽日,狂风暴雨,冲倒房屋,把苍山洱海间几千亩田地冲成一片沙滩,在洱海里掀起万丈波浪……[2]

侗族民间故事《风雨桥的传说》:

---

[1]《满族民间故事选》,春风文艺出版社1981年版,第26页。
[2]《白族民间故事》,云南人民出版社1982年版,第12页。

这时风雨交加,浪涛滚滚,只见浪里有一条花龙,昂首东张西望。龙头向左望,浪往左打,左边山崩;龙头往右看,浪往右冲,右边岸裂;小木桥早已被浪涛卷得无影无踪。众人胆战心惊![1]

汉族民间故事《宝幢镇孽龙》:

这条蛟龙要是真的在昆明落住脚,那么昆明坝子就将会变成一片汪洋,昆明的百姓就将会被滚滚的洪水吞没。张三丰决心镇慑孽龙,为昆明百姓除害。[2]

有必要指出的是,将洪水的发生与某种动物联系在一起,这种观念尽管很不科学,但同样来源于朴素的直观经验。正如泥鳅在水面不断翻腾预示着暴雨将临一样,气压的明显降低、地下水位的迅速上升、水中化学成分的急剧变化,也可能迫使某些潜藏动物作出强烈反应。所以在洪水前或洪水中,会涌现出若干平日里罕见的奇异动物。包括地方志在内的各类古籍中,保存了不少这方面的记载:

嘉靖十八年(1539年)春,建德大水,踰城堞及府治仪门,漂没田庐不可胜计。是年,六县俱大水,洪涛中有物如牛头,角峥嵘,人以为龙。(《光绪严州府志》卷二二)

万历十九年(1591年)六月己未,公安大水,有巨蛇如牛,首赤身黑,修三丈余,所至堤溃。(《明史·五行志一》)

雍正五年(1727年)五月二十八日,洪水泛涨,下新镇水际忽见一物,脑如狮,睛如兔,口如牛,耳聋唇红,浮沉水面,自颈以下不可见。万人集观,旁若无人。至六月初一日,乘风雷去。(《光绪黄梅

---

[1] 《侗族民间故事选》,上海文艺出版社1982年版,第85页。
[2] 《云南民族民间故事选》,云南人民出版社1981年版,第20页。

县志》卷三七)

奴子王廷佑之母言：幼时家在卫河侧，一日晨起，闻两岸呼噪声。时水暴涨，疑河决，踉跄出视，则河中一羊头昂出水上，巨如五斗栲栳，急如激箭，顺流向北去。皆曰"羊神过"。余谓此蛟螭之类，首似羊也。（纪昀《阅微草堂笔记·姑妄听之一》）

道光二十三年（1843年）五月，太平山水大涨，有物如牛，逐波至牛皮荡口，奔岸而出。芮姓村陷毙二百余人。（《光绪重修安徽通志》卷三四七）

辛未岁（1871年），河水涨发。有渔人于潞河中央见一物，首大如丘，其形类豕，头浮水面，顺流而下。或云："是猪龙也，见之，主一邑大水。"（李庆辰《醉茶志怪》卷三）

这些头部长得如牛、如羊、如豕、如狮的庞然大物，虽说不一定都属于龙，可是在民间故事曼衍生长的过程中，这些大型动物留给人们的短暂印象，往往也成为"恶龙搅水"的创作素材之一。此类观察经验积累多了，古人便很容易产生联想，以为是奇异动物的出现才引发了洪灾。这是由直观经验推导出来的错误解释，把自然现象之间的联系弄得神秘化了。事实上，不是这些动物的出现带来了洪水，而是洪水的暴发引出了潜藏的奇异动物。

龙的传说，自一开始便与水不可分离，所谓"水虫之神者"是也。我在第八章中还要着重讲到，那种状如巨型蜥蜴、被古人称为"鳞虫之长"的动物，特别喜爱高湿度的空气，它对于即将发生的大面积云雨，有着异乎寻常的感应能力。因此，古人传说"龙见兆雨"，进而把龙封为"司雨之神"，除去其迷信色彩，多少还是有点现实依据的。然而，水这个东西本来就有两重性，既可养物，亦可杀人，不足曰旱，过则为淫。龙既然已经掌管了行云布雨的大权,人们的期望便有了投注的目标,人们的抱怨也有了发泄的对象。大旱之年,普降甘霖,自然要感谢善龙的无量功德;淫雨连旬,江河泛滥,那准是有几条恶龙在捣乱了。于是便产生了似乎有点矛盾的现象:祈祷善龙的祭礼与诛杀恶龙的故事同时存在,并行不悖。我们民族原是功利主义气息甚为浓厚的民族,即便在崇拜一种"灵物"的时候亦复如此。民间故事中对于龙的两面态度,正反映了人们对于水之利弊的现实感受,这跟龙作为一种动物是否会伤人并没有必然的联系。

尽管《左传》《史记》都记载了上古豢龙的传说,尽管《礼记》《韩非子》中可能存有早期豢龙师的经验片断,但是,由于在已经发掘的古文化遗址中,目前尚未见到这类动物的残骸,因而云雾笼罩下的"豢龙"事业,迄今为止仍是一个谜。豢龙之迹虽不可寻,古来传说的"豢龙池"倒有不少。据说,董父豢龙的池子,尚存于山东定陶县境内:

龙池,《九州要记》云:春秋鬷叔氏有裔子董父,好龙,舜遣养二龙于陶邱,是为豢龙氏。今池在焉。(《太平寰宇记·河南道十三·曹州·济阴县》)

又说,孔甲畜龙的场所,就在河南临颍县附近:

豢龙城,一名圈龙,在临颍东北十里,周三里一百九十二步。相传夏帝孔甲时,豢龙氏尝畜龙于此。事见《史记》,但不知果是此否?(《嘉靖许州志》卷八)

在我看来,这类所谓的"豢龙池",十有八九属于后人伪托的假古迹。或依傍山川而攀扯历史,或附会传说而增设景点,有相当数量的"名胜"就是这样被制造出来的。一种年代久远的传说,若要无

限制地推演开去,那么,就连黄帝和神农氏也有可能加入到"豢龙"的行列中来:

绛北有阳石山,中有神龙池。黄帝时,遣云阳先生养龙于此,帝王历代养龙之处。(《太平御览》卷六七引《遁甲开山图》)

[永明]邑东三里有老龙潭。蒋云宽云:故老相传,神农氏时,老龙吉豢龙于此。(《道光永州府志》卷二下)

除了民间假造的"豢龙池"之外,古代知识分子也曾试图在现有的动物类群中寻找"豢龙"的出处。乾隆年间担任过云南地方官的檀萃,在《滇海虞衡志》卷八中写道:

缅甸且有养龙池。大理李某,吉君世琛之幕友也。李曾三至于缅,亲见之:池有三青龙,无角,长数十丈。每日豢以牛肉,每龙二十六挺,如京师象俸。然尝一龙走,追而还之。……后儒讥左氏"御龙""豢龙"之言为诬,今有明证如此,古人岂诬乎!

这位檀萃先生断定《左传》所言"豢龙"确有其事,他的证据是邻国缅甸至今仍在豢养没有角的"青龙"。其实,这是蚊子咬了泥菩萨——找错了对象。比檀萃早生两百年的明代人朱孟震,在所著《西南夷风土记》一书中就说得很明白,缅甸人畜养的"龙"实际上是一种长嘴大鳄鱼:

莽苴城壕内畜有异鱼,身长数丈,嘴如大箕,以尾击物食之;间以重栅,恐其逸出伤人;每日以犟、猪、羊饲之。缅人名为"龙",殆鳄鱼之类也欤?

由此看来,把"豢龙"与养鳄混为一谈,这种倾向至晚在清代就已经出现了。现代学术界仍有人继续张扬这种倾向,企图从鳄鱼身上找到一条解开神龙之谜的捷径。殊不知,无论是小型短吻鳄,抑或是大型长吻鳄,在古时候均属习见之物,数量相当可观,根本算不上什么稀有动物。将鳄鱼硬拖出来充当神龙的替身,恰好应了"诗仙"李太白的那两句名言:

理有疑误而成过,事有形似而类真。①

---

① 李白:《上安州李长史书》。

第六章
龙、蛇、蛟、鳄异同辨

龙、蛇、蛟、鳄,分别是四种动物,不可混为一谈。蛇、鳄是现存的动物,实物俱在,一目了然;龙、蛟是历史上曾经有过的动物,后来渐趋绝迹,今已名存实亡。

1919年，章鸿钊发表《三灵解·龙解》，怀疑中华龙的真身可能是一种鳄鱼，即民间所称的"鼍龙""土龙"。从那时以来，不断有人试图在生物学上替龙找到一个合理的出身：或者认为龙的原型是大蟒蛇，或者认为是五步蛇，或者认为是巨蜥，或者认为是湾鳄，甚至有人认为是某种恐龙的孑遗。众说纷纭，莫衷一是。

"龙"果真是被神化了的蛇吗？或者，"龙"是上古人民对于鳄鱼的特殊称呼吗？还有，"龙"与"蛟"之间又是什么关系呢？当我们开始把搜索的目光转向大自然的时候，这些曾经被人一议再议、至今仍然悬而未决的问题便不可避免地推到了我们的面前。

先说龙与蛇。

迄今为止，"龙蛇说"在学术界仍具有很大的影响力。人们最容易把龙看作是蛇的同类，然而在事实上，龙绝不可能是蛇。如前所述，龙是头上长角、腹下有足、体表覆鳞片、吻边有长须，而蛇却无之。虽然古人在习惯上常以龙蛇并称，可是一到具体的记载中，则是龙归龙，蛇归蛇，分得清清楚楚。成书于两千多年前的《左传》即是如此。《左传》记载：庄公十四年，"内蛇与外蛇斗于郑南门中，内蛇死"；文公十六年，"有蛇自泉宫出，入于国，如先君之数"。同时，《左传》还两次写到龙的出现：昭公十九年，"郑大水，龙斗于时门之外洧渊";昭公二十九年,"秋,龙见于绛郊"。显而易见,龙、蛇分别是两种不同的动物,彼此间不能混为一谈。

如果说《左传》提供的证据还不够充分的话,那么,请允许我继续摘录《隋书·五行志》和《新唐书·五行志》中的若干片断:

陈太建十一年(579年)正月,龙见南兖州池中。

东魏武定元年(543年),有大蛇见武牢城。

后齐天保九年(558年),有龙长七八丈,见齐州大堂。

武平七年(576年),并州招远楼下,有赤蛇与黑蛇斗,数日,赤蛇死。

后周建德五年(576年),黑龙坠于亳州而死。

(以上《隋书·五行志下》)

开元四年(716年)六月,郴州马岭山下有白蛇与黑蛇斗,白蛇长六七尺,吞黑蛇,至腹,口眼血流,黑蛇长丈余,头穿白蛇腹出,俱死。

天宝(742—756年)中,洛阳有巨蛇,高丈余,长百尺,出芒山下。

建中四年(783年)九月戊寅,有龙见于汝州城壕。

贞元(785—805年)末,资州得龙丈余,西川节度使韦皋匣而献之,百姓纵观,三日,为烟所熏而死。

大和三年(829年),成都门外有龙与牛斗。

(以上《新唐书·五行志三》)

自从班固《汉书·五行志》发明了"龙蛇之孽"一说,后来正史中的《五行志》也大都设有这一栏目,专门记载龙、蛇两种动物的异常情况。龙本应为祥瑞之物,但是,如果它出现的时节不对,或者所处的环境不当,则也可能转变为某种凶兆,即所谓"瑞兴非时,则为妖孽"①。根据不寻常的动植物的出现或常见动物的不寻常表现，以推知未来形势的凶吉趋向，这无疑是一种原始的前兆迷信的残余。

然而，《五行志》毕竟不同于《山海经》，并不是随便什么想象中的怪物都能够写进去的。在《五行志》中被用作前兆占验的，或为野生动物的反常表现，或为家养牲畜的生理畸形，均是当时人们尚能实际接触到的生物现象。我们可以批评古人的迷信观念，却没有理由否认这些生物现象的客观存在。假如龙在自然界没有一个现实的位置，南北朝及隋唐时代的人们怎么可能将其作为生物占验的凭据，怎么可能堂而皇之地留下"某年某月于某地见龙"的记载呢？假如龙仅仅是蛇类的异名，那么，在同一篇记载中，为什么要将龙、蛇区分开来，为什么要使用两种不同的名称呢？我们从上文所引录的《五行志》的部分记载中可以看出，无论多么长多么大的蛇，都只能叫作"蛇"，而不能称之为"龙"。龙应当属于另一种动物，一种有待于重新认识的动物。

在古汉语中，将两种动物的名称，组成一个并列结构的复合词，本是司空见惯的现象。这些在词语构造上结为常年伴侣的动物，或因其形态相似，或因其习性相近，或因其种类相同，如"豺狼""虎豹""牛羊""狐兔""莺燕""龙蛇"等。《左传·襄公十四年》："豺狼所嗥。"《淮南子·原道训》："虎豹山处。"《诗·小雅·楚茨》："絜尔牛羊。"曹植《泰山梁甫行》："狐兔翔我宇。"乔知之《定情篇》："莺燕从双栖。"难道我们可以因此说豺便是狼、虎便是豹、牛便是羊、狐便是

---

① 《续汉书·五行志》。

兔、莺便是燕吗？在古人的眼中，龙和蛇都归入同一大类，名之曰"鳞虫"，因而相提并论是很自然的。不幸的是，从现代生物学观点来推测，龙、蛇并不是处在同一进化阶段上的动物。蛇是后起之秀，生机勃勃；龙仿佛是先代遗老，所剩无几。随着时间的推移，生态环境的变化，后人难免会产生错觉，以为蛇是实有的，而龙是虚幻的。关于这个问题，后面的章节中将会有更详细的论说。

中国古代的博物学著作，几乎都将龙、蛇分作两类来加以叙述。以《本草纲目》为例，鳞部分为四类：一曰龙，二曰蛇，三曰鱼，四曰无鳞鱼。龙类则包括九种动物：

龙、吊、蛟龙、鼍龙、鲮鲤、石龙子、守宫、蛤蚧、盐龙。

尽管其中有些动物仅属传闻，连李时珍本人也没有亲眼见过，尽管"龙"目之下所开列的"龙骨""龙齿""龙角""龙脑""龙涎"等药材，实际上与生物界的真龙毫不相干，但是，李时珍在这里将龙类与蛇类截然分开，把龙和鼍龙（扬子鳄）、鲮鲤（穿山甲）、石龙子、守宫（壁虎）等放在一起，还是很能够说明问题的。这表明在古人的日常经验中，龙的外形同蛇类相去较远，而跟某些蜥蜴状动物则比较贴近。我们不应当忘记，中国古代的动植物分类法正是以动植物的外部形态特征为主要依据的。

再说龙与鳄。

龙的外形像个巨型蜥蜴，鳄鱼的外形恰好也是如此。这种外形上的相似，使得龙与鳄鱼之间的关系更加引人注目。尽管我在前面已经多次说过龙不是鳄鱼，但总难免让人感到证据不足，这里似有进一步申说的必要。

近年来流行一种说法，认为上古传说中的"龙"，其实就是对于湾鳄的最早称呼。这种大型鳄鱼，曾广泛分布于南海、东海、渤海沿海以及江淮和黄河中下游地区。商周之际，我国北方气候发生剧变，大批动物绝灭或南迁，在中原文化中心区再也见不到鳄鱼的踪迹了，只留下了关于这种神秘恐怖怪物的大量神话和传说。周秦以后，虽然仍不时有鳄鱼在南方水域活动的记录，却很少有人能想到这种爬行动物就是古神话中所谓的"龙"了。

上述假设若要成立，必须有一个基本的前提：周秦以后，龙仅存在于神话传说中，并不存在于现实的记载中。然而，只要认真读一读本书（特别是本书的第二章），就很容易发现，"湾鳄成神"的假设是站不住脚的。秦汉以来的大量文献资料可以为证，见龙的记载和见鳄的记载同时存在，对龙外貌的描述和对鳄鱼外貌的描述同时存在。古人确实说过鳄鱼在外形上近似于龙，但是他们从不认为鳄鱼便是货真价实的龙，因为他们曾有过实物的比较，而这一点正是被今人所忽略的。

考古资料表明，在史前时代，中国大陆曾经生活过多种鳄类动物，现已发现的鳄类化石达17属。可是周秦以来文献中所记录的，差不多仅剩下了两种。一种叫作鼍，《说文解字》中写作"鼉"：

鼉，水虫，似蜥蜴，长丈所，皮可为鼓。

这是祖居在我国长江流域的一个短吻鳄种，学名"扬子鳄"，俗称"土龙""猪婆龙"。最近几十年来，这一鳄种生计日蹙，濒临绝灭，以致成为国家明令保护的珍稀动物。但在历史上，扬子鳄曾经数量极多，并不是什么稀有动物。生活于战国前期的墨翟就说过："江汉之鱼鳖鼋鼍为天下富。"①可见在当时的长江中游地区,扬子鳄的数量几乎跟甲鱼一样多。据《新唐书·五行志一》记载,肃宗上元二年(761年),曾有相当数量的鼍鳄汇集在扬州城门口。直到公元十一世纪,苏颂在《图经本草》中仍说:"鼍,今江湖极多,形似守宫,鲮鲤辈,而长一二丈,背尾俱有鳞甲。"②《太平御览》卷九三二引郭义恭《广志》:

> 鼍鱼,长三尺,有四足,高尺余,尾如蝘蜓而大。南方嫁娶,必得食之。

李时珍在《本草纲目》中也证实,鼍肉是南方人婚娶筵席上常见的佳肴,至少在明代仍然如此。由此看来,古人对扬子鳄的熟悉程度,决不亚于鱼鳖之类,是不可能把它当作少见多怪的稀有动物的,自然也不可能发生成千上万人竞走百里去围观一头扬子鳄的神话故事。

在现存的鳄类动物中,扬子鳄属于最温顺的一种,它以鱼、蛙、小鸟及鼠类为食,一般不会攻击人、畜。古籍记载中另有一类鳄鱼,体型较大,凶猛异常,人见人怕,《说文》中写作"蜥":

> 蜥,似蜥蜴,长一丈;水潜,吞人即浮;出日南也。

鳄鱼的眼睛突出在头的上部,所以它伏在水底照样能看见水面的景象。水面倘有人或其他动物经过,它可以在水下悄然潜行,等接近目标后就突然上升,发起攻击。"水潜,吞人即浮",寥寥数字,刻画得极为精确。日南郡位于今天越南北起横山南抵大岭的中部地区,当时仍在汉王朝的版图之内,后来才逐渐变成了外域。

---

① 《墨子·公输》。
② 《本草纲目·鳞部之一·鼍龙》引。

三国时期，吴国的康泰、朱应曾奉命出使林邑、扶南等国（今越南、柬埔寨境内）。他们归国后撰写的《吴时外国传》等书，介绍了公元三世纪时中南半岛上的风土人情状况。《梁书·扶南传》中有关鳄鱼的记述，实际上就是得之于当年康泰等人的见闻：

鳄大者长二丈余，状如鼍，有四足，喙长六七尺，两边有齿，利如刀剑，常食鱼，遇得麇鹿及人亦噉之，苍梧以南及外国皆有之。

这种"喙长六七尺"的长吻鳄，大约即是目前仍存留于东南亚沿海及澳大利亚北部的湾鳄。湾鳄是一种咸水淡水皆宜的较为原始的巨型鳄，它在历史上的分布范围比今天要广泛得多。《梁书》上就说得很明白，此种食人鳄不独外国有之，"苍梧以南"即我国的岭南地区也有。

《文选·左思〈吴都赋〉》有晋人刘逵的一段注文，概述了繁衍于广州（包括今广东、广西之大部）地区的凶猛巨鳄的生态特点：

鳄鱼，长二丈余，有四足，似鼍，喙长三尺，甚利齿。虎及大鹿渡水，鳄击之，皆中断。生子则出在沙上乳卵，卵如鸭子，亦有黄白，可食。其头琢去齿，旬日间更生。广州有之。

用那条铁臂一般的粗硬尾巴猛抽猎物，将其击昏后再行吞噬，这正是湾鳄在偷袭大动物时所采用的主要手段。

晋人虞喜也在《志林》中提到，南方有一种会吃人的长嘴鳄鱼，多在秋季向船上的人发动攻击：

南方有鳄鱼，喙长八尺，秋时最甚。人在舟边者，鱼或出头食人，故人持戈于船侧而御之。

秋季正好是鳄鱼捕食活动的高峰期，湾鳄于此时显得格外凶暴，所以覆舟杀人的悲剧便屡屡发生。

《太平广记》卷四六四引《感应经》佚文，反映出广州地区人民对这种水陆两栖怪物的恐惧心理：

闻广州人说，鳄鱼能陆追牛马，水中覆舟杀人，值网则不敢触，有如此畏慎。

据现代科学家的观察，鳄鱼在陆地上，能以每小时12公里的速度追逐猎物。这一速度对爬行动物来说是相当快的。某些陆生哺乳动物，如绵羊、野牛，奔跑起来的最快时速也不过17公里左右。"鳄鱼能陆追牛马"，看来并非夸诞之辞。而"值网则不敢触"，即使巨鳄撞在了渔网里，渔民们也不敢轻易去碰它，可见对它的畏惧之甚。

因畏惧而退避，结果只能使鳄鱼在当地繁殖得更多更快。公元九世纪末，寓居广州的刘恂在《岭表录异》中写道，岭南一带的鳄鱼已是成群结队，尤其是潮州地区（治所在今广东潮安县），差不多成了鳄鱼的窟宅：

鳄鱼，其身土黄色，有四足，修尾，形状鼍，而举止趫疾，口森锯齿，往往害人。南中多鹿，最惧此物。鹿走崖岸之上，群鳄嗥叫其下，鹿怖惧落崖，多为鳄鱼所得，亦物之相慑伏也。故李太尉德裕，贬官潮州，经鳄鱼滩，损坏舟船，平生宝玩、古书、图画，一时沉失。遂召舶上昆仑取之，但见鳄鱼极多，不敢辄近，乃是鳄鱼窟宅也。

李德裕被贬为潮州司马，约在大中二年（848年）冬抵达潮阳，随即又被贬往崖州。前此三十年，即元和十四年（819年），另一位著名人士、后来被苏东坡誉为"文起八代之衰"的韩愈先生，也因得罪了唐宪宗而被贬为潮州刺史。韩愈赴潮州途中，舟过乐昌县境，有一小吏告诉他，潮州恶溪中的鳄鱼真是又大又可怕：

下此三千里,有州始名潮。

恶溪瘴毒聚,雷电常汹汹。

鳄鱼大于船,牙眼怖杀侬。(韩愈《泷吏》)

恶溪,又名恶水,即今日之韩江。韩愈莅任后,发现情况确实相当严重,鳄鱼已成为除飓风以外的另一大自然灾害,危害着当地人民的生命财产安全:

愈至潮阳,既视事,询吏民疾苦,皆曰:"郡西湫水有鳄鱼,卵而化,长数丈,食民畜产将尽,以是民贫。"(《旧唐书·韩愈传》)

于是便引出了名烁古今的《祭鳄鱼文》。这篇祭文实质上是向鳄鱼发出的宣战书:"刺史则选材技吏民,操强弓毒矢,以与鳄鱼从事,必尽杀乃止。"韩愈毕竟来自文化较高的中原地区,他当时可能具体布置过对鳄鱼进行围捕追歼的计划,并收到了一定成效。可惜这段史实没有被真实地记录下来,而流传在当地民间以至后来被写入《唐书》中去的,乃是一个近乎神话的故事,仿佛韩愈的祭文一经宣读,当天夜里恶溪中就起了风暴,从此溪水改道,鳄鱼搬家,潮州一地,物阜民安。九世纪时的岭南地区,巫术迷信仍很盛行,产生出这么一个类似于"神咒驱邪魔"的故事来,应该说是毫不奇怪的。

北宋咸平二年(999年),陈尧佐出任潮州通判,修建了韩文公祠。他在《招韩文公文并序》中,再一次追述了唐代鳄鱼为患的情形:

郡之下,即恶溪焉,有鱼名鳄……早暮城下,以人为食,虽牛马羊豕,见必尾之,居民怖焉,甚于虎兕。(《永乐大典》卷五三四五引)

所谓"虽牛马羊豕,见必尾之",亦即当年韩愈说的"鳄鱼睅然不安溪潭,据处食民畜熊豕鹿獐以肥其身"。显而易见,大鳄鱼曾经横行陆上,肆无忌惮地向家畜发动攻击。我们简直无法想象,这种在陆地上如此猖獗的爬行动物,古人怎么可能将它纳入"失于水则神废"的定义之中!

陈尧佐在潮州任上时,鳄鱼的数量比起唐代已经明显减少了,但偶尔还会发生鳄鱼吞人的惨剧。① 据陈尧佐说,当地居民对于鳄鱼的活动仍然十分警觉,即使远远望见,也要赶快回避:"凡上下水中,或见其隆伏仿佛之状,虽相越百步,避之惟恐不速。"②

《梦溪笔谈》的作者沈括,少年时代曾跟随父亲,到闽中居住了三年。当时的潮州知府王举直,曾钓得一头大鳄鱼,并据此而摹绘了一幅图。沈括看见过这幅图画,还了解到有关鳄鱼的一些知识:

予少时到闽中,时王举直知潮州,钓得一鳄,其大如船,画以为图,而自序其下。大体其形如鼍,但喙长等其身,牙如锯齿。有黄、苍二色,或时有白色。尾有三钩,极铦利,遇鹿豕即以尾戟之以食。生卵甚多,或为鱼,或为鼍、鼋,其为鳄者不过一二。土人设钩于大豕之身,筏而流之水中,鳄尾而食之,则为所毙。(《梦溪笔谈·异事》)

湾鳄的吻部确实比较长,但图画中的"喙长等其身"(嘴长与身长相等),似乎有些夸张了。江少虞《宋朝事实类苑》卷六九引《梦溪笔谈》,此句作"喙长半其身",这或许才是沈括的原文。③ 鳄卵也只

---

① 《宋史·陈尧佐传》。
② 陈尧佐《戮鳄鱼文》。
③ 另据《中国大百科全书·生物学》(中国大百科全书出版社1991年版)介绍,1963年和1973年在广东出土的宋代鳄鱼标本,已被鉴定为马来切喙鳄。该鳄种为淡水食鱼动物,全长达7米以上,吻部亦特别纤长。

能生产幼鳄,若说还能孵出别的什么动物来,显然是传闻不实之词。不过,湾鳄的孵化率及幼鳄的成活率都非常低,这倒是事实。据统计,在母鳄产下的蛋中,有75%是不能孵化的废蛋,即使幼鳄孵化出来,也只有不到3%的幼体能够生存下来。所以说"生卵甚多,……其为鳄者不过一二",古人的观察大体上还算准确。从沈括的记载中还可看出,当时潮州人捕杀湾鳄的技术已经相当熟练。这种爬行动物在岭南日渐稀少以至完全消失,一个重要的原因,恐怕就是人为的过量捕杀。

《青琐高议》的作者刘斧,曾于熙宁二年(1069年)到过粤东海滨,听一位老渔民介绍了大鳄鱼的情况,同沈括所说的差不多:

鳄之大者数千斤,小者亦不下数百斤。水而伏,山而孕,卵而化。其形蟹目虿角,龙身鳖足,用尾取物,如象之用鼻焉。苍黄玄紫,其色不一。方其幼者,居山腰岩腹之下。其卵百余,大小不一,能为鳄者率二三,他皆或鼋或鳖。鳄之游于水,他鱼不可及。泝流顺水,俱无他鱼。

从"大者数千斤"一句来看,当无疑问属于湾鳄。在诸多鳄鱼中,只有成年湾鳄的体重可达1 000公斤以上,相当于3只大老虎加起来的重量。"泝流顺水,俱无他鱼",这是老渔民的经验之谈。因为鳄类有食鱼的习惯,鱼儿无不望风而遁,所以湾鳄经过之处,渔人的网里便很难有其他收获了。这跟另一种关于龙的经验之谈"龙以为畜,故鱼鲔不淰",是截然不同的。

自两宋以后,有关岭南食人鳄的报道就很少听见了。康熙年间,浙人吴震方游历潮州时,再想寻觅鳄鱼的踪迹,已经感到绝无可能了:

鳄溪,一名恶溪,又名潓溪。唐宋时有鳄鱼为患。其物似龙,无角而黄色,口森锯齿,四足,修尾。尾有三钩,极利,遇人畜以尾击而食之;鳄之运尾,犹象之运鼻也。生卵甚众。或云鼍龙之属。今溪中绝无此,潮人亦无有见之者。(《岭南杂记》卷上)

虽然湾鳄在中国境内已趋绝迹,但从中南半岛访问归来的人士,仍不时带回有关境外大鳄鱼的种种消息。例如,元人周达观曾出访过真腊(今柬埔寨),他在《真腊风土记》一书中写道:

鳄鱼大者如船,有四脚,绝类龙,特无角耳。

所谓"绝类龙,特无角耳",即鳄鱼的形状非常像龙,只是头上没有角罢了。正是这种外形上相似的特点,使得清代以后的某些人发生了错觉,以为中南半岛上豢养的大鳄鱼便是中国古代的"豢龙"。这在上一章中已经论及,此处就不重复了。

我所以要不厌其详地列举古人有关鳄鱼特别是湾鳄的论述,目的是为了让读者能有一个全面而清晰的认识,以便更加准确地对龙与鳄进行比较研究。从两种动物的外形上看,尽管它们都很像巨型蜥蜴,但其间的差别依然相当显著。

第一,龙头上有角,或为独角,或为双角,这是自甲骨文以来所有关于龙的记载及传说都一致肯定的。有人认为,湾鳄的吻端到眼前方有一对大型隆起腺,远远看去恰好像龙头上的角。这一说法实在很牵强。根据任殿元老人的描述,他所看到的那条黑龙,额头上长了个椭圆形的角,朝天耸起,状如牛角,根部较粗,顶部稍尖,足有一尺长。这难道是湾鳄头上的角质隆起物吗?

第二,湾鳄那张长长的布满利齿的大嘴,特别引人注目;"喙长八尺""牙如锯齿",已成了古籍中形容巨鳄的常用之辞。龙则不然。

古代一些亲眼见过龙的人都说:"鼻嘴类牛"。今人任殿元也证实,黑龙的"鼻子和嘴较近,形似牛头一般","嘴形特像鲶鱼,又扁又宽"。

第三,自古以来妇孺尽知,龙是一种有口须的动物。关于龙须的长度,古籍中说法不一,最长的可达二丈,似乎有些夸张了。据任殿元的回忆,他站在距黑龙一丈多远的地方,清楚地看到黑龙的口须约长20公分,又粗又硬,还直抖动。这显然不是鳄鱼,因为任何种类的鳄鱼都不可能长出口须来。

第四,鳄鱼的体表,包裹着一层厚厚的骨质板和角质鳞,犹如铁皮一般,古籍中称其"甲如铠甲"。而龙身上下覆盖的,却是一片一片鱼鳞似的鳞片,最大的鳞片直径可达16公分以上。古今目击者皆证实,龙鳞是能动的,可作适当程度的翕张动作。有谁见过鳄鱼的鳞片会自行抖动,会发出咔咔的声响?

第五,龙的身上散发出一种异乎寻常的腥味,相隔几百米远就能闻到。究其原因,可能是龙体表面存在着丰富的黏液腺。作为高等爬行动物的鳄鱼,体表紧覆坚甲,并无黏液分泌。"数里闻腥膻""腥膻不可近",这些描述堕龙的词句,是无法转用来形容鳄鱼的。

从两种动物的活动范围来看,差异同样是很明显的。鳄鱼生活在什么地方,应该到哪里去捕捉它们,古人能够说得清清楚楚,决不含混。唯独对于龙,始终没有人能够准确地说出它的生活区域。当龙偶尔趴卧在陆地上时,谁也弄不清它自何处来;当它随着大暴雨离开后,谁也不知道它归何处去。即使龙身浮现在某处江湖中,往往也是仅此一见,其后便杳如黄鹤了。历史地名中的"龙潭""龙湖"等,大多是附会之辞,并不能代表龙的生存地点。

根据史籍资料，湾鳄在历史上的分布范围，集中在今广东、广西、福建、台湾四个省区；扬子鳄的分布面较广一些，但大体上也不超出长江中下游流域。令人诧异的是，龙的活动范围，绝不像鳄鱼那样受到严格限制。从南到北，从东到西，几乎都曾发现过它的踪迹。秦汉以来有明确记载的"见龙"事件，差不多近一半是发生在中原及中原以北的地区。例如，公元 345 年慕容皝在龙山亲眼所见的黑白二龙，920 年耶律阿保机在拽剌山射获的黑龙，1642 年坠落在三河县境内的牛头蛇身怪物，1767 年盘桓于临榆县一居民煤堆上的龙，以及 1944 年出现在扶余县江边沙滩上的黑龙，这些龙被发现的地点，均在位于北纬 40°至 46°线之间。假如认定"龙"就是鳄鱼的代名词，那么，这些事件本身将陷入无法解释的困境之中。因为无论是对近两千年来气候资料的分析，还是对鳄类动物生活史的研究，都不可能提供这方面的支持，以证明鳄鱼仍在黄河以北的大片土地上生存，直到 20 世纪 40 年代。何况任殿元老人早已证实，他所看到的那条身长 12 米的巨型四脚蛇，肯定不是鳄鱼。

稍微留意一下古人对待龙与鳄的不同态度，就愈加明白两者绝不是同一种动物。受到古代居民特殊礼遇以至被尊为"鳞虫之长"的，是一种叫作"龙"的动物，而不是鳄鱼或别的什么爬虫。保护扬子鳄是最近半个世纪方才出现的意识，古人只晓得鼍肉可以敬客，鼍皮可以蒙鼓，并没有把它当作神灵来膜拜。至于湾鳄，它的凶暴是出了名的，古人始则避之惟恐不及，继而杀之惟恐不尽，何崇拜之有？不能因为世界上其他民族有崇拜鳄鱼的习俗，便认为我们民族也应当如此。请再读一读我国历代有关食人鳄的记载吧，那里面有的是恐惧感和厌恶感，却没有今人想象中的神秘感："居民怖焉，甚于虎兕","虽相越百步,避之惟恐不速"。面对这样一种比老虎还要可怕的猛兽,古人竟会把它当作"祥瑞"来炫耀,甚至走近它的身边去搭建凉棚,这在人间情理上能够说得通吗?

如前所述,关于鳄鱼的生态特点,古人所了解的,同今天的科学认识基本吻合。他们不会不明白,搭凉棚、浇凉水的措施,对鳄鱼是毫无意义的;他们也不会不明白,长嘴大鳄鱼所需要的并不是几桶清水,而是人、畜的血肉。显然,搭棚浇水的举措,不是针对鳄鱼的,在其背后可能隐藏着某种古老的经验。鳄鱼固然不需要这种待遇,但在生物进化史上确有另一类动物,由于它们特殊的生理机能,必须保持足够的皮肤湿润度,这甚至比饮食充饥还重要得多。下一章中将就此展开讨论。

说完龙与蛇、龙与鳄,接着来说龙与蛟。

龙蛟并举,蛟龙连称,自古已然,习以为常。于是乎,不仅现代的人,就是古代的许多人,也都以为龙即是蛟、蛟即是龙。至于为何同一物而有两种名称,有人说"小曰蛟,大曰龙"①,有人说"龙无角曰蛟"②,还有人说"母龙曰蛟"③。其实,这些说法均属无根之谈。龙和蛟,实际上是两种有区别的动物。

陆容《菽园杂记》卷十五中,记述了江西地区居民的经验之谈:

蛟状大率似龙,但蛟能害及人畜,龙则不然。龙能飞,且变化不测,蛟则不能也。

---

① 《楚辞·离骚》王逸注。
② 《楚辞·九思·守志》王逸注。
③ 《一切经音义》卷五引《抱朴子》。

清代考据学家王念孙在《广雅疏证·释鱼》中也说：

蛟为龙属，不得即谓之龙。古书言蛟、龙，皆为二物，无称蛟为蛟龙者。

陆容和王念孙，一卒于明弘治九年（1496年），一卒于清道光十二年（1832年），距离现在都比较近了，他们的话或许不能作数。那么，就让我们来看一看早期文献中有关蛟的记载吧。

在先秦诸子的著作中，蛟龙连称已是很普遍的现象。例如，《庄子·秋水》："水行不避蛟龙者，渔父之勇也。"单从语意上看，仿佛龙跟蛟一样，都是害人非浅的凶物。其实不然。这里的"蛟龙"，是一个偏义复词，仅仅指蛟而言，并不包括龙在内。说理文本来就不同于记事文，讲究的是句法的整齐和音节的铿锵，至于个别词语用得是否准确，往往是被忽略的。一旦到了记事文中，具体描写某种水生动物威胁或伤害人、畜时，无论是传说故事，还是真实记载，都一律明确写作"蛟"，而不再含混地使用"蛟龙"一词了。

荆有次非者，得宝剑于干遂，还反涉江，至于中流，有两蛟夹绕其船。次非谓舟人曰："子尝见两蛟绕船能两活者乎？"船人曰："未之见也。"次非攘臂祛衣，拔宝剑，曰："此江中之腐肉朽骨也，弃剑以全己，余奚爱焉！"于是赴江刺蛟，杀之而复上船，舟中之人皆得活。（《吕氏春秋·知分》）

魏太祖幼而智勇。年十岁，尝浴于谯水，有蛟来逼，自水奋击，蛟乃潜退。于是毕浴而还，弗之言也。后有人见大蛇，奔逐，太祖笑之曰："吾为蛟所击而未惧，斯畏蛇而恐耶？"众问乃知，咸惊异焉。（《太平御览》卷四三六引刘昭《幼童传》）

云水源有汤泉，下流多蛟，害厉，济者遇之，必笑而没。（《艺文

类聚》卷九六引王韶之《始兴记》)

浔阳城东门通大桥,常有蛟,为百姓害。董奉疏符沉水中,少日,见一蛟死,浮出。(《太平广记》卷四二五引《浔阳记》)

怀蛟水,在县南二百步,江中流。石际有潭,往往有蛟浮出,时伤人马。(《太平寰宇记·江南西道五·饶州·鄱阳县》)

大中祥符三年六月辛未,令南康军长吏祭蛟。时内侍赵敦信使还,言江中有蛟,为行人害,舟筏多覆溺者,因请饰其庙宇。(《续资治通鉴长编》卷七三)

元成宗大德间,昆明池有蛟害人,后除之。(《康熙云南府志》卷二五)

西晋建威将军周处年轻时在他的家乡义兴(今江苏宜兴)刺虎斩蛟的故事,更是声闻当朝,名播后世:

周处年少时,凶强侠气,为乡里所患,又义兴水中有蛟,山中有邅迹虎,并皆暴犯百姓,义兴人谓为"三横",而处尤剧。或说处杀虎斩蛟,实冀三横唯余其一。处即刺杀虎,又入水击蛟,蛟或浮或没,行数十里,处与之俱,经三日三夜,乡里皆谓已死,更相庆。竟杀蛟而出。(《世说新语·自新》)

这一事迹,后来又被写入了《晋书·周处传》。但《世说新语》谓周处在水中与蛟搏斗了三天三夜,则显然是小说家惯用的夸张手法,不能完全当真。倒是《初学记》卷七所引《祖台之志怪》的记述,可能较为接近当时的真实情景:

义兴郡溪渚长桥下有苍蛟,吞噉人。周处执剑桥侧,伺久之,遇出,于是悬自桥上投下蛟背而刺。蛟数创,流血满溪,自郡渚至太湖句浦乃死。

刘禹锡《壮士行》"明日长桥上,倾城看斩蛟",用的便是这个典故。身受重创,血流满溪,尚能挣扎着游出去很长一段路程,可见蛟是一种非同寻常的大型动物。蛟之不易对付,古来即存共识。《礼记·月令》:"[季夏之月]命渔师伐蛟、取鼍、登龟、取鼋。"鼋、鼍皆可"取",唯蛟须"伐"之。陈澔注:"蛟言伐,以其暴恶,不易攻取也。"我们从《世说新语》的记载中也可看出,杀死一条巨蛟比歼灭一头猛虎还要来得艰苦。

既然龙不是鳄鱼,那么,蛟会不会是一种凶猛的大鳄鱼呢?

至晚在清代,已经有人提到过这方面的猜想。郑光祖《一斑录杂述》卷五:"周处斩蛟,或谓是鳄鱼也。"近年来,仍不时有人发表类似的见解。假如仅仅根据蛟的凶暴程度来判断,说它是一种食人鳄鱼,似乎也未尝不可。但是,我们不能不注意到,鳄作为一种动物的名称,在古籍中很早便已确立,古今相沿,并无二致。所谓"古之蛟即今之鳄",在语义学上显然没有充分的说服力。古人称鳄为"鼍鱼""忽雷"者,间或有之;称鳄为"蛟"者,却是史无凭证。何况从古籍中对于蛟的具体描述来看,同鳄鱼的形象委实难以吻合。

据《汉书·武帝纪》称,元封五年(公元前106年),汉武帝刘彻南巡时,"自寻阳浮江,亲射蛟江中,获之。"可惜的是,这条被汉武帝(包括他的侍从)亲手射获的江中之蛟,究竟是何等模样,史书上没有更具体的记载。不过,在王嘉的《拾遗记》中,曾记载了一个"汉昭帝钓蛟"的传说故事,其中粗略地勾画了蛟的外貌特征:

汉昭帝常游渭水,使群臣渔钓为乐。时有大夫任绪钓得白蛟,长三丈,若大蛇,无鳞甲,头有一角长二尺,软如肉焉,牙如唇外。帝曰:"此鱼鲄之类,非珍祥也。"乃命太官为鲊,骨青肉紫,味甚美。帝

后思之,使罾者复觅,终不得也。(《太平御览》卷九三〇引《王子年拾遗录》)

此故事载于今本《拾遗记》卷六。《太平御览》所引的这节《王子年拾遗录》,其文字与今本有较大出入。从语言风格上看,《王子年拾遗录》质朴无华,很可能是王嘉的原本,尚未经过萧绮的加工润色。为此,我特意抄录了这一节佚文,以供读者参考。《拾遗记》所津津乐道的历代帝王的逸闻,当然不会是真确的历史事实,然而,既如《汉书》所说,西汉皇室曾经得到过蛟的实物,那么,不论《拾遗记》的作者多么善于曼衍虚辞,他对于蛟形的具体描绘,便不可能完全脱离实际,或多或少总是以某种现实的动物为其蓝本的。根据《拾遗记》所勾画的形象,蛟既不是体覆鳞片的龙,也不似身披坚甲的鳄,却像是一种形状奇特的大蛇。

两晋之际著名的博物家郭璞,在《山海经·中山经》的注释中,也肯定蛟的外形近于蛇类:

蛟,似蛇而四脚,小头细颈,颈有白瘿,大者十数围,卵如一二石甕,能吞人。

我们即使把所有鳄鱼的图片都汇集在一起细细观察,也无法得出"小头细颈"的印象来。蟒蛇倒是真正的小头细颈,并且也是卵生,尤其是大蟒,确实能够吞人。蛇头虽小,但它的左右下颌骨之间以韧带相连,所以蛇口能张得很大,可吞下比自己头大几倍乃至十几倍的动物。

《太平御览》卷九三〇引裴渊《广州记》:

新宁郡东溪甚饶蛟,及时害人。曾于鱼梁上得之,其长丈余,形广如楯,脩颈小头,胸前赭,背上青斑,胁边若锦。

裴渊所记，乃是对于某种动物实体的客观描述，显然不同于小说家的泛泛之谈。"脩颈小头"，这与郭璞的说法正相吻合。"形广如楯"，楯是阑干上的横木，何晏《景福殿赋》有"楯类腾蛇"的比喻，可见蛟是一种长条状的形似蛇类的动物。"胸前赭，背上青斑，胁边若锦"，如此体色绝非鳄鱼所有，在蛇类中倒是常见的。即以我国现存的蟒蛇为例，其体色黑，有云状斑纹，背面有一条黄褐斑，两侧亦各有一条黄色带状纹。

《宋朝事实类苑》卷六八引《赵康靖公闻见录》的一则记载，题为《蛟攫马》：

閤门祗候郭士迁，因出郊，借人马骑去。时夏热，因解于河上，令人浴马。忽有物在水底，如蛟蜃状，挐攫其马并人，须臾不见。人即时出，苏息，说其状如蛇，即不见其穴处。

据那位蛟口逃生者的描摹，蛟的形状确实如同蛇类。这种能将人、马一起卷入水底的怪物，会不会是一种古代的大型水蟒呢？现在世界上最大的蛇，恐怕要属栖居南美洲的水蚺，其身长可达10米上下。尽管它大部分时间伏在水里，主要食物却不是鱼类，而是常到河边来饮水的哺乳类和鸟类。

《初学记》卷七引盛弘之《荆州记》：

沔水隈潭极深，先有蛟为害。邓遐为襄阳太守，拔剑入水，蛟绕其足，遐自挥剑，截蛟数段，流血丹水，勇冠当时。于后遂无蛟患。

邓遐是东晋的名将，曾追随桓温多次北伐，时人把他比作西汉的樊哙。有关沔水斩蛟的事迹，亦见于《晋书·邓遐传》。且不说迄今为止还找不到任何证据，足以证明魏晋时代尚有像湾鳄那样的大型鳄鱼存在于汉水流域，仅看盛弘之笔下的"蛟绕其足"一句，便使人有理由怀疑"蛟鳄说"的合理性。鳄鱼袭击猎物的方法,无非是两种:或者从水下突然跃起,用前肢紧紧抓住猎物,或者摆动强有力的尾巴,猛一下将猎物打昏在水中。至于从人的双足开始,把人全身缠绕起来,那是蛇类的惯技,而不是鳄鱼的动作。任何一种鳄鱼都不具备此项本领。正因为蛟是一种类似水蟒的动物,所以它才会用柔软狭长的身体去缠绕人、畜,所以邓遐才能够在水中挥剑"截蛟数段",将蛟截割成好几段。

倘使有人认为《荆州记》的记载不过是一个孤证而已,那么,请再看下面的两个事例:

唐天宝末,歙州牛与蛟斗。初,水中蛟杀人及畜等甚众。其牛因饮,为蛟所绕,直入潭底水中,便尔相触。数日牛出,潭水赤,时人谓为蛟死。(《太平广记》卷四二五引《广异记》)

严续在江州,有奴忤意,续策逐之。州有柏林,多虎,奴请杀之,辄持梃往击虎母,并数子皆歼焉。或言潭有蛟,奴解衣下浴,蛟来绕之,乃急拽登岸,烹而食之。谓人曰:"吾勇无敌,恨不见用于时耳。"(《江南余载》卷上)

此两例,一发生于唐代天宝末年,地点在歙州(今安徽歙县新安江水域),一发生于五代南唐时候,地点在江州(今江西九江市鄱阳湖一带)。无论是牛与蛟斗,还是人与蛟斗,蛟的习惯性动作,便是以它的身体去缠绕猎物。"为蛟所绕""蛟来绕之",这些出自不同作者笔下的描写,居然会如此合辙,显见不是个别人的想当然,必有某种事实作为依据。

唐人张鹫《朝野佥载》卷四记载:

有人见竖子在洛水中洗马,顷之,见一物如白练带,极光晶,缴竖子项三两匝,即落水死。凡是水中及湾泊之所皆有之。人澡浴洗马死者,皆谓鼋所引,非也。此名"白特",宜慎防之,蛟之类也。

水中的动物古来甚多,这里所说的能把一个牧马童仆活活缠死的"白特",未必就是真正的蛟。"蛟之类也",这一断语至少提示了一个事实,即:在古人长期的经验中,蛟能缠物乃是一个显著的特征。这一特征并不是后人演绎出来的,早在先秦文献中便已有迹可寻。前引《吕氏春秋》关于次非斩蛟的故事,其中不就明明白白写着"两蛟夹绕其船"吗?

清人俞鸿渐《印雪轩随笔》卷一记载,嘉庆二十四年(1819年)秋,黄河在河南武陟县一带决口,洪水奔涌,村落皆为河泽:

(宋家庄)有村民踞楼脊以避水,见二物蟠于杨上,形如蛇,粗如巨梁,体腻白,间有血色斑纹,首如雉,朱冠翘然,目闪闪深碧色,尾锐于锥。三日后,随水而去。此为蛟无疑。

这种像大蛇一样的怪物,究竟是不是古来传说中的蛟,一时也无法确定。不过,这一记载倒从另一侧面证实,在古代居民的心目中,蛟属于一种近乎蛇类的动物,应当是没有疑问的。

细心的读者或许已经发现,这里有一个问题,似乎很难得到解释。前引刘昭《幼童传》,曹操对众人说:"我连蛟都不怕,你们难道还怕蛇吗?"显见蛟与蛇之间还是有区别的。郭璞在介绍蛟的特征时,说得更加明确:"蛟,似蛇而四脚。"倘若果真是蛇,怎么会有四脚呢?

蛇到底有没有脚,这是一个饶有兴味的问题。记得《战国策》上有一个著名寓言:数人为争一壶酒,相约画地为蛇。一人画先成,别出心裁,又去添上蛇足,结果弄巧成拙,失掉了本来已经到手的美酒。这位画蛇添足的老兄之所以受到人们嘲笑,是因为他违背了人所尽知的常识——"蛇固无足"也。然而,我们不应当忘记,任何常识的正确性都是相对的,不是绝对的。蛇并非天生就无足而行,无足的蛇是从有足的蛇演变而来的。

现代生物学的研究表明,蛇起源于某种原始的穴居蜥蜴。蛇与蜥蜴之间,至今仍有着很多相似点。它们不仅有相似的头骨构造(居于下颚弧的各骨退化或消失、方骨与脑颅间具有可活动的关节),而且都有发达的锄鼻器,雄性都有成对的交接器。在种类繁多的蜥蜴群中,人们甚至能够观察到那些肢体器官逐渐消失的每一个阶段。因此我们可以说,蛇实际上是一种特化得十分成功的蜥蜴。从有脚的蜥蜴发展到无脚的蛇,是一个缓慢的过程,其间经历了无数个中间环节。

第一阶段:所有的蛇都是有脚的,蛇跟蜥蜴之间的差别还不明显。

第二阶段:在原始蛇的主干上出现了越来越多的分支,有些分支进化得相当快,无脚的蛇开始向各种生态环境作适应性辐射。

第三阶段:经过激烈的生存竞争,无脚的蛇以其优越性而占据了主导地位,那些落后的有脚的蛇则被大自然的洪流淘汰了。

我们人类恰好出现在第三阶段。当我们睁开眼睛审视大千世界的时候,我们所看见的蛇差不多都是无足而腹行,于是在我们形成的概念中,"蛇无足"便成了显而易见的真理,尽管这种真理有着同样显而易见的局限性。假定人类诞生得再早一些,比方说出现在第二阶段,那么,"画蛇添足"就很难说有什么大错了。

事物的发展是不平衡的。大自然并没有绝对纯净的形态。即使在第三阶段,在无脚之蛇已经占据压倒性优势的环境中,仍然会有少量品种的较为原始的蛇类存留下来。

舒州有人入灊山,见大蛇,击杀之。视之有足,甚以为异。因负之而出,将以示人。(徐铉《稽神录》卷二)

从生物进化史的角度来看,这种"大蛇有足"的现象,应该说是不奇怪的。我们今天若想见识一下此种现象,也并非绝无可能。① 若干现存的体型较大的蛇,如蟒蛇、森蚺,就属于较低级、较原始的蛇类。在它们的身上,前肢虽已完全消失,但在肛门两侧各有一个小型爪状距,即为退化中的后肢残迹。这对残爪仍有一定的用处,如雄蛇在求爱过程中,会用它来抓挠配偶的体侧,以示其爱抚之意。

古人也曾注意到此类生物现象的存在。卢若腾《岛居随录》卷下:"蛇,腹行也,而鳞蛇首昂,蜥蜴千岁,腹皆有足。"所谓"鳞蛇",即我们今天常说的蟒蛇。② 不过,据一些古书记载,当时居民所见到的"鳞蛇",不仅有着后肢的残迹,似乎还有前肢的残余:

鳞蛇,出安南、云南镇康州、临安、沅江、孟养诸处,巨蟒也。长丈余,有四足,有黄鳞、黑鳞二色,能食麋鹿。春冬居山,夏秋居水。

---

① 据报载,现代仍有人见到过长着脚的蛇。2006年2月7日《羊城晚报·花地》载有冉正万《有脚的蛇》一文,作者自述十岁那年在玉米地里打死了"一条银灰色的两尺来长的蛇"。"当我用玉米秸秆把它翻过身来,我顿时目瞪口呆,它的肚子上伸了两只脚出来,和壁虎的脚完全不同。壁虎是四只脚,而这条蛇是两只,而且脚上全是麻点,脚掌和鸭掌没什么区别,有蹼,腿很短,差不多是贴在肚子上的。更让我惊恐的是,这双脚是它快死的时候伸出来的,不是一开始就露在外面。"
② 《清稗类钞·动物类》:"蟒,大蛇也,体长二丈余,有鳞,背鳞小,头上及眼部鳞大,故又称鳞蛇。"

能伤人。土人杀而食之,取胆治疾,以黄鳞者为上,甚贵重之。(《本草纲目·鳞部之二》引《方舆胜览》)

李时珍认为:"此亦蚺蛇之类,但多足耳。"从理论上说,早先的蟒蛇当然具有前肢,只是后来退化得看不见了。明代居民是否仍可见到四足的"鳞蛇",现在固然无法断定,但是,古书中的此类说法决不会无故而来,必有其现实的依据。生活于北宋真宗时期的黄休复,在《茅亭客话》卷九中记载:蜀地每年春季举行的"蚕市"上,有人曾购得一具蛇蜕,长五六尺,腹下有四足,如同鸟雀的爪子。既有蛇蜕,必有其蛇。这一迹象启示我们,古代居民实际接触到的蟒科动物,肯定不止我们今天尚能看见的几个品种。正如英国动物学家H.W.帕克说的:"蟒科有悠久的历史,已发现的化石可以追溯到古新世时代,即大约6千万至7千万年以前。在这样漫长的时期中,蟒科大概繁衍出了远比目前生存下来的种类多得多的类型,而在这一各种类型的链条当中,现在有许多环节已经绝灭,所以要确切了解某些现生种类彼此之间的亲缘关系颇为困难。"[①]

我们的思路一旦拓宽,某些看似费解的问题,就不难从另一角度找到破析疑难的契机。根据古人对蛟的种种描绘,大致上可以推断,蛟并不属于现生的蟒科,而很可能是一种更加原始的古代水蟒。在它身上还保留着较多的过渡形态特征,比如它还有明显的四肢残迹,尽管这种萎缩的肢体在实际运动中已经不起什么作用了。"蛟,龙之属也"——《说文解字·虫部》判定蛟为龙的同属,并不是偶然的。据古今目击者称,真龙的形状颇像一头巨型四脚蛇。为此缘

---

① 帕克:《蛇类》,科学出版社1981年版,第135—136页。

故,凡在外形上多少有点近似蜥蜴的,都有可能被牵扯到龙的家族体系中去。民间称扬子鳄为"土龙",称蜥蜴为"龙子",就是这个道理。蛟作为一种过渡形态的动物,正介于原始巨蜥和现代蟒类之间,况且大部分时间又栖息在水里,因而将蛟视作龙的同类,在古人看来是很自然的。这是古代的以直观经验为基础的分类法,不同于现代科学的动物分类法。

综上所述,龙、蛇、蛟、鳄,分别是四种动物。它们之间或许有这样或那样的相似点,但决不可因此而混同起来。蛇、鳄是现存的动物,实物俱在,一目了然;蛟、龙是历史上曾经有过的动物,后来渐趋绝迹,今已名存实亡。依照现代动物分类学,蛇、鳄属于爬行纲。假如我的推测尚无大错的话,蛟果真是一种原始型的水蟒,那么,它也应当归入爬行纲。行文至此,只剩下一种龙了。

龙到底是属于哪一类别的动物呢?

第七章
鱼性未泯的古老动物

龙之形象"与鳄鱼为近",但并不等于就是鳄鱼。我们搜索的目光,曾经长时间停留在现代爬行类的身上,却没有意识到龙很可能是一种跟原始鱼类有着最直接联系的古代两栖动物。

《周易集解》卷一引马融注：

物莫大于龙，故借龙以喻天之阳气也。

汉语中的"物"字，从它的古文字形及早期用法来看，可能是用作动物的总名，至于许慎所言"物，万物也"，那是后来扩而广之的意义。动物中间没有比龙更大的了——在视龙为神话的人们看来，这无非是主观上的想象而已。然而，那些来自堕龙现场的目击记录，都不同程度地描述了这种动物的庞大身躯。龙是像鳄鱼那样贴地爬行的，因而它的身高并不显著，通常只及人的腰间，最高的也没有超过一人之高。《续夷坚志》曾提到大明川发现的堕龙"头与一大树齐"，那是因为这条龙正趴卧在三间草棚的顶上，借势而登高也。至于龙的身长，古籍中时常有惊人的描绘。"身长数十丈"云云，很多人也许不相信，以为那是古人的夸张之辞。但是据任殿元的报告，他当年在松花江南沿所目睹的那条"黑龙"，身围直径约 1 米，身长至少也在 12 米以上。在动物趋向小型化的时代，竟能发现这般长大的蜥蜴状怪物，确实令人震骇不已。不过，我们似乎不应该忘记，在地球生命演化的历史上，曾经有过翼展达 70 厘米的大蜻蜓，有过身长近 3 米的古蝎子。昆虫类和蛛形类尚且如此硕大，更不必说后来迅猛发展起来的爬行类动物了。

一说起龙，今人很容易联想到曾在中生代称霸一时的爬行动物——恐龙。1938年在云南禄丰盆地发现了蜥龙类化石,当时在昆明引起了很大轰动。这具恐龙化石后来在重庆展出时,每天的观众多达万人以上。就在这种空前的热情之中,也混杂着普遍的误解。诚如杨钟健先生所形容的:"我国人对于龙的神秘观念并未消除,一听见我们发现龙化石,便误以为发现了历史上所传说的龙了。"[①]

其实,此龙并非那龙。汉语中的"龙"字起源很早,可以上溯到甲骨文的时代,而"恐龙"的名称则是在1842年由英国古生物学家欧文创立的。Dinosaur一词的本意,是想概括一些个体较大、模样骇人的古代爬行动物,直译出来应当叫作"恐怖的蜥蜴"。日本学者最初将这个词翻译成"恐龙",我国的古生物学工作者沿用了这一译名,于是那些中生代的爬行动物便都以"龙"字作了词尾,如梁龙、剑龙、霸王龙、蛇颈龙、翼龙等。本来,龙在我国古籍中一向号称"鳞虫之长",而"鳞虫"中间确实包含着一部分爬行类动物。因此,借用"龙"字来作为古代巨型爬虫的译名,从逻辑上说也未尝不可,只是这么一来,在我国民众的感觉上便很容易发生混淆了。

中国境内最早确认的恐龙化石,当属1902年在黑龙江流域发现的鸭嘴龙和1913年在山东省蒙阴县发现的盘足龙。古生物学家杨钟健在《龙》一文中写道:

这两次在中国最早发现的恐龙,与我国历来所传说的龙,实可谓风马牛不相及。黑龙江远在北疆,当时我国文化还没有普及到那里,龙绝不会在那里发现,而且看它发现的困难,也绝非那时的能力所能办到;山东蒙阴县虽在内地,但当我国龙说已盛行时,该地仍较

[①] 杨钟健编译:《演化的实证与过程》,科学出版社1957年版,第31页。

荒僻,而且盘足龙是一种非常高大的动物,直到现在,尾部尚付缺如。所以毫无疑问的,我们的先民也绝对不是由此开始获得对龙的真实意义的。①

我国古代人民对于龙的强烈印象以及与此有关的知识,并非来源于从地下发掘到的恐龙化石,这是可以肯定的。因为古代记载中的龙,是一种活生生的会潜水、会爬行、有时还会腾飞的动物;即便是那些被制成标本的龙骸,也是直接取自捕捉到的动物活体,而不是已经死了几千万年的僵硬的骨骼化石。关于龙的知识,应当另有来源。

在古代一些诠释自然事物的著作中,也曾经将历来流传的有关龙的知识汇集成章,如北宋陆佃的《埤雅·释鱼·龙》、南宋罗愿的《尔雅翼·释鱼一·龙》、清代王晫的《龙经》等。可是,当我们今天想要认真探讨龙的生物归属问题时,却不无遗憾地发现,这些古代著作实际上并没有多大的用处。因为那里面往往是一盘典型的大杂烩,既有自然的经验,亦有人文的比附,既有本土的传说,亦有佛典的妙喻,可谓"泥沙俱下、鱼龙混杂"。若想依据这些著作来确定龙的形象,那就如同堕入五里雾中,越发感到龙是一种不可捉摸的怪物了。例如,在罗愿的《尔雅翼》中,有一段经常被人引用的话:

王符称"世俗画龙之状,马首蛇尾"。又有三停九似之说,谓自首至膊,膊至腰,腰至尾,皆相停也;九似者,角似鹿,头似驼,眼似鬼,项似蛇,腹似蜃,鳞似鱼,爪似鹰,掌似虎,耳似牛。

乍看起来,这好像是在介绍龙的外貌。其实大谬不然。此处的"王符",十有八九是"王充"之误。王充和王符,皆为东汉人。现存

---
① 杨钟健编译:《演化的实证与过程》,科学出版社1957年版,第34页。

王符的著作中,并不见此语;倒是王充的《论衡·龙虚篇》中写得明明白白:"世俗画龙之象,马首蛇尾。"至于"三停九似"之说,那不过是宋代以前逐渐定型化的绘龙技法,说得透彻一点,是指在美术作品中刻画神龙的规范化要求,并不像人们习惯上所理解的,可以随意用来表示现实之龙的真确形象。这个误解的造成,也要怪罗愿在辑录旧说时没有交代清楚。

早于罗愿一百多年的郭若虚,在《图画见闻志》卷一中写道:

画龙者,析出三停,自首至膊,膊至腰,腰至尾也;分成九似,角似鹿,头似驼,眼似鬼①,项似蛇,腹似蜃,鳞似鱼,爪似鹰,掌似虎,耳似牛也。穷游泳蜿蜒之妙,得回蟠升降之宜;仍要骏骥肘毛,笔画壮快,直至肉中生出为佳也。

郭若虚又说:

自昔豢龙氏殁,龙不复扰。所谓"上飞于天,晦隔层云;下归于泉,深入无底",人不可得而见也。今之图写,固难推以形似,但观其挥毫落笔,筋力精神,理契吴画鬼神也。

其大意是说,由于后人已经见不到真龙了,在绘画上追求"形似"将是十分困难的,因此需要从"神似"方面多下功夫,在掌握基本要领的前提下,尽可如吴道子画鬼神那样,不拘成法而随机变化。此论一出,画风愈见潇洒。可是,面对着一大批神似形不似、见首不见尾的古代美术作品,却让后来者在惊叹之余,更加觉得龙是幻想世界而不是现实世界的动物了。这也是美术之龙难以作为论据的

---

① "眼似鬼",我意以为"鬼"字当系"兔"字之讹,因无确凿证据,故不敢妄改。又,《本草纲目·鳞部之一·龙》引罗愿《尔雅翼》,此句正作"眼似兔"。

道理所在。

当然,我们也应该看到,中华神龙毕竟是有生物原型的。这个原型虽说数量稀少,尤其是豢龙之业消歇之后更为罕见,但在过去的两千余年间,它仍不时出现在古代居民的视野之内,并非绝对的"不可得而见也"。况且它也不是像今日苏格兰地区盛传的"尼斯湖怪兽"那样,仅把脑袋伸出水面,晃一晃就消失不见了。史书告诉我们,这种被封为"鳞虫之长"的动物一旦出现时,往往会长时间地暴露在水面或者岸边:

高祖五年(公元前202年),黄龙见华阳池十余日。(《艺文类聚》卷九八引《伏侯古今注》)

刘备未即位前,黄龙见武阳赤水,九日乃去。(《宋书·符瑞志中》)

永明七年(489年),黄龙见曲江县黄池中,一宿二日。(《南齐书·祥瑞志》)

如前所述,既然在堕龙现场曾经聚拢过成千上万的围观者,那么,谁敢说众多的围观者中间不会有人临摹下真龙的形象来呢?据史载,古代的地方官员,在向朝廷呈报当地出现的黄龙、凤凰、嘉禾等"祥瑞"时,往往要附上一份从现场摹绘下来的图本。这类图本,后来便有可能成为宫廷画师们的案头之物。由此言之,唐宋以来绘画、雕塑中最常见的那种蛇身蟠曲、张牙舞爪的神龙造型,尽管在整体上已属于非现实的高度艺术化的创造,但是,其头部的大致轮廓以及身上的某些特征(如鳞、角、须),总还跟来自现实生活的蓝本多少有点相似。不然的话,《七修类稿》怎么会说"头足鳞角宛然如画",《续子不语》怎么会说"如人世所画龙状",任殿元的报告又怎么会说"脸型和画上的龙差不多"呢?

我曾请任青春给他的父亲任殿元看过许多种类的恐龙图片,其中有异齿龙、假鳄龙、鸟龙、植龙、雷龙、梁龙、腕龙、跃龙、霸王龙、蛇颈龙、鸭嘴龙、棘鼻青岛龙,等等。结果都被老人一一否定了。不过,老人对那幅异齿龙的图片(图10),仍表现出一定的兴趣。他认为,假如把这个动物背上的帆状物去掉,看它趴在那里的样子,倒有几分像当年在沙滩上见到的"黑龙";但"黑龙"的嘴是闭着的,嘴形像鲶鱼,嘴边有须子,头上耸起角,脖子还要略长一些,从脖子开始直到尾巴,全身长满了鱼鳞。

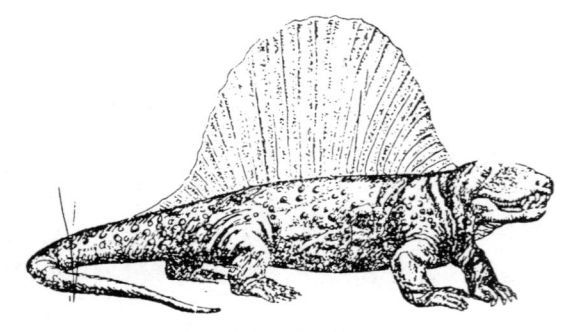

图 10 异齿龙

我们还给任殿元看过一幅赫哲族狩猎时用的神像画,画像的上端绘有两个受尊崇的"灵物"(图11)①。赫哲族世代居住在黑龙江及松花江流域。若按杨钟健先生的说法,汉族文化在历史上似乎远未普及到北疆。然而奇怪的是,赫哲族崇拜的神秘动物却跟汉族所信奉的龙十分相似,仅在画法上略有粗精之分。更为奇怪的是,这种神秘动物的嘴边居然也有须子,而任殿元当年在松花江边看见的

---

① 转录自华泉:《赫哲族萨满教神像画中的历史真实》,《文物》1975年第12期。此为画像的上半部分。

"黑龙"正是有口须的。这中间能说一点儿联系也没有吗？任殿元仔细辨认后，觉得画像右上端（箭头所指）的身子较粗、尾巴稍细的动物有点像"黑龙"，但也只是整个外形略为接近，头部就不太像，而且"黑龙"的身上都是鳞片，绝没有鬃毛之类，尾巴上也没有毛。

图11 赫哲族神像画上的"灵物"

看来，在尚没有见到半个鳞片的条件下，光凭现有的动物图片，未必能够准确地找到神龙的原型。历史上曾经出现过、后来却销声匿迹的动物，并不是每一种都能画出图形的，迄今为止生物学家也只是弄清了其中的一小部分而已。不过，通过对于一系列图片的辨认，我们至少可以理解任殿元所说的"巨型马蛇子"大概是一种什么形状的动物。

或许有人认为，龙的外形既然如同巨型蜥蜴，长有四条腿，能在陆上爬行，那就可以名正言顺地归入爬行类动物了。可是，什么样的爬行动物竟然会长出满身的鱼鳞来呢？什么样的爬行动物表皮不是干燥的，反而充满了黏液腺，散发出异常浓烈的腥味呢？什么样的爬行动物虽能登陆上岸，却又爬不多远，需要人们用水来泼洒它的身体方能维持生命呢？

让我们暂时挣脱时空的束缚，把目光移向三亿五千万年前的世界吧。其时，正值地质史上的泥盆纪晚期。那是一个鱼类鼎盛的时代,生命的主战场仍在海洋,陆地上除了少量昆虫以外,还看不到其他动物的踪影。不过,由于地壳的上升,陆地面积也已显著扩大,原先的一片汪洋大海,有些被分割成了大大小小的内陆湖泊。也许是因为存在着季节性干旱,造成某些池塘干涸断水;也许是因为气候湿热,水中的败叶迅速腐烂,引起严重缺氧。总而言之,当时的自然环境一定是发生了什么变化,使得淡水鱼类很难再固守一池而安然度日。为了寻找新的水源,某一支具备内鼻孔的古代总鳍鱼,开始用它比一般鱼类更为坚强的偶鳍支撑起身体,艰难地爬上了陆地。我们的大陆后来所以会变得如此繁荣和喧闹,推本溯源,不能不归功于这群身披鱼鳞的冒险家们。

鱼儿登陆的最初动因,只是为了从一处池塘转移到另一处池塘,换言之,是一种为了能继续留在水中生活的适应性迁移。然而,由这种行为导致的一系列身体构造和生活方式的改变,却是它们始料不及的。既然登上了陆地,就不得不呼吸空气以维持生命,从而促使鱼鳔转化为简单的肺组织;长期在地面上划行移动,胸鳍、腹鳍的形状也渐渐起了变化,终于发展为五趾型的四肢。这一群最早出现在陆地上的四足脊椎动物,并不是爬行类,而是两栖类。为了同白垩纪以后发展起来的现代两栖类相区别,我们且将它们定名为"古代两栖类"。

从适应陆地生活的诸多要求来看,两栖动物有着明显的局限性。这些来自水族的新大陆发现者们,其实从来也没有真正称霸过陆地。它们不能远离水域,不能过久地暴露在干燥空气中,更经不起强烈日光下的曝晒蒸发。幸而天赐良机,自它们登陆伊始,全球气候正处于一个相当温暖而湿润的时期,陆地上覆盖着主要由蕨类植物构成的茂密丛林,在丛林中间布满了数不清的沼泽。湿气浓重的森林,成了两栖动物的天然保护伞;绵延不断的沼泽,则是两栖动物最理想的栖身之所。这一郁郁葱葱的局面持续了将近六千万年光景。后来由于地壳变动,沼泽区内的大批植物被层层埋入地下,经过长期的炭化作用,形成了我们今日作为重要能源的煤炭。故而地质学上称这一时期为"石炭纪"。"石炭纪"者,成煤纪也。我国北部地区已经发现和正在开采的大煤田,足以证明该地区在石炭纪时尚处于暖湿多雨的气候条件下,分布着大面积的原始丛林。

"暑极不生暑而生寒。"大约在两亿八千万年前的石炭纪末期,气候开始变得寒冷而干燥,大片的丛林、沼泽消失了。许多曾经颇为活跃的两栖动物,因为不能顺应新环境而相继绝灭,让位给了正在崭露头角的爬行类动物。有一些惰性较强的两栖动物,原本就比同类有更多的时间泡在水里,此刻在异常气候的压力下,索性退回到了水中,并开始向地下水域寻求避难的场所。由古代两栖类引上陆地的高等生物类群,经过了无数次的脱胎换骨,有的能以每小时100公里的速度奔驰,有的能以惊人的敏捷攀援树木,有的则展翅征服了天空。地表生物圈内的竞争愈演愈烈,后起的物种换了一代又一代,它们留下的大多只是化石,而一种古老的两栖动物却出人意料地苟活下来,一直闯进了人类有文字记载的历史,成了万众争睹的"活化石"。这,很可能就是那种被称为"龙"的神秘动物的真实身份。

有人要问:你的这种推断,到底有什么根据呢?

首先,我注意到龙的鳞片。

现代两栖类皮肤裸露,属于白垩纪以后才发展起来的新种,而古代两栖类多为披鳞带甲状,体型比现代的要大得多。从古今目击者的描述来看,龙鳞肯定不是鳄鱼身上的那种角质鳞。古书上称:"鳞似鱼";今人任殿元也证实:"形状特别像鲤鱼的鳞。"依据生物进化的不可逆律,一种在进化过程中已经褪掉了鱼鳞的动物,即使后代返回到祖先的生活环境,也不可能再长出鱼鳞来了。例如,爬行类中的鱼龙、蛇颈龙,哺乳类中的海豚、鲸鱼,它们在重新入水以后,并没有长出满身的鳞片来。由此而论,龙和鱼类的关系非同一般,龙鳞当是直接从某种古代鱼鳞演化而来,并且像硬骨鱼鳞那样,形成以后便终身生长,所以随着龙体的增大,每一片龙鳞的面积也相应增大。在众多的四足脊柱动物中间,身上之鳞片跟鱼鳞有直接继承关系的,当以古代两栖类动物为最大可能。

　　史籍上被记录下来的龙,若依照体色来区分,大致有三类。一曰"黑龙",又称"青龙"。姜夔诗中记述的"白身青鬐鬣",任殿元在松花江边看到的"水虫",均属此类。按任殿元的说法,这种龙的鳞片呈铁青色,脊背上最深,其余部位则稍浅。二曰"白龙",体表纯白色,或以白色为主。这类龙最为稀见,估计是由近交所造成的白化个体。"白龙,天帝贵畜也。"[①]跟其他白化动物一样,白龙也受到人们特别的珍爱。三曰"黄龙",体表呈金黄色,又说呈五彩色。古人视之为"祥瑞"并做了许多歌颂文章的,主要就是指这类体色艳丽的龙。黄龙的鳞片也十分漂亮,据说在光照之下闪闪耀目。司马相如《子虚赋》在形容云梦山川的景色时,曾有过这样的词句:"众色炫耀,照烂龙鳞。"《文选》注引郭璞注:"如龙之鳞彩也。"本书第二章所

[①] 刘向:《说苑·正谏》。

引录的《宜都县志》和《趼廛笔记》均记载,从龙身上揭下来的鳞片"金碧射目""灿烂作五彩色"。这很可能是一种珐琅质加厚的硬鳞,并且含有鸟粪素结晶。若考虑到龙和鱼类之间的亲缘关系,这类体色的出现也就毫不奇怪了。生物研究表明,在所有的动物类群中,鱼类是体色最为艳丽的一族,鸟类、昆虫类尚在其次。越是居于深水层的鱼类,其体色往往越是五彩缤纷,斑斓夺目。

其次,还应特别留意龙体的分泌物。

龙为神灵,香气馥郁,原本是文学描写中的粉饰之辞。现实生活中的龙却是充满了腥味的。姜夔《昔游诗》中说"数里闻腥膻",或许有些夸张。[①] 任殿元的回忆应该是比较真切的:"它身上的腥味极大,相距几百米远就能闻到。"在龙趴卧的地方,经过了一夜暴雨的冲洗,"沙子里还留有浓烈的腥味"。究竟是什么东西渗入了沙土中,竟会产生如此浓烈而冲洗不去的腥味呢?古籍记载称堕龙"鳞滑而油"(鳞片异常滑润,像涂了一层油)、"腥涎满地"(带腥味的黏液淌满了一地),可见龙的体表有着丰富的黏液腺,那股浓烈的腥味正是由黏液散发出来的。

我们知道,鱼类的黏液层是为了适应水中生活而发展起来的保护机能,两栖类的黏液分泌则是维持皮肤呼吸功能的必要手段。通过对现代两栖动物的解剖分析,发现它们的肺是一个只有简单分隔的囊,仅能承担一半的气体交换功能,其余的则是经过皮肤组织来完成的。所以,现代两栖类皮肤裸露,布满黏液腺,通透性强,以便进行气体交换。古代两栖类是否也具备皮肤呼吸功能,目前尚有不

---

① 类似的记载,偶尔亦可见于地方志。例如,《民国西宁府续志》卷三:"咸丰四年(1854年)五月,孽龙降西纳川深山,臭闻数里。"

同看法。有人认为,古代两栖类身上既然覆盖着像总鳍鱼那样的鳞片,它们就不可能进行皮肤呼吸;但也有人持相反意见,因为通过对那些遗骸的头骨和鳞甲的切片分析,发现上面有网状微血管构造。值得注意的是,我们从那种叫作"龙"的动物身上,还看到了一个很有意思的现象:它的鳞片是能动的,甚至可以夹死钻进去的苍蝇。古籍记载对这一现象屡有描述,我过去总不大相信。可是,任殿元老人的回忆中居然也出现了类似的细节:"它的鳞是可以自行抖动的,水边的苍蝇多,鳞片一动咔咔直响,有时还能夹到苍蝇。"我们现在还不敢肯定这种鳞动现象是否全由意志控制,但至少可以说明,龙鳞并非紧覆体表,鳞片与表皮之间仍有一定的空隙,苍蝇能够由此钻进去,换言之,龙鳞底下的皮肤组织仍有可能直接接触空气。只有当后来进化到爬行类阶段的动物,全身紧裹不透气的角质鳞,皮肤呼吸才变得完全不可能了。

龙出现在陆地时,大多表现为神疲力乏、气息奄奄,虽然长有四条腿,却老是趴在原地不动,这种现象似乎也可证明,龙的肺功能是相当低弱的,远不能满足陆地运动的需要。它应当具有其他的辅助性呼吸功能。我在第五章中说过,上古的豢龙技术,作为整体早已失传,但是仍有若干经验片断遗留在民间。为趴在陆地的龙搭建凉棚,不断往它的身上泼水,这种对于堕龙的特殊救援方式,很可能也是源自早期的经验。这一经验在民间影响甚广,直到1944年的松花江边,仍有居民在用这种方式救护"黑龙",尽管他们已经说不大清这样做的实际意义了。其实,搭建凉棚,不正是为了避免日光照射,以减缓动物体表的水分蒸发吗?用水浇身,不正是为了增加体表的湿润度,以利于气体交换吗?这一代代相传的古老经验,恰好暗示了龙的皮肤具有呼吸作用——只要让它周身保持足够的湿润度,即使几天不吃不喝,它也不会死去。而真正成熟的爬行类动物,是不需要享受这种待遇的。因为爬行动物已经具备完善的肺组织,皮肤干燥属正常现象,用水去泼洒身体反而显得多此一举了。

第三,有必要强调一下龙的口须。

古今目击者皆已证实,龙之长须乃是大自然本身的作品,而非艺术家虚构的产物。古籍中出现的龙须,有些显得很长。任殿元所见"黑龙"的口须,并不算长,北方土语称"一那多长",大约有20公分吧。据任殿元说,"黑龙"趴在岸边,不管是村民来浇水,还是苍蝇去骚扰,它的双眼总是闭着,没睁开过,嘴边长着七八根须子,又粗又硬,还直抖动。龙长有明显的口须,这也正是它与蜥蜴、鳄鱼等爬行类动物相区别的一个重要体征。

如同人们已经知道的,口须本是鱼类最重要的触觉器官,须上还分布着味觉细胞。在混浊的水中,靠眼睛的视觉来寻觅食物,显然是很不够的,此时口须就起了相当大的作用。任殿元不是说"黑龙"的"嘴形特像鲶鱼"吗?鲶鱼,又写作"鲇鱼",淡水底栖鱼,体长可达1米以上,灰黑色,无鳞,富黏液腺,头扁嘴阔,上下颌正好有长须两对。从古代鱼类进化到两栖类,再进化到爬行类,那些登陆成功的四足动物,应该是视觉发达而口须退化。可是,龙在漫长的演化过程中,口须非但没有退化,反而日渐发达,变得又粗又长,这个事实再一次向我们昭示:龙不仅从未远离过水域,而且长期生活在暗无天日的地方,发达的触觉器官正是为了弥补视觉上的不足。当它偶尔出现于地面上时,由于无法适应白天较强的光照,它的眼睛往往睁不开;那不停抖动的口须,不正是想要努力探测周围的情况吗？

尽管陆生动物较之水生动物要先进得多，但水生动物及两栖类动物也有自己的优势。它们仅仅在活动时才消耗体能，在安静状态时，它们可以长时间漂浮在水中，使肌肉组织得到充分的松弛。这就意味着，它们只需要消耗少量的食物和氧气，便能够维持生存。陆地上的物种，进化得快，消失得也快，这是因为陆上环境复杂多变的缘故。相比之下，水生环境则要稳定得多，地下湖泊更是一个静谧的世界。在弱肉强食、竞争激烈的地表生物圈内，偶尔会出现像龙这样的反应迟钝的大型动物，这该如何解释呢？我有理由怀疑，它是在一个相对封闭、相对安静的环境中延续下来的。这种特殊环境的庇护，不仅使它躲过了灾难性气候的打击，而且使它避开了那些凶暴的爬行类动物的侵害。《隋书·五行志下》引《洪范五行传》："龙，兽之难害者也。"既然承认龙为"兽"，它也应当是动物界的成员，而不是什么"天帝贵畜"。至于说它"难害"，这倒可能是事实。因为它生活在一个虽然并不繁荣，却几乎没有天敌的环境中，其他兽类以至人类都很难进入它的领地，这或许也是它得以苟延残喘的原因之一。

第四，让我们再来看龙的基本体形。

龙之外形近似鳄鱼，或者说，鳄鱼之外形近似龙，这在古人的著作中已经屡屡道及，算不得什么新义了。我们曾给任殿元看过各种类型的鳄鱼图片。老人明确表示，他从电视上见过许多鳄鱼，那些爬虫肯定不是"黑龙"。不过有一次，当戴淮明将鳄鱼图片混入其他各种动物图片中，再请任殿元辨认时，老人又指着短吻鳄的图片说，假如不计较细节部分，光看它前半身的大概形状，也有几分像"黑龙"。① 任殿元的判断,也是来自直观印象。这就更加证明古人所言鳄鱼"其物似龙""绝类龙,特无角耳",确非凭空立说。

自20世纪20年代以来,不少学者也注意到了龙形似鳄鱼的特点。章鸿钊《三灵解·龙解》:

中国载籍或以龙蛇并称,或与鼍鼋同列;而《神农本草》名蜥蜴曰"石龙子",蛇蜕曰"龙子衣",则识者固知龙为爬行动物之属。古文龙或作竜,以象形言,当与鳄鱼为近。②

章太炎《杂说·说龙》:

龙形与蜥蜴同,今俗谓蜥蜴为潜龙,亦曰地龙,南洋群岛有蜥蜴跃起数尺,俗即谓之飞龙,此亦积古相传之义。其大者曰鼍鳄,并似蜥蜴,鼍出大江中流,而鳄生于南海,其形正同。然则鼍鳄即龙属矣。③

祁庆富《养鳄与豢龙》:

甲骨文中,龙有多种写法,其中较早的两个写作 ，这两个字都有四足,有鳞纹,前者还有巨口,可见不是蛇形,而是鳄形。④

应当承认,通过古文字形的分析,看出龙形近似鳄形,确是很有眼光的。换言之,当学者们指出龙之形象"与鳄鱼为近"时,离开真实的目标已经不远了。然而,如果仅仅以此作为凭据,贸然断定鳄鱼便是神龙的原型,那就好比《荀子·王霸》中说的"过举蹞步而觉

---

① 详见本书附录二:《为了寻访"黑龙"的目击者》。
② 转引自张孟闻:《说龙》,《博物》1985年第3期。
③ 《章太炎全集》第五册,上海人民出版社1985年版,第92页。
④ 《博物》1981年第2期。

跌千里者"——稍稍多跨了半步，却不料偏差了千里！

　　现代两栖类体型偏小，最大的如东亚大鲵，身长亦不过1.8米，远不能和爬行类动物相匹敌。古代两栖类则不然。古生物学的研究表明，始见于泥盆纪晚期，繁荣于整个石炭纪，最后仿佛消失于三叠纪的古代两栖类动物，不仅种类较多，而且体型也偏向硕大，有身长至四五米者。最耐人寻味的是，这些早期四足动物中的一大批成员，居然长得都跟鳄鱼相近似，以至有人干脆把此类动物称为"鳄鱼状怪物"，尽管鳄鱼是后起的爬行类，它的真正祖先原鳄要到三叠纪方才露头。且看图12所示，它们看上去不正像一群大大小小的鳄鱼吗？有些家伙的脑袋，不也长得有几分近似牛头吗？双椎螈的嘴巴，不是也挺像鲶鱼嘴又扁又宽吗？外形上近似鳄鱼，并不等于就是鳄鱼，这个浅显的道理总是被人一再地忘却。成书于两千多年前的《吕氏春秋》中，有一篇著名的论文，题为《疑似》，起首第一句便是："使人大迷惑者，必物之相似也。"使人产生极大困惑的，正是那些形质相似、难以分辨的事物。《疑似》一文直到今天仍让人百读不厌，就因为人类在这方面所犯的错误太多了，而且不管时代如何进步，人类在认识方法上的这种片面性仍将一如既往地表现出来。

　　这不禁使人联想到中国古代的一种求雨法术——"蜥蜴祈雨法"。此法起始于魏晋，盛行于唐宋。具体做法是，捉来若干蜥蜴，①投入贮满水的大缸中，然后举行一个非常简便的祷祝仪式：

---

① 古人所说的"蜥蜴"，有时还包括壁虎、蝾螈等物，皆因其外形相似而混为一家。

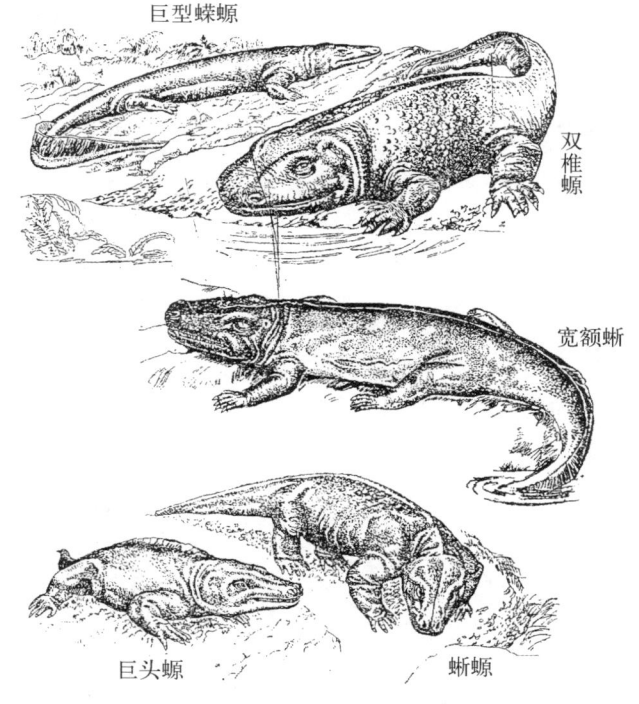

图 12　形似鳄鱼的古代两栖类

古法求雨,坊巷各以大甓贮水,插柳枝,泛蜥蜴,使青衣小儿环绕呼曰:"蜥蜴蜥蜴,兴云吐雾。降雨滂沱,放汝归去。"此亦像龙致雨之义也。(《尔雅翼·释鱼五·蜥蜴》)

这种求雨法可谓别出心裁,从我们今天的眼光来看,不像是在祷告神灵,倒像是在要挟人质。据段成式介绍,唐人施用此法时,还要将缸盖用泥封住,令小儿用青竹竿不停顿地敲打水缸四壁。① 那就更有点折磨囚犯的味道了。奇怪的是,对于这样一种近乎儿戏的做法,古人居然深信不疑。北宋熙宁年间,旱灾频仍,朝廷甚至颁令

---

① 《酉阳杂俎·广知》。

在民间推广"蜥蜴祈雨法",一时间捕捉蜥蜴成风,有的地方捉不到蜥蜴,就只好拿壁虎来顶缸了。①

蜥蜴何能兴云吐雾?《渊鉴类函·虫豸部·守宫二》引《卦爻名义注》:"守宫与龙通气,故可祷雨。"这种神秘的"通气"感应,究竟以何为凭据?段成式《酉阳杂俎·广知》:"旧说:龙与蛇师为亲家焉。""蛇师"乃蜥蜴之别名。为什么不是别的动物,而恰恰是这类小爬虫能够与龙结下亲缘关系呢?说来说去,还是罗愿《尔雅翼》说得透彻:"其状既如龙,故祷雨用之。"原来,真龙是可遇不可求,制作土龙则费时又费力,而外形似龙的蜥蜴、壁虎之类却是触目可见。蜥蜴本身虽不能致雨,但是,"龙子"既然被扣押在此,龙母还敢不顺从人们的意愿吗?这种做法表面上近乎荒唐,实质上仍是以那种偏重外部形态特征的古代动物分类法作为基本依据的。我在前文已经说过,较原始的神龙图案正呈现为蜥蜴形状。风靡后世的"蜥蜴祈雨法",亦从一个侧面向我们证实,"龙形与蜥蜴同"确实属于古人普遍认可的直观经验。

不过,现代研究者大多认为,蜥蜴的个体似乎太小,不可能成为神龙的直接原型;龙的原型应当是一种巨型蜥蜴,而后世最常见的巨型蜥蜴状动物,无疑要属鳄鱼了。于是乎,鳄鱼便成了解开神龙之谜的聚集点。在这里,人们似乎又忘记了一个简单明白的事实:古人是在难以寻觅真龙的情势下,才不得不请蜥蜴出来帮忙的。鳄鱼(尤其是扬子鳄)在古代并不稀见,倘若它真是传说中的"司雨之神",古人为什么不直接向它祈求降雨,非要绕上一个大圈子,去找

---

① 彭乘:《墨客挥犀》卷三。

那些不知为何世"亲家"的蜥蜴之类呢？古代人视蜥蜴为"龙子"、为龙之"亲家"，仅仅是从外部形态上来划分动物的类属；现代人直截了当地把"龙"的称号授给了鳄鱼，归根结底，还是没有走出"物之相似"的天然大迷宫。事实上，龙除了外形近似蜥蜴状以外，尚有其他一些重要的体征和特性，如头角、吻须、鱼鳞、丰富的体表黏液腺以及对于水的特殊依赖性。忽略了这些重要体征和特性，我们的目光便只能长时间停留在鳄鱼、蜥蜴等现代爬行类动物的身上，而没有及早地意识到龙可能是另一种巨型蜥蜴——一支据说已经绝灭了很久的古代两栖类动物。

我的这种推断，恐怕是很多人难以接受的。传说在世界的某些地区，至今仍生存着恐龙的后代，这已经让人感到不可思议了；若说那种被我国古代居民奉为祥瑞之物，直到 1944 年仍有人亲眼目睹的巨型蜥蜴，竟然会是比恐龙还要早的古代两栖类动物，岂不是更加近乎天方夜谭了吗？

大自然的实际情形，远比人类假想的还要离奇。不用说古代爬行类和古代两栖类，即使比这些动物更为古老的物种，也仍有可能在某些特定条件下逃过劫数而一脉独存，最典型的例证便是矛尾鱼（拉蒂迈鱼）。1938 年在南非附近深海中首次捕获到的这种怪鱼，长约 1.5 米，体表呈蓝色，披覆铜钱般大的圆鳞，因尾鳍中间如矛状突出，故名"矛尾鱼"。矛尾鱼在动物分类学上属于总鳍亚纲的空棘目。总鳍鱼是一支极为古老的鱼种，最早出现于泥盆纪的淡水中。空棘鱼是其中的一个分支，从三叠纪开始就移居入海，过去总以为它在七千万年前早已绝迹，却不料依然其乐悠悠地生活在 300 米以下的深海中，难怪当它一露面就惊动了世界各地的生物学家。矛尾鱼身上最引人注目的地方,是那特别粗壮的肉叶状胸鳍、腹鳍,内中骨骼的排列方式与一般鱼类不同,具有分节的中轴,非常接近陆生脊椎动物原始型四肢的构造,因而它成了人们考察脊椎动物由水到陆演变过程的"活化石"。尽管总鳍鱼和肺鱼到底谁更有资格代表陆生脊椎动物的祖先,目前在科学界尚有争论,但矛尾鱼作为古代总鳍鱼的近亲,至少有三亿年以上的历史,这应当是没有什么疑问的。按照逻辑推论,像矛尾鱼这样历史极为悠久、形态相当原始,又没有广泛适应性的古代鱼类,尚且能够在大自然的某个角落中苟延至今,那么,在生物进化史上还不及矛尾鱼古老的两栖类,为什么不可以仰仗某些特殊环境的庇护,存留下若干数量的孑遗动物呢?①

当然,龙究竟属于两栖类还是爬行类,在没有见到动物实体之前,我的说法仅仅是一种猜测而已。古代两栖类有没有口须尚不清楚,但迄今为止好像还没有发现头上长角的;虽说古代两栖类的体型硕大,可要产生出长达10米以上者,目前也还是难以想象;跟鱼类不同,古代两栖类的头部已能转动,但往往只有一个颈椎,若按照任殿元的描述,黑龙的脖颈有二尺多长,如同马脖子,这似乎又往前迈进了不少。其实,在四足脊椎动物的早期历史上,两栖类和爬行类之间的界限本来就是相当模糊的:

现代的爬行纲和两栖纲很容易从它们的外形和内部构造区别开来,但原始的古代爬行动物却不容易和古代两栖纲清楚分别,因

---

① 《宋史·五行志一下》:"乾道六年(1170年),行都北关有鲇鱼,色黑,腹下出人手于两旁,各具五指。"这一记载似乎显示,南宋临安(今浙江杭州市)的居民还曾见过一条更奇怪的鱼,它伸出腹下用来支撑身体的,已经不是肉叶偶鳍,而是五趾型的足。至于"人手"云云,则是古代传闻和记载中难以避免的诡异色彩。

为爬行纲原从古代两栖动物演变过来,古动物学家对遗留下来的化石祖型也难于鉴定区别:不但骨骼构造极相接近,而且前期古代两栖纲披鳞戴甲,在外形上也彼此类似。有些人就混称为两栖爬行动物。①

况且,一个物种即使再保守,经过了亿万年的繁衍,或多或少总要发生若干变异。有的生物学家指出,假使真有恐龙的后代活到今天,它们为了适应周围环境的变化,自身构造也将出现新的发展,不会跟原始恐龙完全相同的。同样道理,我国人民几千年来所崇拜的龙,如果真是一种古代两栖类动物,那也是在特殊环境中侥幸延续下来的一个有了新特点的变种。

按照古代学术界流行的五虫分类法,龙归入"鳞虫",并且是"鳞虫之长"。《吕氏春秋·孟春纪》高诱注:"鳞,鱼属也,龙为之长。"古人所说的"鳞虫",除了全部鱼类之外,还包括一部分两栖类、爬行类。这里的"长"字,应当译成"为首者"。根据我们民族的思维习惯,所谓"为首者",往往兼含资格最老、辈分最高的意思在内。众所周知,古人是从直观经验来判断事物性质的。这种判断虽不免时有错误,然而我们也不能不看到,无论是在东方,还是在西方,先民们在数千年以前由直观经验推导出来的某些猜测,常常同现代实验科学所得到的结论不谋而合,这样的例子是不胜枚举的。因此,尽管从现代生物科学的角度来看,五虫分类法不尽合理,尤其是给每类动物各立其"长",显然是为了迎合封建主义意识形态的需要,但是,古人凭借他们那种朴素的直观感受,判定龙为

---

① 张孟闻、黄正一编著:《脊椎动物学》上册,上海科学技术出版社1987年版,第211页。

"鳞虫"类动物的首领，或者说得更明白一点，龙是现代鱼类、两栖类和爬行类的老前辈，这很可能是歪打正着，一语道破了浓雾掩盖下的自然真相。

综上所述，龙是一种跟原始鱼类有着最直接联系的四足动物，它的身上依然残留着相当浓厚的鱼性，这是一个不容忽视的事实。"三停九似"之说原为画龙而设，其中的"角似鹿""头似驼"云云，当然不会句句是真情，但也不可能句句是虚构，至少"鳞似鱼"一句是对的。除了类似鱼鳞那样的鳞片之外，龙尚有其他一些鱼类的特征，如丰富的体表黏液腺等。龙背是否有鳍，古今目击者的说法似有不同。任殿元认定，他在1944年见到的那条黑龙，脊背上肯定没有"鱼分水"（鱼鳍）之类的东西。而据贾纬《唐年补录》记载，咸通末年坠落在桐城县某居民庭院中的青龙，身上不仅有鳍，而且形似鱼鳍，"鳞鬣皆鱼"也。姜夔《昔游诗》中说"白身青鬐鬣"，好像那条趴卧在白湖岸边的巨龙也是有背鳍的。《松漠纪闻》的作者洪皓则证实，保存在金国内库中的那具龙骸，"与予所藏董羽画出水龙绝相似，盖其背上鬣不作鱼鬣也"，跟他自己所收藏的董羽名画《出水龙》非常相似，只是背上之鳍并不像鱼鳍罢了。

董羽，外号董哑子，五代至北宋初年的画家。他和当时的另一位丹青高手僧传古，均以绘制龙、水图而闻名。他们两人的画，今天虽然已不可见，但北宋的米芾在《画史》中留下了两句评语："传古龙如蜈蚣，董羽龙如鱼。"原来，董羽画龙的一个与众不同之处，即在于他笔下的神龙往往更加接近水中游鱼的形象。金国内库保存的龙骸既与董羽所画相近似，可见此物实际上也是一种有着较多鱼类体征的四足爬虫。

据《宣和画谱》卷九记载,宋徽宗宫廷所收藏的董羽绘龙图有十四幅,内中一幅即题为《出水龙》。南宋末年的周密在《云烟过眼录》中,也记下了他见过的若干董羽作品,有一轴"子母出水龙手卷",上面还有那个风流天子宋徽宗的亲笔题词。入元以后,董羽的画仍在社会上流传。元人张宪的文集中,就有两首题咏董羽龙图的诗,其中一首五言绝句,是题咏一幅名为《卧沙龙》的画卷:

仰阁青牛首,横揸赤鲤腮。

轻雷惊不起,直待早潮来。①

读着这首咏画诗,我不禁想起了史籍记载中屡屡描述的静卧在河岸沙滩上,等候着雷雨降临的"堕龙"。依照张宪诗中的描绘,董羽画上的这条卧龙,脑壳似牛,腮颊则如鱼。

令人称奇的是,非独"青牛首"是古今目击者所共见的事实,即便是龙的"赤鲤腮",也决非艺术家随心所欲的神来之笔。北宋宣和初年,汴京近郊开封县(今河南开封市)的军民,就曾亲眼见过"两颊宛如鱼"的龙体。《宋史·五行志一下》记载:

宣和元年(1119年)夏,雨,昼夜凡数日。及霁,开封县前茶肆中有异物如犬大,蹲踞卧榻下。细视之,身仅六七尺,色苍黑,其首类驴,两颊作鱼颔而色正绿,顶有角,生极长,于其际始分两歧,声如牛鸣,与世所绘龙无异。茶肆近军器作坊,兵卒来观,共杀食之。已而京城大水,讹言"龙复仇"云。

尽管《宋史》编修于元代末年,可是它的主要材料均来自宋人自撰的国史、实录等书。根据我看到的资料,宣和元年发生在开封县

---

① 《玉笥集》卷十。

的异事,最早见于一位北宋官僚所写的笔记。此人名蔡絛,是北宋奸臣蔡京的小儿子,平生最受蔡京的宠爱。宣和六年,身居相位的蔡京因年迈目昏,不能视事,竟然由蔡絛代行其政,批文奏草,一手为之。靖康元年春,蔡氏家族遭到贬斥,蔡絛也被流放到白州(今广西博白县)。他在流放地完成了笔记体著作《铁围山丛谈》,追述自己在朝廷期间的所见所闻。此书虽不免有粉饰蔡京之嫌,但大部分记载仍属翔实可信,故而一向为治史者所重视。在该书第六卷中,便记有开封县军士食龙的逸闻,叙事较之《宋史·五行志》更为细致、准确。由于这一记载的价值较高,所以我不避重复,再将其抄录于下:

宣和元年夏五月,都邑大水。未作前,雨数日连夕如倾。及霁,开封县前茶肆有晨起拭格榻者,睹若有大犬蹲其旁,明视之,龙也,其人大叫而倒。茶肆适与军器作坊近,遂为作坊士群取而食之,屏不敢奏。都人皆图画传玩。其身仅六七尺,若世所绘。龙鳞作苍黑色,然驴首,而两颊宛如鱼,头色正绿,顶有角座极长,其际始分两歧焉。又其声如牛。考诸传记,实龙也。后十余日,大水至,故俗传谓之"龙复仇"。

正如民间传说的那样,这种动物和水有着密切的联系。成为军器作坊士兵们腹中之物的小黑龙,也是在连续几天大雨之后、洪水即将到来之前出现的。① 史书记载,当年五月汴京城外涌起的水浪竟高达十几丈。老百姓自然会联想到,这大概是因为杀害了龙族的

---

① 我们由此不难联想到任昉《述异记》说的,元和元年大雨中坠下一龙,汉章帝命烹制成肉羹遍赐群臣,这恐怕未必是捏造出来的传言。因为龙肉确实可以入口,至于味道如何,我就不得而知了。

成员,龙王爷要来兴师问罪了。据蔡絛说,小黑龙虽然被一群鲁莽的士兵吃掉了,但当时已有好事者摹绘下了它的形象,这幅写真图后来在汴京城内流布很广,"都人皆图画传玩"。宣和年间,蔡絛一直在京师供职,估计他也可能亲眼见过这幅真龙的画像。我们仔细分析蔡絛留下的记载,可以看出这个动物具有如下特征:

第一,它身长六七尺,有鳞片,呈苍黑色,基本形象与世间流传的画龙相似。

第二,它的头颅有些像驴,跟身上的颜色不同,纯绿色,两面腮颊酷似鱼类。

第三,它头顶有角,角的基座很长,至中间方始分权为两只。

第四,它会发出叫声,其声则如牛鸣。

其中第二点尤为重要。为了让读者能够理解什么叫作"两颊宛如鱼",我们不妨以鱼石螈(图13)为例。

图 13 鱼石螈登陆

鱼石螈,又名"鱼甲螈",其化石发现于格陵兰东部的泥盆纪地层,是目前已知的最早的两栖类动物。它虽然已经有了五趾型的蹼足,可是身上仍残留着相当多的鱼类特征,比如体表覆盖着若干小鳞片,后面还拖着长而尖的侧扁状尾鳍。尤其是头部的外形,几乎跟鱼没有什么差别,不仅遗留着水生鱼类特有的侧线器官,而且两颊各有一片鳃盖骨(里面的腮却已消失),看上去真是一副活脱脱的

"两颊宛如鱼"！我当然不是说鱼石螈即为中华神龙的原型，两者之间的差异同样是很明显的。不过，从鱼石螈的例子正可以看出，腮颊若鱼的体征，最容易在古代两栖类动物的身上出现，因为那本来就是它们在演化过程中尚未褪尽的祖型特征。

我们一经弄明白了龙和鱼之间的这种内在联系，从而也就不难理解：为什么在民间流传的故事中，龙王爷以及龙子、龙孙、龙婆、龙女变妆出游时，往往会以鱼儿的形象呈现在凡人的面前；为什么那些得道成仙的传说人物，有的（如黄帝、马师皇）可以骑龙上天，有的（如子英、琴高）却是乘鲤入云。

谨抄录《列仙传》卷下"子英豢鲤"一节，以供读者赏析：

子英者，舒乡人也，善入水捕鱼。得赤鲤，爱其色好，持归著池中，数以米谷食之。一年，长丈余，遂生角，有翅翼。子英怪异，拜谢之。鱼言："我来迎汝，汝上背，与汝俱升天。"即大雨，子英上其鱼背，腾升而去。岁岁来归故舍，食饮，见妻子。鱼复来迎之，如此七十年。故吴中门户皆作神鱼，遂立子英祠。

一条鲤鱼被豢养大了，居然长出了头角、翅膀，①甚至可以乘着大雨冲天飞去。这不是神龙的化身又是什么！在色彩斑斓的传说故事中，鱼、龙之间的形象转换竟能如此的便当，内中正好隐含了古人朴素的生物知识——龙原本就是从鱼直接变过来的。现代生物科学直到很晚方才确认四足动物和鱼类的亲缘关系，而我国古代人民却在千年以前就凭借着某种直观经验隐隐约约地感觉到了这一真理。

---

① 陆广微《吴地记》则称，那条负载琴高升天的大鲤鱼，不仅具有角、翼，而且还有双足。

现在，让我们再回到另一个更加难解的现实问题上来吧。这种鱼性未泯的状如巨型蜥蜴的动物，果真能够借助大雨而腾空飞起来吗？

第八章
龙无尺水　无以升天

古人要求控制降水量的强烈愿望,为什么不寄托于其他动物,偏偏要投注到这种被称为"龙"的动物身上呢?会不会是跟这种动物本身的特殊习性有关呢?

如果说神龙之谜是中国文化史上最古老的谜案,那么,龙的飞行方式更是谜中之谜。《史记·老子韩非列传》记孔子所言:"鸟,吾知其能飞;鱼,吾知其能游;兽,吾知其能走。……至于龙,吾不能知其乘风云而上天。"连孔老夫子都感到难解个中奥秘,无怪乎千百年来人们要将龙奉若神明了。

其实,鱼类也不是绝对不能飞行。在热带或亚热带海洋上航行时,常可看见一种会离水飞跃的鱼——飞鱼。它长着一对宽大的胸鳍,伸展开来就像鸟儿的双翅一样。飞鱼起飞前,先由尾部在水里急剧摆动,达到极高速度,然后跃出水面,张开翼状胸鳍,身体保持静止状态,在空中滑翔飞行。这种有着独特本领的暖水鱼类,一般能够在离水面4—5米的空中飞行200米左右,倘若遇上顺风的帮助,还可飞得更高更远。《山海经·西山经》上曾提到过一种"状如鲤鱼,鱼身而鸟翼"的文鳐鱼,即产于我国沿海的飞鱼。

龙的飞行方式较之飞鱼,还要来得更加神奇。飞鱼的滑翔,从本质上看,仍未超越"有翼而飞"的定义,只不过用鱼鳍勉强替代了鸟翼而已。龙则不然。龙不仅能从水里腾向空中,并且能在陆地上直接起飞。虽然《广雅》上说过,有一种长翅膀的龙叫作"应龙",可是据我目前已经掌握的史籍资料,还无法证明有人确曾看见过这种"应龙"。相反,坠落在陆地上的龙,都是没有翅膀的,其中大部分仍然能够重新飞起来。无翼而飞,这是一个令人惊诧的现象。单凭这一点,就足以勾起人们无穷的联想,就足以把这种动物抬举到尽善尽美的高度。

那么,龙究竟是凭借着一种什么样的力量,才飞腾起来的呢?

腾蛇游雾,飞龙乘云,云罢雾霁,与蚯蚓同,则失其所乘也。(《慎子·威德》)

人不见龙之飞举而能高者,风雨奉之。(《淮南子·说林训》)

蛟龙得云雨,终非池中物也。(《三国志·吴志·周瑜传》)

鸿鸾之凌虚者,六翮之力也;渊虬之天飞者,云雾之阶也。(《抱朴子·贵贤》)

应龙未起时,乃在渊底藏。非云足不蹈,举则冲天翔。(张正见《应龙篇》)

龙乘云雨而飞腾,历来是家喻户晓的常识。可是,自从近代科学输入中国以后,知识界中几乎没有人相信世上会有腾云驾雾的龙。这到底是科学战胜了迷信呢,还是偏见掩盖了真相?

天上变幻不定的云彩,自古以来便是启发诗人灵感的源泉;云雾缭绕,烟霭弥漫,则往往成了一切神秘境界的不可或缺的点缀。曹植在《吹云赞》中写道:"天地变化,是生神物。吹云吐润,浮气翁郁。"这是文学家的歌咏,而不是科学家的述评。倘若我们将云雾仅仅看作是一种跟降水有关联的大气现象,那么,"神物"其实一点儿也不神。

云,大泽之润气也。(《太平御览》卷八引《说文》①)

---

① 今本《说文》无此语,疑《御览》误引他书。

腾水上溢,故为雾。(《初学记》卷二引《庄子》①)

雨,水从云下也。(《释名·释天》)

古人的这些直观认识,即使从现代科学的角度来看,仍然是相当正确的。地面的湿润空气升至高处,遇冷而凝结成无数细微水滴,成团浮游空中,即为云。当云里的小水滴不断碰撞、合并,增大到上升气流已无力支持的时候,就下降成为雨。雾实则也是一种云,不过是近地面的云罢了。我们走入雾中,便可以体会到在云中是什么感觉了。那里面的空气很潮湿。唐人张旭《山行留客》诗:"纵使晴明无雨色,入云深处亦沾衣。"正是自然实景的生动写照。

我们既已明白云雾乃是水的气态表现,那就不难理解龙的飞行方式的特殊性质。腾云驾雾也罢,挟风裹雨也罢,所揭示的无非是同一个事实:龙的飞腾离不开水的助力;它惯于在潮湿的空气中活动,而在它出现的地方,也往往容易产生较多的水雾。孔颖达《周易正义》中说的"龙是水畜,云是水气",本是真正的大实话,可惜被我们当作"迷信"而忽略了。

我猜想,这种能够借水腾跃的两栖动物,会不会是从某种原始的喷水鱼进化而来的呢?

在生物学方面,也许我表现得相当幼稚,难免会贻笑大方。可是,利用喷水作为推进力,乃是生物界实有的情形,并非出于我个人的杜撰。且不说许多鱼类皆依靠鳃裂喷水来加快游速,我们仅举生活在海洋中的乌贼为例。乌贼是属于头足纲的软体动物,全身上下没有一处器官可以替代羽翼,按理说是不可能在空中飞行的。然

---

① 今本《庄子》无此语。

而，大自然所创造的奇迹，常在人类的意料之外。1937年，一艘日本渔船在海上航行时，遇到一只主躯长达6米的大王乌贼从空而坠，猛一下就把渔船压沉了。乌贼怎么会突然之间变成了"飞将军自重霄入"呢？这奥秘就在于，乌贼能把海水吸入外套腔里，然后靠肌肉收缩，将水从漏斗管中猛烈喷出，利用水流的反作用，使身体飞速地向后退去。可别小看了这股喷射力，它足以使乌贼像火箭般从深海跃入空中，在离水面7—10米的高处，水平飞行达50米以上。

依据古籍所提供的来自目击者的描述，龙的飞行起动方式，较之乌贼更为复杂，并且飞行的距离也更远。它似乎有一项特殊的技能，可利用喷水造成上升气流，或转化为某种电能。尽管我的能力有限，目前无法详细解释龙的飞行机制，但我深信弗兰西斯·培根说的："在自然的胎宫中还贮有许多极其有用的秘密东西，与现在已知的任何东西都不贴近，也无可比拟。"①我们总是以人类能够制造工具而自诩。然而，只要怀着谦逊的态度去看一看千奇百怪的大自然，我们便不得不承认：那些目前尚不能制造工具的动物，其自身器官的发达与完善程度，是我们人类所望尘莫及的。

科学家发现，北极熊身上的毛能够吸收日光，并把光能汇集到黑色的表皮上转化成热能，皮下的血液再将热能输送到全身，其原理如同太阳能换热器，而且效率更高；蝙蝠在黑暗中来回捕捉昆虫，其准确性令人叹为观止，原来它是运用人耳听不见的超声波来测定目标的，美洲白股蝠能在1秒钟内发射和接收250组超声波，有一种菊头蝠甚至可以分辨出直径为0.05毫米的细线；最早的伏打电池是

---

① 培根：《新工具》，许宝骙译，商务印书馆1984年版，第85页。

以电鳐、电鳗的电器官为模型而设计出来的,这种电器官由许多叫做"电板"的盘形细胞组成,在神经脉冲的作用下,可将神经能转变为电能,产于南美洲河流中的电鳗放电时电压高达 800 伏,几乎能击毙渡河的牛、马;至于擅长使用化学武器的昆虫则比比皆是,生活在肯尼亚的一种大个臭甲虫,当它感到亟需自卫时,腺体内储藏的化学物质立刻发生爆炸式反应,随即释放出大量能量,还能形成一种气体,其温度高达摄氏 100 度。由此可见,对包括电能在内的各种自然力的巧妙运用,早已不是我们人类的特权。亿万年的生物进化过程,本身就是最具天才的设计师。我们既然已经在其他动物身上发现了令人难以置信的"太阳能换热器""超声波定位仪""活体发电机"和"快速化学弹",那么,我们又有什么理由不相信龙的体内同样也可能存在着某种高性能的"喷水发动机"或"电力推进器"呢?

诚然,现实的龙和神话的龙之间,毕竟是有相当距离的。民间故事总喜欢渲染龙的神通广大:上天入海,无所不能;千里万里,来去自如。所谓"言必鹏运,气靡鸿渐"①,作为文学上的夸饰手段,自有其审美价值,此理固明,无须赘言。实际的情形却是,龙在陆地上是很不自由的,它的飞行方式又存在着天然的难以克服的局限性。成语"龙腾虎跃"中的那个"腾"字,用得非常贴切,点明了龙飞与鸟飞的本质差别。《潜确类书》卷三六引录《江河纪闻》的一则记载,有助于我们澄清千百年来笼罩在此问题上的疑雾:

五河口有潭渊深,相传有龙蛰焉。每春夏之交,洪流冲击,荡民田庐。至元平江南后,淮旱,绵亘数百里皆涸,独此潭如常;探汲者

---

① 《文心雕龙·夸饰》。

众,遂亦涸。潭角有穸,人竞窥之,见有物如黑犬,蟠旋其中。众怒为害,竞投以锹镬铁具。龙含水一喷,云气上腾,乘云冲空,向西南去。一老者曰:"此非龙,乃蛟也。得水只能一跃,跃只能二里,再得水复然。若遇陆地,则困矣。"众竞奔西南索之,约二十里许,果蜿蜒陆地,长丈余;乃屠之。其地在县东二里,即五河交会处。

所谓"五河口",位于今安徽五河县以东,乃是淮、漴、浍、沱、潼五条河流的交汇之处。此事又见于《光绪重修五河县志》卷十九,文字上稍有差异,如"得水只能一跃,跃只能二里",《五河县志》作"得水一跃可十数里,水尽则止"。据《五河县志》所载,此事发生的确切年份为至元十六年(1279年),是年淮水流域大旱。有关五河县乡民击毙怪兽的事件,其中有两点内容是格外引人注目的:

其一,确有一种罕见的水生动物,能够借助喷水而向空中飞腾,云气弥漫往往就是它喷水造成的现象。关于这种动物的外形,文中缺少具体描绘,从"蜿蜒陆地"(《五河县志》作"堕地蜿蜒")一语来看,颇似其他古籍中屡屡提到的"堕龙"。至于那位老者说是"蛟",这一判断显然有误。因为蛟不能飞腾,善于飞腾者龙也。

其二,龙的飞行距离是有限度的,但作为一种没有翅膀的动物,凌空一跃即可冲出一二十里,确也称得上卓尔不凡了。关键的问题是不能脱离水。只要能够得到水分的补充,它可以连续腾跃多次。"若遇陆地,则困矣",恰好验证了《管子》一书对这种动物所下的判语:"乘于水则神立,失于水则神废。"

我不由得因此而想到了《周易·乾卦》中的一条爻辞:

九四,或跃在渊,无咎。

以往的注家大多释"或"为疑惑,释"或跃在渊"为在渊中欲跃而未跃之势。孔颖达《周易正义》可作这方面的代表：

> 或,疑也；跃,跳跃也。言九四阳气渐进,似若龙体欲飞,犹疑或也,跃于在渊,未即飞也。

这种传统的解释,显然没有注意到龙的运动特点,偏离了实际情形,因而是不正确的。"或"在这里作指示代词,并不通"惑"。类似这样的句法,常见于西周时代的作品中,如《诗·小雅·鹤鸣》："鱼潜在渊,或在于渚。""鱼在于渚,或潜在渊。"试比较"或跃在渊",何其相似乃尔！爻辞"或跃在渊,无咎",译成现代汉语应该是：有时腾跃起而坠落在深水中,没有灾患。龙一旦腾起,无非是两种可能,一是"或跃在陆",二是"或跃在渊"。坠落在陆地上,事情就有点麻烦,有时会连续几天都飞不起来；而坠落在深水里,比如唐代元和七年发生在桐城县境内的事件,两条龙从一个池塘中跃起,飞行了六里路,又坠入另一个池塘,①那正是得其所哉,当然可以"无咎"了。明白了这个道理,我们再去读高亨先生对该条爻辞所作的阐释,便会感到胸中豁然：

> 龙本是水中动物。龙跃于渊,得其所之象。人得其所,可以无咎,故曰或跃在渊,无咎。(《周易古经今注》卷一)

也许人们从未想到过,《周易·乾卦》中的爻辞,居然可以通过对某种动物的追寻而获得更加准确的解释。对于这种未明的动物,我目前所知甚少,因而还无法解释另外两条爻辞,即"亢龙,有悔"和"见群龙无首,吉"。然而我确信,我们今天感到弄不明白的某些事物,在古时候曾经是相当清晰的。至少在《周易》爻辞初创的年代,

---

① 详见本书第二章所引《旧唐书·宪宗本纪》。

人们见到龙的机会还较多,故而对这种动物的直观印象也较深。《周易》固然是一本讲迷信的书,但乾卦中的那组描述龙的文字,却和其他卦爻中的"羝羊触藩""鸿渐于干"一样,都是利用实际生活中的动物形象来作比喻,既不是臆造,也不是迷信。

东汉的王充,可说是古代历史上第一个系统批判神龙迷信的人。然而,只要认真读一读他的《论衡》,我们就不能不承认,王充只是反驳了附会在龙身之上的各种诡异传说,他既没有否定龙作为一种动物的客观存在,也没有否定龙能够驾云飞腾的基本事实。《论衡·龙虚篇》中说:"龙可畜又可食也,可食之物,不能神矣。世无其官,又无董父、后刘之人,故潜藏伏匿,出见希疏,出又乘云,与人殊路,人谓之神。如存其官而有其人,则龙,牛之类也,何神之有?"王充按照自己的理解,阐说了龙随云雨起飞的过程:"龙闻雷声则起,起而云至,云至而龙乘之。云雨感龙,龙亦起云而升天。天极云高,云消复降。"他甚至明确地把龙看作是鱼的同类:"鱼在水中,亦随云雨蛰,而乘云雨非升天也。龙,鱼之类也,其乘雷电犹鱼之飞也。"我并不认为王充的结论都是正确的。但是,他在神龙的问题上没有采取彻底否定的做法,这或许是一种较为明智的态度,因为关于龙的自然常识有其不容轻易否定的价值。

王充在《论衡·龙虚篇》中,也曾犯过一个小小的错误,并且流布千年,至今尚未得到纠正。这个错误对于整部《论衡》来说,不过"若邓林之枯枝",但因为它与本章讨论的主题大有关系,所以不能不郑重地指出来。

短书言:"龙无尺木,无以升天。"又曰升天,又言尺木,谓龙从木中升天也。彼短书之家,世俗之人也。见雷电发时,龙随而起,当雷

电击树木之时，龙适与雷电俱在树木之侧，雷电去，龙随而上，故谓从树木之中升天也。(《论衡·龙虚篇》)

所谓"短书"，指当时流行的小说杂记之类。王充看到过一卷"短书"，那上面写着："龙无尺木，无以升天。"龙之升腾须要凭借"尺木"，这种说法既新奇又费解。于是，王充凭他自己的揣度，联系雷电击树的自然现象，试图给予"尺木"一说以合乎理性的解释。那么，他的解释究竟对不对呢？

清代考据学家俞正燮认为，首要的问题是文字上有错讹，"尺木"应当为"尺水"：

《道藏·正一部·意林》载桓谭《新论》云："龙无尺水，无以升天。圣人无尺土，无以王天下。""尺水"言其少，以喻尺土。《初学记》载赵煜《献帝春秋》云："孙策出教曰：龙欲腾骞，先阶尺水者也。"今本《吴志·太史慈传》注引《江表传》孙策教，误作"尺木"。梁沈约《华阳陶先生登楼不下诗》云："侧闻上士说，尺水乃腾霄。云輧不辗地，仙居多丽谯。"亦言所居不同，龙必近水；今亦误作"尺木"。唐许敬宗《鄂公碑》云："翠虬腾骧，必先阶于尺水。"亦作"木"。按《论衡·龙虚篇》云："短书言龙无尺木，无以升天。谓龙从木中升天也。彼短书之家，世俗之人。见雷电击树木之时，龙适与雷电俱在树木之侧，雷电去，龙随而上，故谓从树木之中升天也。"是汉时已有树木之说。《酉阳杂俎》云："龙无尺木，不能升天。尺木，龙头上如博山形。"此乃道书鄙论。龙额上自有高骨，岂得名为"尺木"！古书之"水"改为"木"，由一孔之人因谬说改之。(《癸巳类稿》卷七)

现代学者刘盼遂不同意俞氏的看法。他认为，《论衡》作"尺木"并没有错，《新论》作"尺水"倒是真正的讹误：

盼遂案：桓谭《新论》："龙无尺水，无以升天。圣人无尺土，无以王天下。"仲任所谓"短书"斥此也。惟"尺木"，《新论》作"尺水"，应据《论衡》改正。《三国志·太史慈传》注引《江表传》孙策教曰："龙欲腾骧，先阶尺木者也。"亦作"尺木"。近年洛阳出土隋《杨畅墓志铭》词曰："诞此哲人，奇峰特秀。尺木既升，增峤增构。"此文殆用龙升尺木之事，石刻确是"木"而非"水"，不若写本印本之易误。又唐《巂州邛都丞张客墓志铭》云："飞谣海甸，宣才江澳。雅政清夷，仁风肃穆。英英君子，鸾凤其族。长逾千里，微班尺木。"考此铭以木与澳、穆、族为韵，其不作"尺水"甚显，明作"水"为误。《酉阳杂俎》云："龙无尺木，不能升天。尺木，龙头上如博山形。"是段氏亦作"尺木"，明作"水"者乃误字耳。俞理初《癸巳类稿》谓《论衡》"尺木"为"水"之误，然又云："当雷电击树木之时，龙适与雷电俱在树木之侧，雷电去，龙随而上，故谓从树木之中升天也。"是《论衡》作"尺木"明矣。俞据误本《初学记》为证，失之。（《论衡集解》卷六）

俞、刘两家，各有所据。假如龙只是一种幻想出来的怪物，在实际生活中没有任何对应物可言，那么，这场笔墨官司的结果恐怕就很难裁定了。打个比方说吧，你说鬼的头上有两个肉角，我说鬼的头上只有一个肉角，彼此间即使争论得面红耳赤，到头来仍是谁也说服不了谁，因为世界上根本就没有鬼。然而，正如我在前文所反复论证的，说龙非同画鬼，龙是自然界中实际存在过的动物，古人有关龙的传说和议论是以某种生物经验为依据的。客观既已存在的对应物，无疑是最具权威的裁判者，在古籍校勘学上亦当如此。龙之升腾究竟凭借什么，是凭借"尺木"还是凭借"尺水"，只要去看一看本书第二章中列举的大量记载，尤其是那些关于"堕龙"的现场描述,岂不就一清二楚了嘛!

尽管亿万年的独特演化,使龙的某些器官获得惊人的发展,可是归根结底,它还是离不开对水的依附。《聊斋志异》所记载的北直界堕龙,就是一个形象化的说明:这条龙在浅浅的水洼中转侧翻腾,终因水量太少,腾起后又坠下,无法离开原地;直等到三天后,才仰仗着一阵大雨而飞走。对于龙的这一特性,《江河纪闻》作了恰如其分的概括:"得水只能一跃,再得水复然。"不独史书记载言之凿凿,即使是那些充满想象力的民间传说故事,也不时透露出龙无水便不能腾跃的经验之谈。例如,曾在浙江省杭州、萧山一带流传的题为《乌龙》的故事中说,有个名叫喜儿的男孩,误吞了一颗龙珠,自己变成了一条龙,可是还飞不起来:

龙要有水才能飞腾呀!喜儿把头伏到砚瓦里,舔去刚才磨的一洼墨水,马上变成一条浑身墨黑的乌龙,哗啦啦一声响,冲出房屋,腾空飞了起来。①

又如,流传于吉林省扶余市新民乡的题为《大龙坑》的故事中说,有一年夏季闹干旱,只见一个庞然大物坠陷在村北草甸子的大坑里,尾巴无力地摆动着,全屯的人都来看蹊跷:

还是刘老汉见多识广,他说:"这是一条龙,从天上掉下来困住了。鱼离了水活不成,龙被困在这里再有能耐也施展不开。我们只有把它救出这坑,它才能行雨。"有人赶忙问:"那用什么法才能救出它呢?这么大,拉不动,拽不出。"刘老汉说:"有法,龙靠吸水能上天,如果我们把坑里的水填足,它就能出坑。大家快往坑里填

---

① 《西湖民间故事》,浙江人民出版社1978年版,第109页。

水吧！"①

无论是质朴严谨的历史记载，或者是纷华绚丽的传说故事，都显示了相同的结论："龙无尺水，无以升天"，是有其客观依据的，是合乎古代的生物学常识的，而"尺木"一说则明显属于违背实情的无稽之谈。诚然，倘若仅仅局限于书面（包括碑刻）的例证，那么，自东汉以来，言"尺木"者似乎占了大多数，只有少量书籍，如桓谭《新论》、赵煜《献帝春秋》，还保留着"尺水"的字样。可是我们应当知道，对于古籍校勘学来说，"少数服从多数"的原则是万万不可采用的。在古书流传的过程中，常可见到这样的情形：某些因传抄、翻刻或造成的文字夺误，有时甚至是显而易见的夺误，在一个时期内可以蒙过大多数人，包括那些知名度甚高的学者。我在这里仅举一例。据罗大经《鹤林玉露》卷十三记载：

杨诚斋在馆中，与同舍谈及晋"于宝"。一吏进曰："乃干宝，非于也。"问何以知之。吏取韵书以呈，干字下注云："晋有干宝。"诚斋大喜曰："汝乃吾一字之师！"

虽然罗大经和杨万里几乎是同时代人，我对这一记载的可靠性仍持怀疑态度。干宝并不是一个生僻的人名。今天具备中等以上文史知识的人都知道，干宝乃是魏晋志怪小说杰构《搜神记》的作者。以杨万里那样学富五车的宋儒，怎么会浅陋到连干宝的"干"字都念白了呢？我的这个疑问，后来在翻阅《四部丛刊三编》中的影宋本《太平御览》时，终于找到了比较可信的解答。这部宋版的大型类书，是庆元五年（1199年）在成都雕印的。其年，正值杨诚斋72岁。

---

① 《吉林省民间文学集成·扶余市故事卷》（吉林省内部资料），第122页。

蜀刊本《太平御览》可称校刻俱佳，其讹误比起后世通行的本子来要少得多。然而有意思的是，就在这部现存九百四十五卷的蜀刊残本中，据不完全统计，共有59处提到干宝的名字，除5例外，其余全都错刻成了"于宝"！由此可见，在杨万里生活的时代，流行书籍中误"干宝"为"于宝"者，曾经是十分普遍的现象①，只有个别书籍，如那位小吏取来的韵书，尚保留着正确的写法。杨万里正是读了当时通行的误本而上当受骗的。

从"杨万里不识干宝"的轶闻中，我们可以领悟到王充当年可能有着同样的失察。古书中最初误写"尺水"为"尺木"，是由于字形相近而导致混淆，并非如俞氏所说"由一孔之人因谬说改之"。本来，一部书经过多次传抄，发生这样或那样的舛误，是很难避免的。在这些舛误中间，因字形相似而产生的错讹，又占了很大比重。《抱朴子·遐览》引谚语"书三写，鱼成鲁，虚成虎"，说的正是此类现象。"干"误为"于"，"水"误为"木"，均在其列。王充是一位思想活跃的批判家，但有时未免疏于考证而流于轻率。他自己明明在《论衡·道虚篇》中说过："龙起云雨，因乘而行；云散雨止，降复入渊。"在《须颂篇》中又说："龙无云雨，不能参天。"云雨不就是水嘛！王充当时若肯多费点功夫，仔细地辨析一下，或许就能察觉他所读过的那卷"短书"文字上有错讹，从而也就可以免去那一通完全不着边际的议论了。大约是后来人觉得"龙从木中升天"的说法过于牵强，于是自唐代以后，"尺木"又被诠释成了龙头上的一块凸起物。② 这是讹以

---

① 另据南宋人邢凯《坦斋通编》称，当时社会上流行的《晋书》《文选》等，也都误刻"干宝"为"于宝"，"字画之差，相承之久，遂至无辨，良可叹也。"
② 段成式：《酉阳杂俎·广动植之二·鳞介篇》。

承讹，谬上加谬，同样是没有事实根据的。

"云雨感龙，龙亦起云而升天。"我们不妨以此为窗口，来窥探一下古人称龙为司雨之神的玄机所在。虽说龙王庙的大量修建是在佛教东渐以后，但龙能行雨的观念却是中国历来就有的。对于以农为本的古代中国来说，雨水的适量与否，决定着农业收成的丰歉及整个社会经济的成败。因而自甲骨文的时代起，祷雨祭礼便成了史册记载中的大事。在五花八门的求雨方式中，"土龙祈雨法"可谓中国特产，对后世影响甚大。据《淮南子·坠形训》高诱注，此等古法可溯源于商汤："汤遭旱，作土龙以像龙；云从龙，故致雨也。"现已发掘的甲骨卜辞中，有一片上面刻着："其乍（作）龙于凡田，又雨。"[1]看来，高诱的说法并非全无根据。塑造土龙以求雨，曾经在汉代大为走红，其操作方法详见于董仲舒《春秋繁露·求雨篇》，不过又羼入了阴阳五行等内容，曼衍得相当繁复。后来在民间流传的"画龙祈雨法"和"蜥蜴祈雨法"，其实就是同一种方法的延伸及简化。

这种随影逐形的求雨法，实际的效果如何，很早就有人怀疑。西汉的扬雄说过："像龙之致雨也，难矣哉！"[2]东汉的王充说得更加干脆："土虎不能而致风，土龙安能而致雨？"[3]尽管如此，历代兴建的龙王庙，仍是只见其多，不见其少。究其原因，恐怕是一种残存的原始思维方式在作怪。在原始人的心目中，"美术像，不论是画像、雕像或者塑像，都与被造型的个体一样是实在的。"[4]"从肖像那里可以

---

[1] 转引自裘锡圭：《说卜辞的焚巫尪与作土龙》，载胡厚宣主编《甲骨文与殷商史》，上海古籍出版社1983年版。

[2] 《法言·先知》。

[3] 《论衡·乱龙篇》。

[4] 列维-布留尔：《原始思维》，丁由译，商务印书馆1981年版，第37页。

得到如同从原型那里得到的一样的东西,可以通过对肖像的影响来影响原型。"①因此,在难以寻见真龙的情势下,通过向龙的塑像、画像以及龙的"亲家"蝾螈、蜥蜴等献祭祷祝,照样可以达到人们所企盼的目的。这类在我们看来根本无法成立的神秘联系,早期居民是笃信不疑的,并且在一定程度上还影响了文明社会的群体心理。

有关思维方式的比较暂且勿论,我们现在要探讨的问题是:泥塑的龙固然不能致雨,其被影射的原型——状如巨型蜥蜴的真龙,会不会致雨呢?

根据我对历史的观察,任何一种动物崇拜,如果所崇拜的对象纯粹出于虚妄,那么,这种崇拜断不能维持长久。龙能行雨的迷信,既然在民间表现得如此顽强,其间必然隐藏着若干尚未探明的因由。远在蒙昧时代,人类就开始对某些动物潜藏的"灵性"发生了浓厚兴趣。他们渴望利用动物的特殊能力来弥补自身的缺陷,甚至幻想自己就是某些"神异动物"的后代。这也是早期人类试图征服自然的一种稚态表现。我国东部的广大地区,深受季风影响,故而旱涝无常;对于降水量的强烈关注,便构成了我们民族神话传说中的一大特色。这是毋庸置疑的事实。可是,古代人民要求控制降水量的愿望,为什么不寄托于其他动物,偏偏要投注到这种被称为"龙"的动物身上呢?会不会是跟这种动物本身的特殊习性有关呢?

《山海经·大荒东经》"旱而为应龙之状,乃得大雨"之下,郭璞注曰:

今之土龙本此。气应自然冥感,非人所能为也。

---

① 列维-布留尔:《原始思维》,丁由译,商务印书馆1981年版,第73页。

郭璞似乎也不大相信塑一条泥龙即可致雨，但是什么叫作"自然冥感"，他却说得不明不白。清人郑复光在《费隐与知录》一书中，试图从自然科学的角度来解释龙和云雨之间的关系：

龙飞于天，如鲤乘雾飞，亦理可信也。殆其性与阴云相习，或乘云游戏空中，而具大神力，能摄地面一切湿气上升，因成大雨，理或有然。

以为龙具有行云布雨的"大神力"，此说未免夸大其词。不过，"其性与阴云相习"一句，很可能是恰中鹄的。龙的习性确实特别适宜于"阴云"（即湿度很高的空气）。《后汉书·礼仪志中》刘昭注引桓谭《新论》的一段问答，应该引起我们的重视：

刘歆致雨，具作土龙，吹律，及诸方术，无不备设。谭问："求雨所以为土龙，何也？"曰："龙见者，辄有风雨兴起以迎送之，故缘其象类而为之。"

"缘其象类而为之"无疑是一种迷信举措，然而它所依据的却是来自民间的观察经验："龙见者，辄有风雨兴起以迎送之。"这句话若译成现代汉语，大意是："当龙出现的时候，总会有风雨起来伴随它。"这果真是事实吗？

读者不妨回顾一下本书第二章中所列举的那些典型事件，如姜夔所记太白湖畔堕龙、郎瑛所记桃诸寨海口堕龙、蒲松龄所记北直界堕龙、纪晓岚所记高川镇堕龙、冯喜赓所记光州东乡堕龙、《永平府志》所记乐亭县浪窝海口堕龙，等等。在这些堕龙出现的地方，或者当时便有风雨相随，或者两三天后即来大雨，龙亦乘雨势腾去。任殿元在松花江南沿沙滩上看见的黑龙，据当地人讲是早晨才发现的，当天下午便下起了大雨，夜晚转成了暴雨，整整下了一夜；第二天一早,黑龙就不见了。此类古今共睹、形迹相似的现象,其间必有规律可寻。古人称龙为"腾雷乘水之虫",决不会是无缘无故的。如前所述,龙作为一种古代的两栖类动物,对于水有着很强的依赖性。当地面的空气干燥时,它只能安静地潜伏在水下,而当地面空气的湿度骤然增加时,它变得兴奋起来,开始向陆地上运动。因为只有在高湿度的气候条件下,龙才能保持体表的湿润,才能不断获得水分的补充,以便进行连续的腾跃。邹阳《上吴王书》曰:"臣闻神龙骧首奋翼,则浮云出流,雾雨咸集。"这段话里的因果关系,假如倒过来说,便合乎实际了——"浮云出流,雾雨咸集"的状态,才最有利于神龙"骧首奋翼"。

我们知道,形成降雨的最基本的条件,是空气中的水汽含量必须达到饱和状态。首先是要"油然作云",尔后方能"沛然下雨"。时至今日,我们能使用雷达来探测几百公里以外的积雨云和台风云,甚至能使用气象卫星来观测云团的分布及走向。可是在技术条件落后的古代,人们又是怎样预知天气变化的呢?从很早的时候起,人类就已经注意到,包括动植物在内的自然界诸多事物,在气候发生显著变化之前,常会表现出一些带规律性的特征。利用这些特征来预报天气的阴晴冷暖,古人称之为"物候占"。王充在《论衡·变动篇》中写道:

天气变于上,人物应于下矣。……故天且雨,蝼蚁徙,丘蚓出,琴弦缓,固疾发,此物为天所动之验也。

这里所说的"固疾发",是指人身上的旧病受到阴雨的影响而复发。关节炎患者的经验就是再好不过的证明。为什么当本地天气尚处于风和日丽、并无潮湿之感的情况下,那些关节炎患者却能敏锐地感觉到从远方翻滚而来的异常大气流呢？原来，天空阴云密布时，大量带电荷的气流集合在一起，不同电荷相互吸引、撞击，产生高频率的电辐射，进而又引起地面磁场的变化。正是这种人眼看不见的电磁波，可导致人体的生物电系统发生紊乱。关节炎患者由于局部组织存在病理变化，很难自行调节来对抗这种外来的干扰，所以就表现得格外敏感。当异常大气流距离病人住地很远时，电磁波却以每秒30万公里的光速捷足先登，将"天气变于上"的信息迅速传递过来了。当然，关节炎患者的表现属于人体的病态反应，而不是常态反应。但是，举一隅可以三隅反。我们由此不难推知，生物体内确实存在着远距离遥感的机能，况且我们已经知道，某些动物器官的灵敏度要胜过人类的百倍乃至千万倍。

洪都拉斯的生物学者伊万曾看到在人造压力表完全正常的情况下，蟹鱼就拉着巨大的队伍从海洋向内陆迁移，24小时以后，大飓风从天而降，风暴卷起的海潮冲塌了这一带的海堤。

在加利福尼亚的动物自然保护区，12匹斑马在1967年夏季以身上厚厚的一层内绒毛，为人们预报了一个严酷冬季的到来。这个地区离炎热的莫哈维沙漠不过40公里远，以至当时的一些科学工作者对这种天气预测是不以为然的。然而5个月后，气候的变化证实了斑马的预感。

西南非洲地区的人们也通过一些动物来预测天变。当格努斯大羚羊咬死刚刚生下的幼犊、施布灵跳羚纷纷堕胎、群鹿不再雌雄交配时，当地的农民都知道，长期大旱无雨的灾情即将降临了。动物们之所以不要幼儿，是因为它们懂得，没有雨水，牧草就长不起来，它们也就无法将幼儿掩护起来而免遭敌人的袭击。

这些事例都向我们证实,在这个世界上,动物的气候预测器官是如何的准确、无可比拟。①

龙的身上可能正具备这样一种特殊的感受器,对于远方正在形成的云团,尤其是大面积的积雨云,有着异乎寻常的感应能力。一旦当龙暴露在某地之后,或早或迟总会有成团的阴云涌动而来。因此在古人的整体经验中,"云从龙""龙致雨"乃是看得见的真理,尽管有幸目睹此类奇景的人仅占全国总人口的极少数。且以俞樾《右台仙馆笔记》的记载为例:那个"牛首鼍身"的怪物坠落在潘氏墓地时,时方"赤日杲杲",绝无阴雨迹象。可是到了第二天,风云突变,"风雷交作,大雨如注",怪物即在雨中奋身一跃而远去了。类似这样的观察记录,经过不断的积累,最终上升凝结为一种经验。《光绪重修五河县志》卷三风俗编,引述在当地流传的物候占经验谈:

龙见鱼跃,必有雨。

天气转阴时,随着气压的急剧降低,水中溶解氧量减少,鱼类便感到呼吸困难,因而焦躁不宁,时常跃出水面,这是人所共见的事实。"龙见"和"鱼跃"并举,证明两者同属生物现象。不言而喻,"龙见兆雨"原本也是一种直观经验,是有一定的生活依据的,后来衍变为"龙主行雨",则成了神话和迷信了。

古代居民在无法掌握自然力的情势下,对动物界存在的"自然冥感"现象大为惊奇,因而将过高的期望投注到了某些所谓"神异动物"身上,这是完全可以理解的。古代祈雨术模拟龙的形象来呼风唤雨,现代仿生学模拟蛙眼的构造来研制图像识别机。前者是蒙昧

---

① 摘自《绚丽多彩的生命》,科学普及出版社1991年版,第212—213页,文字上稍有改动。

的表面化的模仿，后者是科学的本质意义上的模仿。两者性质虽然有别，取动物之长为己用的意图却是一脉相通的。平心而论，"龙致雨"之说确实含有真理的成分，不过那是一种被曲解的真理。龙和云雨之间的"冥感"，并不是龙主动招致了云雨，而是即将到来的云雨刺激龙进入兴奋状态，即王充所说的"云雨感龙"。从感应的超前性来看，龙远在泥鳅之上，往往能提前好几天；但是就兆雨的准确率而言，似乎又不尽如人意。因为龙只能感知远处袭来的云团，却不能控制云团的走向，更不能随意制造大雨，而在某一地区能否出现降雨，除了须有富含水汽的云层以外，还要受到其他条件的制约。所以在甲地形成的云团，是否会经过乙地，经过时又是否会降而为雨，这里面有相当大的未知数，所谓"天有不测风云"也。在古籍记载中，我们不是也曾看到过这样的景象吗？某些倒霉的龙坠地后，十天半月不见一滴雨，结果把一条"神灵之精"给活活憋死了。

　　这里有一个与此相关的问题，很值得一议。生物进化的法则告诉我们，生物的每一个特点，如果对自身有实际价值的话，可以由自然选择一直引导到最完善的程度。换言之，生物的每一项特殊技能的高度完善，无不是它与某一特定环境相适应的结果。对照该项法则，再看一看龙坠地后的那种尴尬情形，现实的疑问便来了：在旱地面积成片扩大、湖泊河塘日益缩小、潮湿空气并不占据绝对优势的情况下，龙为什么仍要屡次三番地往陆地上蹿呢？假如事情刚开始的时候就跟后来一样，龙向陆地所作的每一次腾跃都面临着失水的危险，那又怎么可能卓有成效地演化出一套"乘于水则神立"的特异本领来呢？

　　生物学家告诉我们，某些鱼类经常向空中冲跃、滑翔，其实就是在作离水的尝试。因此,我们可以推想,在三亿五千万年前的登陆大革命中,那些爬上岸来的先锋战士,不见得都是一步一个脚印往前挪动的。其中有些成员,原先就已经具备了在水面腾跃的技能,它们为什么不可以充分利用这种技能,向陆地上发起冲击,以尽量缩短从一个水塘转移到另一个水塘的时间呢?而最有利于它们在水陆之间自由腾跃的,也应当是另外一种气候条件和地貌环境——终年降雨量异常丰沛、陆地上遍布池塘沼泽。最符合这些条件并具有典型意义的,恐怕要数我在上一章中提到的石炭纪了。

在地球的气候变迁史上,石炭纪的暖湿多雨是毋庸置疑的。形态各异的蕨类植物覆盖着广大的陆地,完全裸露的旱地几乎是没有的。通过对石炭纪煤层的取样分析,发现已经炭化的植物茎干上普遍缺少年轮,这说明当时没有寒冷气候和干旱季节,树木终年都能均匀生长。大批植物倒地沉积而没有被空气氧化,亦可证明当时不仅降雨丰沛,而且在植物林区内排水不良,即存在着众多的沼泽。正如古气候学家L.A.弗雷克斯所说:"石炭纪明显的气候特征是高湿度。"[①]倘若我们能够骑上英国小说家威尔斯设想的那种"时间旅行机",回到石炭纪的世界中去转一转,我们也许会感到很不舒服。因为在那样潮湿的空气中,人体的汗液很难得到散发。可是这样一种气候环境,在古代两栖类动物的感觉上,却是优哉游哉的极乐世界。

如上一章所述,龙很可能是在隔离或半隔离的环境中幸存下来的某一古老物种的孑遗。这种动物鱼性未泯,颇具古代两栖类的特

---

① L.A.弗雷克斯:《地质时代的气候》,赵希涛等译,海洋出版社1984年版,第142页。

征；它对于水的依赖性，更是明显超过了后世常见的爬行纲动物。地质史上属于它的黄金时代早已逝去，它也无法像后来兴起的物种那样具有广泛的适应性，在它的肌体组织包括神经系统内仍旧保留着对于那个美好盛世的顽强"记忆"。所以每当地面空气的湿度急剧上升时，它便会本能地不由自主地兴奋起来。可惜的是，它所追逐的只是一个短暂的梦境而已。整个地表层的实际状况，对于这种阅尽沧桑的动物来说，已经变得越来越糟，"昔之日已往而不来矣"！

看来，这种曾经被人们奉为神祇、因而附会了无数传说的"鳞虫之长"，其实不过是一种明显背了时的动物。它所以受到人们特别的珍视，乃是因为它太古老，又太稀少了。

第九章
今人不见古时月

由于所处环境的不同,古人实际接触到的珍禽异兽,其种类之繁多,历史之古老,可能远远超出我们的估计。"有其名而无其物者",未必都是出于古人的假想。

第九章

宋人洪适编撰的《隶释》卷四中，录有汉代李翕的《黾池五瑞碑》。所谓"五瑞"，是指五种祥瑞之物，即：黄龙、白鹿、嘉禾、木连理、甘露。在古代历史上曾经被当作祥瑞之物的至少不下数十种，"五瑞"仅是其中有代表性的。自汉代以来的两千年间，凡称说祥瑞者，大都包含"五瑞"在内，可见其影响力之深远。

何谓"祥瑞"？《吕氏春秋·制乐》："祥者，福之先者也。"《论衡·指瑞篇》："王者受富贵之命，故其动出见吉祥异物，见则谓之瑞。"自然界中若干稀见的、于人无害甚或有益的事物，常被视作吉祥的先兆。古人认为，帝王修德，政治清明，这些祥瑞之物便会纷至沓来；反之，则会显露另外一类代表凶咎之兆的自然异象。《礼记·中庸》曰："国家将兴，必有祯祥；国家将亡，必有妖孽。"正因为此类稀见现象系乎一国之兴衰，不可等闲视之，所以朝廷分管天时星历的太史令之流，便有责任加以记录并上呈国君。《后汉书·百官志二》："太史令一人，……凡国有瑞应、灾异，掌记之。"历代正史中的《五行志》《符瑞志》《灵征志》，实则专门附会自然以彰扬人事的古代奇闻录。不过，我们若从另一角度来看，只要抹去其添加上去的迷信色彩，这些被认真记录下来的自然现象本身，仍不失为今天科学研究的重要依据。

嘉禾、木连理属于植物的稀见现象。嘉禾指生长得特别茁壮的稻、麦,常表现为一茎多穗,是一种非遗传性的偶然畸变。木连理即自然嫁接,两株或数株相邻的植物,其枝干合二为一,形成相互依存、共同生长的状态。这一自然奇观亦为后来的人工嫁接提供了有益的启示。

甘露究竟属何物,目前尚存不同看法。有人以为,甘露乃是自然形成的黏附在草木上的甜露,因为甘露之来往往为大面积现象,如《宋书·符瑞志中》记载:"晋简文帝咸安二年正月,甘露降随郡濈阳县界桑木,沾凝十余里中。"可是,从古籍中对于甘露形态的描绘来看,"其凝如脂,悬树上""凝泫如冰霰",甚至有"积至十余日""逾月不散"者,似乎又不大像天降之露水。因而有人怀疑,这类所谓的"神浆",或许是某种植物蚜虫排泄出来的甜屎。

黄龙、白鹿则属于动物的罕见种类,是我在这里要重点加以讨论的。人们对白鹿并不陌生。在那些以学仙飞升为主题的古代歌辞中,尤其是在那些被道教迷信煽热起来的神仙故事中,白鹿几乎就是仙人们不可或缺的伴乘:

仙人骑白鹿,发短耳何长。导我上太华,揽芝获赤幢。(汉乐府民歌《长歌行》)

晨游泰山,云雾窈窕。忽逢二童,颜色鲜好。乘彼白鹿,手翳芝草。(曹植《飞龙篇》)

黄帝时,西王母使使乘白鹿,献白环之休符,有金方也。(《初学记》卷二九引孙柔之《瑞应图》)

鲁女生,长乐人。……女生道成,一旦与知友故人别,云入华山去。后五十年,先相识者逢女生华山庙前,乘白鹿,从玉女三十人,并令谢其乡里故人。(葛洪《神仙传》卷十)

神仙家言固然不足为凭，但白鹿存在于自然界却是事实，我们可以从史籍中找到相当具体的佐证。朱国桢《涌幢小品》卷三一记载：万历戊申年（1608年），嵩山马峪的居民曾捕获一头小白鹿，"通身如雪，目睛周围如丹砂，而瞳子如漆"。此鹿被转送到县里，畜养了将近两年。当它快要长角的时候，又将它放回到山林中去了。《抱朴子·对俗》尝言："虎及鹿兔，皆寿千岁，寿满五百岁者，其毛色白。"这显然是那些讲求仙术者的诞谩之辞。事实上，白化动物是其遗传过程中发生的变异，跟该动物的年岁长短全然无关。

现代生物学的研究表明，脊椎动物从鱼类开始，一直到哺乳类，都曾出现过白色个体。这种体表趋向白化的现象，是由于动物细胞内隐性基因发生突变的结果。隐性基因的突变率非常低，所以白化动物是罕见的，在某些动物群中，其发生率仅为几万分之一。这就难怪白化动物会受到异常的珍爱，以至被罩上了神圣的光环。据说，早在商汤时代就有"白狼显灵"的神秘传说。① 周成王时，南方有越裳国进贡白雉，以为瑞庆。②《国语·周语上》则记载，周穆王西征犬戎时，作为战利品，带回了白狼、白鹿各四头。秦汉以后史籍中所记录的祥瑞之物，除了白鹿以外，尚有白虎（驺虞）、白象、白熊、白狐、白獐、白乌、白龟等将近20种。其间惟独没有白羊。虽则《说文》上早已论定"羊，祥也"，可是白色的羊毕竟太普遍了，因此无法进入祥瑞的行列。"物以少者为贵，多者为贱"，这一价值法则是很难违抗的。

不独我们民族为然，英国的理查二世亦曾选定白色雄性红鹿作

---

① 《艺文类聚》卷九九引《田俅子》。
② 《艺文类聚》卷九九引《孝经援神契》。

为其王国的标记。而在泰国,一旦发现了白化程度达 98% 的纯白变种象,则会被授予封号,进献给君主,直到今天依然如此。至于世界各地的博物馆和动物园,更是将白化动物作为收藏、展览的珍品:

在日本,自 1914 年起,就把一种白色的锦蛇作为自然保护物,精心圈养于山口县岩国市的"白蛇乐园"中,经专家善加培养,它们已生儿育女,将这种白色代代相传。在莫斯科的达尔文博物馆里,辟有一个专馆,专门展出各种白化动物,那里有白色的海鹰、乌鸦、狐狸、狼等。在我国的台湾博物馆内,珍藏着一只二三十年代所捕获的白猴标本。各地的动物园也都曾展出过白化动物,例如:德里动物园、加尔各答动物园和华盛顿国家动物园展出的印度白虎,瑞典皇家动物园展出的白貘,赫尔辛基动物园的白色棕熊,泰国曼谷考林动物园的白体巨型眼镜蛇,巴塞罗那动物园的白色大猩猩,等等。[①]

既然我们没有因为道教迷信的附会而去否定白鹿的客观存在,那么,又为何要断然否认黄龙作为一种稀有动物的现实可能性呢?若说"五瑞"中的其他四瑞都是真实存在的,惟独"五瑞"之首的黄龙是向壁虚造,这在逻辑上恐怕也很难成立。某些事物是否具有祥瑞的意义,固然取决于人们的主观领悟,但是,这些事物本身必须存在于人们的感觉范围以内,而不是仅仅存在于主观意象之中。只要去读一读《宋书·符瑞志》《魏书·灵征志》和《文献通考·物异考》,就不难得出客观而公正的结论。

正如我在前几章中反复举例论证的,在古代居民的实际经验中,

[①] 王雄国:《白化动物》,《博物》1983 年第 6 期。

龙只是罕见而已,并非乌有先生凿空乱道。《国语·鲁语下》韦昭注:

> 龙,神兽也;非常见,故曰怪。

所谓"非常见",即不是经常可以见到的。龙之为"神"为"怪",其最基本的原因就在于"非常见",亦即《抱朴子·明本》所说的"虺蜴盈数,而虬龙希觌",亦即《论衡·自纪篇》所说的"龙少鱼众,少者固为神"。越是罕见的东西,往往被传说得越神,也越容易产生轰动效应。魏人缪袭在《青龙赋》中,曾这样描述当时社会上对于见龙的惊奇心理:

> 旷时代以稀出,观四灵而特奇。是以见之者惊骇,闻之者奔驰。

龙与麟、凤、龟并称为"四灵",而龙又是"四灵"中最为奇特的一种动物。在历史上,每当龙出现在陆地时,总会引来大批的围观者,以致形成"观者足阗阗"的热闹场面。远的不说,即以发生在1944年的事件为例,那条黑龙趴卧的地方,是松花江南沿一个荒僻之处,最近的村子也在10里路以外,可是不到半天工夫,居然也聚拢了300多人。目击者之一的任殿元说,他父亲任佰金打了一辈子鱼,当时也不由得看呆了:"那东西太大了!"记得弗兰西斯·培根有一句名言:"惊异只是罕见的产儿。"[①]正因为龙是一种极为罕见的动物,并且始终无法掌握它的藏身区域,所以一旦在某地发现了真龙,便会"见之者惊骇,闻之者奔驰","人走数百里,竞往观之"。

我在本书第一章中曾举到过一个统计数字,即从汉高祖五年至隋仁寿四年,共800余年的时间里,见龙的记载达108次。考虑到其中可能掺有若干不可信的成分,我们不妨将这个数字再砍去一半,

---

[①] 培根:《新工具》,许宝骙译,商务印书馆1984年版,第183页。

只剩下 54 次。如此算来,800 余年间,平均每 15 年才有 1 次记录,真可谓"旷时代以稀出"了。即使当真龙出现的时候,每次前往围观者都在万人以上,这些目击者在全国总人口中仍然只占极少数。对于大多数古代居民而言,他们所听到的同样是传说,或来自父辈祖辈,或来自千里之外。而一种传说,哪怕是最有依据的传说,只要在时间和空间的管道里经过多次传递,总难免会出现增饰,产生各种各样的变形。

任青春告诉我们,他在 1986 年去肇源县出差时,曾在旅店中遇见一位秃顶老汉。那老汉自然称年轻时曾往"黑龙"身上浇过水,他所指的可能就是 1944 年发生在陈家围子村附近的事件。老汉以此为荣耀,并大作渲染,他在描绘龙的形象时显然过于夸张,甚至说:"龙趴在岸边,江水当时就不往这边流动了。"[1]这是将说书艺人的手法都搬用过来了。喜欢在描述过程中夸大其词,本是人类的一种天性,这或许跟我们的祖先早年在莽原丛林之间谋求生存的需要有关。何况是见到了一种以前从未见过、许多人一辈子也见不到的巨型怪物,在惊骇、惶惑等心理因素的参与下,要作出冷静而客观的叙述就更不容易了。试想,作为发生在现代的同一类事件的目击者,既有像任殿元那样的比较清醒、比较朴实的回忆,也有像这位不知名老汉所作的添油加醋、近乎传说化的描述,那些在时间上更为久远的来自古代目击者的追述之文,又怎么可能都做到准确无误、不出现更加错综复杂的情况呢?

历史的真相或许是十分简单的:古人曾经亲眼见过这种貌似巨

---

[1] 详见本书附录一:《我写作〈黑龙〉一文的缘起》。

型蜥蜴的稀有动物，因此在他们的意识中，有关龙的一切都是真的，或基本上是真的。然而，随着时间的推移、环境的变迁，今人已经看不到这种动物了，于是，在具有现代意识的人们看来，有关龙的一切都是假的，都是古人臆造的。说得好听一些，称作"古代劳动人民伟大想象力的创造"；说得不客气一点，便成了"原始巫术和封建迷信的混合物"。我们似乎给自己制造了一个克雷洛夫寓言中的小箱子，它原本是很容易被打开的，可是在我们的手上却变得复杂起来，怎么摆弄也打不开了。

20世纪初，吴趼人在论及"龙之有无"一题时，曾说过一段发人深省的话：

昔者禹平水土，驱蛇龙而放之菹。能驱之，能放之，与蛇并称，是特与蛇同类之一物耳。窃谓当日必曾有此物，惟大而无当，其能力不足以自存，久已归于天演淘汰之中，故仅得留一名于世界，其物则已绝矣。若鸾、凤、蛟、麟等，有其名而无其物者，当以此例之，窃敢武断斯言。（《我佛山人札记小说·龙》）

吴趼人所言，固然只是一种猜测，却透射出迹近直觉的洞察力。[①] "有其名而无其物者"，未必都是出于古人的假想。在这里，我们不妨借用《墨子·经说下》的一个命题："可无也，已然则尝然，不可无也。"有些东西现在已经不存在了，当然我们可以说"无"，即"可无也"。但它们确实曾经存在过，这是既成事实，即"已然则尝然"。

[①] 比吴趼人大38岁的王韬，在他所著的《瓮牖余谈》卷三中，也发表过相类似的见解："至于龙之一物，或系古有而今无，亦未可知也。世人因其不见，遽指为神物。"

因此谁也不能轻易否定,谁也不能说它们"无",即"不可无也"。①

　　在我之前,已经有不少人指出过,被古人奉为动物之首的"四灵",可能是有现实原型的。不过,读了某些研究者的论著,总给人这样一种感觉,仿佛古人所看见的动物种类跟今人已知道的正好等量齐观。于是乎,那些带有神秘色彩的古代传说动物,都可一一在现今的动物图谱上找到对应者。例如,麟是犀牛或长颈鹿,凤是孔雀或鸵鸟,龙是大蛇或鳄鱼,等等。恕我直言,这种对号入座式的推演法,并不符合迄今为止生物科学史已经提供的事实。

　　诚然,"今月曾经照古人",古今的生态环境有其相通相似的一面,不然的话,我们这个物种也许就不会存留到今天了。但是,作为问题的另一面,我们也不能不承认,古往今来,物换星移,自然界处于不停顿的变化之中,许多古人尚能见到的景观、事物,我们是再也无缘相识了。纵然是数万年以前的月亮,看上去也要比今天显得更大一些,"今人不见古时月"亦属确凿无疑的真理。

　　古人曾经接触到的动物种类,较之今人所见颇有出入,这是有事实为证的。仅以我国华北地区的旧石器时代文化遗存为例,在距今一万八千年的山顶洞文化堆积层②中,已发现的动物化石,绝灭种占其总数的12%;在距今三万年的峙峪文化遗址③中,绝灭动物占总数的40%;而在一百八十万年前的西侯度文化遗址④中,共发现

---

① 这段对《墨经》的阐释之语,摘自刘文英:《中国古代时空观念的产生和发展》,上海人民出版社1980年版,第28—29页。
② 发现于北京市周口店龙骨山山顶洞穴内的旧石器文化遗存。
③ 发现于山西省朔县西北峙峪村附近的旧石器文化遗存。
④ 发现于山西省芮城县西侯度村附近的旧石器文化遗存。

22种哺乳动物化石,包括巨河狸、鬣狗、剑齿象、平额象、纳玛象、步氏羚羊、李氏野猪、粗壮丽牛、山西披毛犀、古板齿犀、中国长鼻三趾马、三门马以及双叉麋鹿等,已经100%地绝灭了。哺乳类毕竟是较晚起的动物类群,尚且发生了如此剧烈的演替,遑论在生物史上起源更早的两栖类和爬行类了。"在脊椎动物中,过去历史最复杂,灭亡最多,而现在留存很少,仅代表过去残余的,就是爬行动物,而两栖类也有一大部分灭亡了。"①据古生物学家推断,地球有史以来存在过的动物物种,98%已经归于绝灭。那些在自然界曾经有过、后来绝迹的动物,并不是每一种都能找到残骸或化石的。我们身居今日之环境,侈谈"俯察品类之盛",实则犹如《尸子》中说的:"自井中视星,所见不过数星。"

物种演替,新陈代谢,是大自然不可抗拒的规律。但旧物种的消失往往有一个过程,虽则大势已去,余波不绝如缕。即便是发生了巨大的自然灾变,给予某些动物种群以毁灭性的打击,仍然不能排除会有少量漏网之鱼,利用特殊环境的掩护而幸免于难。我们在某一地质年代的岩层中尚未发现该种动物的遗骸,只能说明这一物种作为一个大的集群在当时的自然界已经不复存在,并不等于这一物种的所有成员都已消失得干干净净。大自然是一位包容很广的魔术师,既包含常例,也包含某些特例。当现代工业蓬勃兴起之前的几千年间,当人口密度长期处于相对稀疏的历史条件下,在我们这片广袤的土地上,存在着众多的原始或半原始的生态环境。在那样的环境中,古代居民有可能见到更多种类的古老动物的孑遗,即

---

① 杨钟健:《演化的实证与过程》,科学出版社1957年版,第33页。

人们通常所说的"活化石"。这并不是一个简单的逻辑推论,而是确曾有过的历史事实。且不说上古神话中的"猰貐""凿齿""九婴""大风"等怪兽,肯定不是后世习见的虎、豹、熊、鹰之类,即就秦汉以后的史籍记载而论,仍可从中不时发现罕见动物的踪影。我在前面的章节中,已经举过不少这方面的例证。倘若读者还嫌不够,那么,再看下引数例:

宋泰始(465—471年)末,武进旧茔有兽见,一角,羊头,龙翼,马足。父老咸见,莫之识也。(《南齐书·祥瑞志》)

永徽四年(653年),宋州人蔡道基舍旁有兽,高丈余,头类羊,一角,鹿形,马蹄,牛尾,五色,有翅。(《新唐书·五行志一》)

楚王马希范修长沙城,开濠毕,忽有一物,长十丈余,①无头尾手足,状若土山,自北岸出,游泳水上。久之,入南岸而没,出入俱无踪迹。或谓之"土龙"。(《太平广记》卷三七三引《稽神录》)

赵清宪丞相挺之夫人郭氏之子郭大,以盛夏往青社外邑,乘月以行。中路马惊,鞭策不肯进。左顾瓜田中,一物高丈余,形如蝙蝠,头如驴,两翅如席,一爪踞地,一爪握瓜食之,目光烂然。郭丧胆,回马疾驰数十步,间反顾,犹未去。(洪迈《夷坚志》甲志卷十九)

嘉靖十二年(1533年),褒人于廉水之隈饮牛,见一物如牛,鹰嘴肉翅,自深潭盘旋而出,其声如雷,以翅裹牛入水。众用瓦石击之,遂深入,牛乃出。(《嘉庆汉南续修郡志》卷三一)

嘉靖十九年(1540年),牛渚矶下水沸,拥出一物,形如牛背,大若覆舟,隐显数次。近亦有水怪,屡拥潮数尺,夜则入河,不见形状,

---

① 涵芬楼本《说郛》卷十四、陶珽重编本《说郛》卷一一七引《稽神录》,此处均为"高丈余"三字。

止见水长,倏然而退。(《康熙太平府志》卷四十)

这些形体甚大、状貌异常的古动物,有的可能属于哺乳类,有的可能属于鸟类或爬行类。因为它们的数量极为稀少,平日里难得一见,所以连古时候的"博物君子"都不识其为何名。

自然演化的事实启迪我们,不应当过高估计古代居民的想象力,不应当将那些我们暂时还不能理解的动物统统归结为古人的艺术创造。即使像《山海经》所描绘的种种奇形怪物,也要作具体分析,不能一概而论。比如《山海经·西山经》中讲到,华山上有一种名叫"肥蠦"的怪蛇,它一旦出现,便预示将有大范围的旱灾:

又西六十里,曰太华之山……有蛇焉,名曰肥蠦,六足四翼,见则天下大旱。

尽管郭璞已注明"汤时此蛇见于阳山下",可谁又敢轻易相信世间真有其物呢?然而天下事常有出人意料者。据明人朱国桢《涌幢小品》卷三一记载,万历十四年,建昌县(今江西永修县)乡民在山林中遇见一条长着六只脚的大蛇,很可能就是传说中的"肥蠦":

万历丙戌(1586年),建昌乡民樵于山,逢一巨蛇,头端一角,六足如鸡距,见人不噬亦不惊。民因呼群往视,亦不敢伤;徐徐入深林去。《华山记》云:"蛇六足者,名曰肥蠦,见则千里之内大旱。"戊子、己丑之灾,其兆已先见之矣。

另据《光绪京山县志》卷一记载,明代末年,湖北京山县一民宅水沟中,亦曾发现这种"六足如鸡距"的怪蛇:

崇祯六年癸酉(1633年),彭杨畈民家沟中蛇出,长六尺,围尺许,身红绿色,六足如鸡距,不噬人。郝楚望曰:"肥蠦也,主千里旱。"果验。

不知是不是出于巧合,这两次"肥蟥"的亮相,其后不久都出现了大旱之年。如万历十四年"肥蟥"暴露在建昌县境,随后,万历十六年(戊子),苏州等地大旱,太湖干涸;万历十七年(己丑),浙江、江西、湖广大旱。所以朱国桢说:"戊子、己丑之灾,其兆已先见之矣。"我在上一章中曾论及,某些生物对于自然界的变化,有着异乎寻常的预感能力。所谓"天气变于上,人物应于下",古人在这方面确实积累了相当丰富的感性资料。因此也不排除这样的可能性,即"肥蟥兆旱"和"龙见兆雨"一样,最初都是源于生活的物占经验。不过,由于此类动物毕竟太稀少,想要根据它们的出没来预测气候的变化,即使在古代也未必有多少实用价值,而在今天的人们看来,不啻是巫术迷信了。

现实生活中所看到的"肥蟥",仅有"六足",尚无"四翼",这与《山海经》的描绘稍有不合。但在明代初年,蕲水县(今湖北浠水县)的部分乡民倒真是见过一种头长鸡冠、身有双翼的怪蛇,甚至还为这种动物建立了神祠:

鸡公山,治东八里。洪武(1368—1398年)初,有大蛇,其首赤,冠似鸡,生两翼,作鸡鸣,鸣则雨。乡人以为神,立社祠之。遂不见,因以名山。(《嘉靖蕲水县志》卷一)

如果说有一种蛇"其首赤,冠似鸡",这可以相信;今日湖北神农架中,尚可见到一种"鸡冠蛇",头上长着鲜红漂亮的鸡冠,爬行起来速度甚快。如果说有一种蛇"作鸡鸣,鸣则雨",这似乎也能理解;在非洲索马里,生活着一种黑羽花纹的"报雨鸡",每当大雨之前,它就"咯咯"地叫个不休。可是,若说蛇的身上会长出翅膀来,岂不是太荒诞、太违背常理了吗?

其实正好相反。这种貌似不合常理的现象,却正是生物进化史上曾经有过的实情。"当我们看到鸟类的翅膀时,最不可能联想到的也许就是蛇了。然而鸟类却是由爬行动物所演化而成;鸟类身上的羽毛,正是由蛇、蜥蜴与鳄鱼等的鳞片所演变而来。"①虽然我们不曾亲眼见过那已经消失的无数个中间环节,但生物考古学所掌握的事实可以提供有力的证明,故而赫胥黎称鸟类只是"美化了的爬行动物"。假如蕲水县乡民当年没有看错的话,那么,他们所看见的并非真正的蛇类,而是介于爬行类和鸟类之间的一种过渡形态的动物,是极为宝贵的"活化石"。可惜它也是偶尔露峥嵘,很快便从人们的视觉中消失了,剩下的只是传说,绵延不绝的传说,永远可以让后人作各种解释的传说。

对于那些发生在古代、并由古人记录下来的事件,聪明的现代人总难免疑心甚重。我们还是去看一看现代科学工作者从神农架地区发回来的报道吧。

神农架,位于湖北省西部、长江与汉水之间的大巴山区。相传远古的神农氏曾在这里遍尝百草,因山崖陡峭,无路可行,只好架梯上下,"神农架"之名便由此而来。这一传说固然出自后人的想象,但是,神农架作为一个相当古老的原始林区,却是千真万确的事实。由于得天独厚的地理环境,该地区长期处于寂静的封闭状态,从而保存下了种类繁多的在世界其他地方难以见到的珍稀动物、植物。自20世纪70年代以来,又从神农架地区频频传出有关"野人"的消息,更加吸引了众多的志在揭开自然之谜的科学工作者。

---

① 《大英科技百科全书》中文版,第7册,台湾光复书局1985年版,第42页。

1986年,张运林、尹笋君在《"野人"考察研究通讯》上首先撰文披露,在神农架新华乡的深山峡谷里生活着一种大型水怪,当地人称之为"蟾",或称"癞都(癞蛤蟆)精"。据说,这种水怪一般在春、夏、秋三个季节出现,冬天则蛰伏于水底洞穴之中。当地看见过这种水怪的起码有20多人。目击者称,只要一见到它那副可怕的模样,就避之惟恐不及:

　　皮肤呈灰白色,头部像巨大的蟾蜍,两只圆眼比饭碗还大,鼻孔犹如两个大黑洞,嘴巴张开很大,两前肢像腰盆那样粗,肢上有五个趾头,每一趾粗如人手臂,浑身遍布寸把长的毛和一尺多高的肉疙瘩。当它浮出水面时,往往只露半身,嘴里还同时喷出很高的水柱。①

　　1987年5月,华东师范大学生物系刘民壮等人,专程前往神农架,走访了新华乡、长坊乡,同好几位亲眼见过水怪的农民进行了交谈。目击者回忆了当年遇到的恐怖情景:当他们将石块刚投入深潭,平静的潭水一下子翻滚起来,起先是升起一团黄色的雾罩,接着一个庞大的怪物从潭水中冒出身躯,并伸出两只巨大的前掌,沿着潭边摸来摸去。这些目击者分别在不同的时间、不同的地点与水怪相遇,虽然具体情节稍有差异,但他们所描述的怪物却是相同的:体形庞大,像个巨型癞蛤蟆,有发达的前肢,膀子粗壮,长满黄色毛,前肢上有5个粗长的趾爪,趾间有蹼,嘴里会喷水吐雾,多发现于人烟绝

---

① 关于神农架水怪的介绍与分析,均引自刘民壮《离奇的神农架"水怪"》(载《自然与人》1988年第1期),同时还参阅了刘民壮发表在《"野人"考察研究通讯》(内刊)第86期上的《神农架"水怪"之谜》,因此在文字上稍有改动。以下同,不另注。

迹的原始森林大峡谷中,生活在有流动水的深潭内,半身浮于水面,从不爬上岸来。据有的目击者估算,"癞都精"全身大约有1丈2尺长。

面对目击者绘声绘色的描述,博学多识的生物学家却深感困惑:

蟾蜍科的动物身体最长不过10厘米,决不会有丈把长,并且只有4个趾头。若说是水獭,虽然前肢有5爪,也有蹼和毛,但水獭决不会有长趾头,不会吐雾,体长不超过1米,而且头部一点儿也不像癞蛤蟆。至于其他的水生哺乳动物则又多为海产。这种怪兽也不可能是鱼,因为鱼没有5个趾的前肢,又不像仅具4趾的娃娃鱼。显然,它属于迄今科学上还未认识的一种动物。

刘民壮惊异地发现,古代艺术作品中曾经出现过这类动物的相当逼真的造型:

无独有偶,从故宫保存下来的鎏金兽形象,极似这种水怪:蛤蟆状,前肢有5趾,末端有爪,头顶长着一对向后直伸的细长角,节理清楚,遍身布满疙瘩。

我记得《后汉书·灵帝纪》上曾有记载:"中平三年,复修玉堂殿,铸铜人四、黄钟四,及天禄、虾蟆。"这里所说的"天禄"、"虾蟆",是两种大型怪兽的名称。据沈括说,"天禄"并非虚构,是有生物原型的。[1] 以此类推,"虾蟆"亦当在现实生活中有所依据。但我过去总想不明白,那种野地里常见的小小的癞蛤蟆,怎么会被夸大为"神异之物",作为威严的象征而镇守在宫门之前呢?现在,刘民壮等人对于神农架水怪的调查,向我们提供了重要的参照物:在蟾蜍科、蛙科以外,另有

---

[1]《梦溪笔谈·异事》。

一种体形庞大、状貌狰恶的罕见水栖动物，那才是古代石雕或铜铸蛤蟆状怪物的真正原型。《后汉书·宦者传》称：汉灵帝时铸造的"虾蟆"，作吐水状，转水入宫。而今仍隐伏在神农架深谷中的"癞都精"，正是一种能够喷水吐雾的怪兽。

如果自然界确有其物存在，那到底该归入哪一类动物呢？对此，刘民壮发表了一个颇为大胆的猜测性意见：

这种庞然大物可能属于两栖纲的迷齿亚纲动物。这类古老的动物有迷齿型牙齿，体形较大，四肢发达。到二叠纪后，它的头壳渐渐扁平增大，身体后半部开始缩小，水陆两地都能生活。到了三叠纪，它又退回到水中，头骨进一步增大而扁平，很像癞蛤蟆，所以被称为"蛤蟆龙"。它的体形之大超过以往任何的两栖类，但是不能营陆地生活，终年生存于水中，一直延续到三叠纪末期。神农架水怪会不会是蛤蟆龙残留下来的变化了的后代呢？

据刘民壮分析，神农架地区在古生代是一片海洋，中生代变为低洼陆地，到处是湖泊沼泽，正是两栖类动物理想的栖息之所。到了新生代，神农架开始上升为高山，很多古代的湖泊消失了，但在封闭的深山大峡谷之间，仍留有不少未经人类干扰的寂静的深水潭，这样的生态环境为迷齿类后代的幸存提供了可能性。

我在本书中所探讨的被古人称作"鳞虫之长"的龙，无论是根据任殿元对于"水虫"的描述，还是根据历代史籍关于"堕龙"的记载，其外形皆与蜥蜴相似，后面拖着一条长尾巴，而跟那种蛤蟆龙截然不同。假如刘民壮的推测确实能够成立的话，蛤蟆龙的后代居然可以在某一特殊环境中延续至今，那么，其他古代两栖类动物的直系或旁系亲属,便也有可能以这种或那种方式逃过大自然的劫数,何况我们已经查明,某些具有亿万年历史的古老动物,如矛尾鱼、楔齿蜥等,确确实实奇迹般地幸存了下来。

从"肥蠖"到"癫都精",种种迹象都说明,古代居民实际接触到的珍禽异兽,其种类之繁多,历史之古老,可能远远超出于我们的估计。因此,对于某些在古代传说及古代艺术品中屡屡出现的奇形怪状的动物,即使目前尚未获得生物考古方面的实证,也应当谨慎处置,切不可过早地作出否定性的结论。倘若以为凭借我们现已掌握的少许知识,便足以牢笼古往今来的整个天地,而将那些我们暂时还不能理解的事物,统统拒之于科学研究的大门之外,那就如同《抱朴子·论仙》中所比喻的,是企图用自己的手指去测量大海的深浅——"所谓以指测海,指极而云水尽者也"。

自从人类"昼拾橡栗,暮栖木上",到而今"层台耸翠,飞阁流丹",在已经逝去的悠悠岁月中,不知有多少种今人未见甚至未闻的动物绝灭了。除了生物演替的自然规律之外,人类活动所带来的干扰破坏,也是一个不容忽视的因素。

众所周知,人类作为一种建立了高度文化的动物,离开自然状态已经越来越远了。因而适合于人类居住和发展的环境,未必适宜于其他野生动物的栖息和繁衍。"广厦阔屋,连闼通房,人之所安也,鸟入之而忧。高山险阻,深林丛薄,虎豹之所乐也,人入之而畏。"①正如神农架地区常可发现在别处罕有遗存的动植物种类,某些古老的孑遗动物,由于自身结构的特化,往往更多地依赖于

---

① 《淮南子·齐俗训》。

原始或接近原始的生态环境。我们不难设想,矛尾鱼要是不潜入300米以下的深海,楔齿蜥要是没有新西兰那种独特的地理环境,它们也许就不会历经劫难而一脉独存。

对于其他动物而言,人类又何尝不是一种最可怕的猛兽?《意林》卷五引《任子》:"神龙不处网罟之水,凤凰不翔罻罗之乡。"古人已经意识到,即使是那些有灵性的动物,也不堪忍受人类无休止的渔猎行为。不过,就实际情形而论,人类的综合性经济活动,对于野生动物种群所造成的损害,较之单纯的"网罟""罻罗"来更要严重得多。倘使有那么一天,所有的荒原僻野都垦成农田,修起公路,所有的长江大河都筑起拦水坝,建立发电站——这在我们看来,仿佛是空前的繁荣,而在其他野生动物的感觉上,不啻是空间的灾难。人类在"开发自然"的旗号下,往往过多地强调了自身的需要,却在无意之间把其他动物逼进了死胡同。因为迅速缩小某一物种的自然生态面积,乃是导致该物种绝灭的最根本途径。

且以湖北省为例,境内湖泊众多,素来享有"千湖之省"的美誉。我在本书第二章中曾举证:南宋绍兴三十一年,一青龙趴卧在汉阳太白湖边,围观者接踵而至,热闹非常,姜夔后来有诗追记之;直到明、清两代,巨龙的身影仍多次出现在蒲圻、宜都等地的江湖中。究其原因,或许跟湖北地区水网密布有一定的关系。然而,据近年报载,由于大规模的围湖造田,目前该省面积在100亩以上的湖泊只剩下843个,比20世纪50年代初减少了489个,全省水域总面积只有同期的35%。围湖造田的结果,固然增收了一部分粮食,缓解了人口增长过快所造成的压力,但是却破坏了多少世代延续下来的自然生态环境,对鱼类、水禽和水生植物的繁衍产生了不利的影响。从长远来看,这种状况是令人忧虑的。

面对着"鸢飞戾天,鱼跃于渊"的美好大自然,我们不能不陷入深深的思索:人类自封为"万物之灵",难道真的可以不顾其他生物的利益,随心所欲地掠取一切自然资源吗?类似这样的思索,我们的祖先从很早的时候起就已经开始了。

第十章
从环境到政治的"指示生物"

古人对于"四灵"的崇拜和宣传,最初跟生态保护的意识有密切关联。这种朴素的动物崇拜,后来被纳入了政治伦理化的歧途,生物界的珍品被改造成了政治界的"神物"。

《初学记》卷三十引《瑞应图》：

黄龙曰神灵之精，四龙之长也。王者不漉池而渔，德达深渊，则应气而游池沼。

古人的这一说法，是不是也含有某种真理呢？

也许有人会觉得，像《瑞应图》这样的著作，一看书名便知其为封建迷信的作品，哪里还有什么真理可言。

若将一种在历史上曾经流传的说法，简单地斥之为"封建迷信"，那是再省力不过的了。可惜，历史现象本身决非如此简单。我们知道，在近代实验科学诞生以前的很长时期中，人类主要是依靠直观经验来把握世界的。最初的科学思想便发源于直观经验，而直观经验由于其天然的缺陷，又最容易受到迷信意识的侵蚀。因此，想要从历史上找到一种完全不含迷信杂质的纯而又纯的科学思想，几乎是不现实的。《瑞应图》宣扬帝王符命、天人感应，其为迷信作品自不待言，但正如谶纬著作曾经巧妙地运用了那个时代的百科知识一样，《瑞应图》中也可能蕴含着由几代人所积累起来的对于自然和社会相互关系的某种直观体验。

事实上，"不漉池而渔"云云，并非《瑞应图》的独家发明。在先秦以来的经史书籍中，相似说法已屡见不鲜：

好竭水搏鱼，则蛟龙不出焉。（《大戴礼记·易本命》）

竭泽而渔,则蛟龙不处其渊。(《孔子家语·困誓》)

漉鱼鳖之池,则神虬遐逝。(《抱朴子·逸民》)

这类说法的应用对象,除了神龙之外,还遍及凤凰、麒麟等其他稀有动物:

古之王者有务而拘领者矣,其政好生而恶杀焉。是以凤在列树,麟在郊野,乌鹊之巢可俯而窥也。(《荀子·哀公》)

麟一角,明海内共一主也。王者不刳胎,不剖卵,则出于郊。(《初学记》卷二九引《春秋感精符》)

白虎者,仁而不害。王者不暴虐,恩及行苇则见。(《艺文类聚》卷九九引《瑞应图》)

灵龟者,神龟也。王者德泽湛清,渔猎山川从时则出。(《宋书·符瑞志中》)

为了能够准确理解上述说法中所包含的实际意义,有必要回顾一下先民们在同大自然奋斗中所经历的曲折的认识过程。

"人猿相揖别。只几个石头磨过,小儿时节。"身居蒙昧时代的人类,势单力薄,举步维艰。除了山崩地裂、洪水雷火等无法预料的自然灾害之外,最严重的威胁莫过于来自猛兽的侵袭了。《韩非子·五蠹》尝言:"上古之世,人民少而禽兽众,人民不胜禽兽虫蛇。"确属当时的真实状况。故而在世界各民族的早期神话中,那些具备大智慧、大神力的英雄圣杰,其被人歌颂的一大功德,便是蓟除了为害人民的狞恶怪兽。"人为动物,惟物之灵。"一面要保护自己不让其他野兽吃掉,一面又要设法捕获更多禽兽以充实食源,这构成了那个时代人类生活的主旋律。

《孟子·滕文公上》:

当尧之时,天下犹未平,洪水横流,泛滥于天下,草木畅茂,禽兽繁殖,五谷不登,禽兽偪人,兽蹄鸟迹之道交于中国。尧独忧之,举舜而敷治焉。舜使益掌火,益烈山泽而焚之,禽兽逃匿。

当"兽蹄鸟迹之道交于中国"、先民们还处在野兽群的巨大威胁之下时,是根本不会想到要去保护其他动物的。非我同类,其必歼之。这里所说的"烈山泽而焚之",就是采用纵火毁林的方法以驱赶野兽,在荆棘遍野、险象丛生的环境中,为人类自身开辟出一个安居之所。野兽无不畏惧火攻,人类一旦学会了使用火,便不啻掌握了一种威力强大的武器。由此起步,进而又衍生出一种原始的猎兽方式,叫作"焚林而田(畋)",即围烧部分林木,猎人们预先埋伏在火圈以外,趁机捕捉从火里逃出来的惊慌失措的野兽。另有一种与此相类似的捕鱼方式,叫作"竭泽而渔",又称"漉池而渔",即挖开较小的池塘,让池水泄尽,致使鱼群因脱水而大批被捕。这类野蛮的渔猎方式,一次性收获固然相当可观,而留下的后遗症也是十分严重的。《吕氏春秋·义赏》篇中,通过春秋时代晋人雍季之口,表达了先民们从实践中得到的沉痛教训:"竭泽而渔,岂不获得?而明年无鱼。焚薮而田,岂不获得?而明年无兽。"

人同其他生灵一样,首要的问题是从外界摄取养料,以维持和繁衍生命。我们所面对的自然界,乃是人类和其他生物共同居住的园地;生物与生物之间,生物与非生物之间,有着相互依存、相互制约的协同关系。人类虽然自命为"万物之灵",却没有也不可能超出特定的生态系统。人类的衣、食、住、行,莫不与其他动物、植物密切相关。随着人口数量日渐递增,技术手段日趋发达,人类事实上已成为生态系统中的绝对优势种群。当自然资源被急剧消耗而频频出现生态警报之时,人类不得不开始认真思考这样一个有关自身前途的重大问题:我们果真能够随心所欲地支配万物吗?

　　古往今来的实践皆已证明,人类作为自然界的一员,若不循规律而妄为,势必遭到大自然的报复。各类自然资源,即使像动植物等可更新资源,也仍有一定的供应阈限,不可能无限制掠取的。比如野生动物种群的繁衍,就需要一定数量的动物个体作为基数,如果少于这个基数,便无法抵抗来自环境的压力,这类动物资源便会很快枯竭。我们从商代甲骨文中可以发现,"焚林而田"的做法在当时十分普遍,捕获野兽的数量也颇为惊人,仅麋鹿(四不像)一种,每次捕获量常多达数百头。[1] 安阳殷墟出土的大批麋鹿骨角便是明证。黄河流域的麋鹿群,大概就是因为这种无节制的猎捕而逐渐稀少以至绝迹的。鉴于历史的教训,后来便有了对于狩猎活动的若干限制,如《礼记·曲礼下》所载:"国君春田不围泽,大夫不掩群,士不取麛卵。"凡是不遵守礼制规矩而滥杀禽兽,则被视为"暴天物"。《礼记·王制》:"田不以礼,曰暴天物。"《尚书·武成》篇中谴责殷纣王倒行逆施的行径,将"暴殄天物"列为一大罪状,与"害虐烝民"相提并论,可见其罪莫甚焉。

　　"暴殄天物",肆意损耗自然资源,其结果必然导致"山林薮泽之匮",使得"万物不繁兆,萌牙卵胎而不成"[2]。而一旦出现了大范围的生态危机,势必严重危及人类的生存,阻滞社会的发展。"人类历史上第一次较大范围的生态危机,就是北半球中高纬度区域作为狩猎对象的一些大型哺乳动物的绝灭引起的。它曾造成旧石器末期

---

[1] 例如,武丁时期的一条卜辞:"获不？允获麋四百五十一。"
[2] 《淮南子·本经训》。

人口急剧减少和旧石器文化与新石器文化之间的断裂。"①自人类进入阶级社会以后,生态环境的质量,环境对人口的承受能力,同样间接地影响着国家政治的兴衰。所谓"伊、洛竭而夏亡,河竭而商亡"②,说的就是这个道理。因此,探求自然规律,维护生态平衡,很早便引起了我国古代思想家的重视,在先秦的著作中不时可以发现有关这方面的精辟论述。

值得注意的是,那些古典著作在论及生态保护问题时,往往要求统治者躬先表率,爱惜物力,并将其视为"仁政"的一个重要组成部分。《管子·形势解》认为,作为一国之主,倘若"上逆天道,下绝地理",必然招致"天不予时,地不生财"。《荀子·王制》则进一步指出,君王治理天下的宗旨,就是要让"万物皆得其宜,六畜皆得其长,群生皆得其命";只有合理地使用自然资源,方能使得民生之源如涓涓长流,挹之不竭:

圣王之制也:草木荣华滋硕之时,则斧斤不入山林,不夭其生,不绝其长也;鼋鼍龟鳖鳅鳝孕别之时,罔罟毒药不入泽,不夭其生,不绝其长也;春耕、夏耘、秋收、冬藏,四者不失时,故五谷不绝,而百姓有余食也;污池渊沼川泽,谨其时禁,故鱼鳖优多而百姓有余用也;斩伐养长,不失其时,故山林不童而百姓有余材也。

古代思想家们难免有一种崇古的风气,总喜欢把自己的主张说成是上古"圣王"立下的规矩,也许这样更容易引起当世君主的重视和效法。据《逸周书·大聚》称,大禹之时就曾有过季节性的禁令:

---

① 刘国城:《生态环境与社会发展》,载《自然辩证法研究》1992 年第 4 期。
② 《国语·周语上》。

"春三月,山林不登斧,以成草木之长;夏三月,川泽不入网罟,以成鱼鳖之长。"这恐怕只是一种传说。但至晚不会超过周代,已经有了相当完备的生态环境保护制度,不仅设置了"衡麓""虞候""祈望"诸职官,分别掌管山林、薮泽、海产等资源,而且对动植物的捕获、斩伐作出了比较具体的规定。以渔业为例:禁止在春、夏两季下网捕鱼,以保证鱼群的正常繁殖;禁止使用网眼过小的密网进行捕捞,以防止大量伤害幼鱼;至于像"竭泽而渔"之类的毁灭性的操作方式,更是必须坚决反对的。从国君开始,都要严格遵守保护水产资源的规定,这便是所谓"德达深渊"也。《国语·鲁语上》记载的一件史实,颇为后人所称道:鲁宣公擅自在夏季将鱼网沉到泗水里捕鱼,大夫里革看见后,当场将鱼网割断,并向鲁宣公讲解了"古之训",即世代积累起来的有关保护生物资源的知识和法规。

行文至此,我们再来看本章开头所引录的"王者不漉池而渔,则黄龙游于池沼",以及有关凤凰、麒麟等动物的相类似的说法,其思想内涵便如同雨后青峦,豁然在目。众所周知,《礼记·礼运》将麟、凤、龟、龙合称为"四灵",《大戴礼记·易本命》则将"四灵"封为毛虫、羽虫、介虫、鳞虫的领袖,并与人类(倮虫)之中的"圣人"相媲美。从此以后,"四灵"不独成了动物界至高无上的尊者,甚至还成了社会与自然相沟通、相感应的天使。关于"四灵"崇拜,以往的研究者过多地强调了其夸诞、迷信的一面,却忽略了其中所蕴含的一个颇具光彩的思想——以珍稀动物为标杆,来测定生态环境的优劣。

在监测生态环境方面,虽然我们今天有了各种先进的仪器,却仍没有放弃将生物本身作为一种必要的工具。现代环境科学有"指示生物"(indicator organism)一词,特指那些对污染物质能够产生灵敏反应而被用来监测环境变化的生物。古时候尚无工业污染,古人的思维亦不至于如此超前,不可能产生现代意义上的"指示生物"概念。然而,古人在认识和改造周围环境的长期实践中,也发现了一类能够为全社会所认同的"指示生物",即平日里难得一见的某些珍贵稀有动物,以麟、凤、龟、龙为主要代表。在古人看来,这类具有灵性的动物一旦出现,便预示着天下太平,环境优良,风调雨顺,物阜民安。《礼记·礼运》中便公开宣称:

天不爱其道,地不爱其宝,人不爱其情。故天降膏露,地出醴泉,山出器车,河出马图,凤凰、麒麟皆在郊棷,龟、龙在宫沼,其余鸟兽之卵胎皆可俯而窥也。

这里所描绘的图景,虽然也杂有若干夸诞不实的成分,但就其总体而论,乃是一幅万物翛然、各顺其势、人与自然高度和谐的人间胜境图。连麟、凤、龟、龙等稀有之物都能自由自在地出现于人类的生活区内,其他各种常见鸟兽更是悠悠然,熙熙然,无遮无碍,了不畏人。所谓"天地自位,万物自育"①,人类对自然的干扰降到了最低程度。这不仅是生物界的幸运,亦是人类本身的幸运。故而《礼记·礼运》中又说:"四灵以为畜,故饮食有由也。"孔颖达疏曰:

四灵是众物之长,长既至,为圣人所畜,则其属并随其长而至,得以充庖厨,是饮食有用也。

"四灵是众物之长"的提法是否正确,我们暂不必去计较,只要领会其主旨即可。"四灵"和群生的关系,可以化用一个我们今天都能理解的比喻:那些数量稀少的"灵异之物"仿佛是金字塔顶端的标

---

① 陈澔《礼记集说》引程子语。

志,而整个动物群体则构成了既宽且厚的塔基。所谓"饮食有用也",即《荀子·王制》中说的"鱼鳖优多而百姓有余用也"。正如同"圣人"的诞生昭示着人类社会的文明昌盛,"四灵"的出现亦意味着动物资源的繁庶丰饶,这是古代思维合乎逻辑的推论。《墨子·修身》尝言:"本不固者末必幾。"作为塔基部分的动物群体,倘若受到了严重的摧残,其后果又会如何呢?

《吕氏春秋·应同》篇论及物类感召之道:

夫覆巢毁卵,则凤凰不至;刳兽食胎,则麒麟不来;乾泽涸渔,则龟龙不往。物之从同,不可为记。

这里所说的"覆巢毁卵""刳兽食胎""乾泽涸渔",都属于过度的渔猎行为。野蛮捕杀幼小禽兽,肆意扰乱生态稳定,必将使得那些"灵异之物"高翔远翥,深藏潜匿,不再复见于人世。这显然是在运用形象化的图解方式,讲述一种古代的辩证思想,并借此告诫人们不要滥捕滥杀,不要为图一时之利而贻百年之患。从生态保护的立场而论,无疑是具有积极意义的。

《吕氏春秋》一书,集先秦学术思想之大成。它所引述的"覆巢毁卵则凤凰不至"数语,原本就是春秋以来普遍使用的格言。《逸周书·文传》载周文王训诫其子武王,有"不卵不蹼""无杀夭胎"之语。《战国策·赵策四》谅毅说秦王曰:"臣闻之:有覆巢毁卵,而凤凰不翔;刳胎焚夭,而麒麟不至。"《史记·孔子世家》记孔子所言:"丘闻之也,刳胎杀夭则麒麟不至郊,竭泽涸渔则蛟龙不合阴阳,覆巢毁卵则凤凰不翔。"由此可见,对于"四灵"的崇拜和宣传,最初跟生态保护的意识有密切关联,至少在先秦时代确是如此。南宋人方悫在注解《礼记》时说:"麟体信厚,凤知治乱,龟兆吉凶,龙能变化,故谓之四灵。"那是后起的附会之义。我们只要看《礼记》曾将"四灵"同人类的"饮食"资源联系在一起,便可知这些珍稀动物在早期文化史上还没有那么多超现实的神性。

将麟、凤、龟、龙视为动物界的冠冕之王,进而又作为测定生态环境优劣的"指示生物",这种认识是朴素的、直观的,却有一定的合理依据。即使从现代环境科学的角度来看,珍贵稀有动物的生存状况,也仍然是检测生态环境质量的重要参数:

自然保护就是保护人类赖以生存的生物圈。生物圈保护的重要质量标准之一就是动物种群,尤其是珍贵稀有动物种群的生存繁衍的情况。①

各种生物的应变能力是不相同的。那些古老的孑遗动物,形态结构较原始,所存数量亦稀少,适应环境变化的能力往往很差,因而在对环境的总体评价方面,确实具有某种不可替代的标志作用。我们不妨想一想:假如今天的生态环境由于自然因素或人为因素而急剧恶化,最先从我们视野中消失的将会是一些什么动物呢?难道不正是白鳍豚和大熊猫吗?

人类对于珍稀动物的热情,可谓千年一贯、古今同然。在这方面,我们或许没有古人那般强烈的宗教情绪,但是,感情色彩仍是难以避免的。比方说大熊猫吧,不少人喜欢称它为"中华民族的吉祥物"。其实在我看来,这种食性褊狭、行动蹒跚、边走边吃边拉屎,有时还会拉出成团蛔虫来的明显老龄化的动物,并无多少"吉祥"可言。如果说我们的民族正在迎来兴旺发达的时代,那么,大熊猫却

---

① 《中国大百科全书·环境科学》,中国大百科全书出版社1983年版,第476页。

是一种繁殖力低下、正在走向衰落的濒危动物。如果说勤劳勇敢是我们民族的优良品质，那么，大熊猫的禀性却是慵懒怯懦，既怕热，又畏寒，名为食肉兽，长年奉素斋，冷不丁又会偷入羊圈以破戒。用纯理性的标准来遴选，比较动物器官的完善程度及对环境的应变能力，大熊猫的得分甚低，绝对算不上是动物界的翘楚。我们之所以特别珍爱大熊猫，以至投入了太多的感情因素，其原因无非是：第一，这种动物历史悠久，代表着已经逝去的某一地质年代；第二，它的现存数量相当稀少，稍有不慎便会绝种；第三，它生性温驯，不会直接伤害人类。

耐人寻味的是，上述三个特点，居然也完全适用于古人所崇拜的"四灵"。若以今天的眼光来看，《礼记》中"四灵"的前后位序，恰好是由高级到低级，即哺乳类、鸟类、爬行类、两栖类，呈阶梯状排列。麟是一种颇为罕见、迄今未明的哺乳类动物；凤是一种外形像鸡、羽毛五彩、比孔雀高大、能作远距离飞行的森林候鸟[①]；龙则据我推测，大约是古代两栖类遗留下来的一个变种。以上三物，可能均已绝迹。应当特别指出的是，"四灵"中的所谓"灵龟"，并非日常习见之乌龟，而是一些形状特异、颜色特奇的稀有龟种，以及龟类中的白化个体。只要查阅一下旧史中的《符瑞志》《灵征志》，便可一目了然，疑团顿释。

[①] 古人早就判定凤凰是一种稀见鸟类，如马缟《中华古今注》卷下："[凤]非常见之鸟也，人自敬之，与鸟别也。"湖南师范学院中文系的刘诚，在《凤凰考》中进一步论证：鸟类学上的凤凰，不是雉（野鸡）、玄鸟（家燕）、孔雀、极乐鸟，也不是由几种鸟类综合而成的虚构形象，而是一种已经绝灭了的外形似鸡的大型森林候鸟（载《科技史文集》第4辑，上海科学技术出版社1980年版）。此论文见地甚高，可惜未引起学术界的充分重视。

建元十二年(376年)正月癸巳,高陆民穿井得龟,大三尺六寸,背文象八卦。坚命太卜穿池养之,食之以粟。(《十六国春秋·前秦录五》)

宋文帝元嘉十九年(442年)四月戊申,白龟见吴兴余杭,太守文道恩以献。(《宋书·符瑞志中》)

永明八年(490年)四月,长山县王惠获六目龟一头,腹下有"万欢"字,并有卦兆。(《南齐书·祥瑞志》)

这类异形龟,至今仍偶有所见。例如,1986年,河南淮阳一男孩,在一个名叫蔡池的小湖中,钓到一只通体白色的龟,背上及胸腹间的裂纹分布与"伏羲八卦图"恰相吻合。此事若发生在古代,又该郑重其事地写入《祥瑞志》了。

综而言之,"四灵"皆为实有之物,而非虚拟之物。这些动物后来被极大地神秘化了,其客观原因当如前章所述,乃是由于它们本身数量稀少,所见不易,"少者固为神"也。《太平御览》卷九一五引《任子》:"凤为羽族之美,麟为毛类之俊,龟、龙为介虫之长,梗、楠为众材之最,是物之贵也。"麒麟、凤凰、灵龟、神龙、梗木、楠木,均属于动植物中的名贵珍品,这一看法显然是合乎实际的。不过,此处所说的"俊"者"美"者,并不意味着该类物种的性质卓越、生命力旺盛。相反,正如大熊猫的例子所显示的,在实际生活中,往往是那些古老的、稀见的、正在消失过程中的物种,才被人们视为珍品和极品。

论及"四灵"崇拜的来源,现代有些研究者曾将其归结为原始图腾的残余或变态。我并不排除在"四灵"崇拜的意识中可能存有早期文化的某些遗迹,但是,对于这样一种波及两千余年文化主流、直到明清时代依然势头未减的特异动物尊崇倾向,仅释以"图腾残余"

一说是不能令人信服的。事实上,只要细心加以比较,仍可发现两者之间存在明显的区别:

第一,图腾崇拜的动物,往往跟某一部族的日常生活有着密切关系;"四灵"崇拜则是对于珍稀动物的尊崇,这些动物并不是经常可以接触到的。

第二,被奉为图腾的动物,有些是令人畏怖、对人构成严重威胁的,比如可致人于死命的毒蛇,就是氏族社会常见的神祇;"四灵"则不然,都属于"仁兽",即不会直接伤害人类的动物。

第三,更重要的是,图腾崇拜是一种非理性的膜拜,属于原始宗教的范畴;"四灵"崇拜就其本质而论,则应当归入直观型的信仰,其出发点是古代居民对于自然和社会相互关系的理性认知。若说"四灵"崇拜也有宗教色彩的话,那应归属于后起的以政治伦理为归宿的汉代儒教。

毋庸否认,古人对于"四灵"的描绘及宣传,从一开始就存在着超自然化的倾向,后来更被纳入了政治伦理化的歧途。这正是直观经验的缺陷所致:它在解释事物与事物之间的内部联系时,往往是粗疏的、非限定性的,因而很容易被用来进行跨范畴的概念推导。认真追溯起来,这种将珍稀动物赋予政治色彩的不良倾向,跟儒家学派的创始人孔老夫子颇有牵连。相传鲁哀公十四年春,有贵族在大野泽猎获一头麒麟。孔子认为时当周道衰微,瑞兽生不逢辰,因而悲叹不已,《春秋》一书至此而辍笔。[①] 这一传说固然不足信,但《论语·子罕篇》明明白白记载着:

---

① 《左传·哀公十四年》杜预注、《公羊传·哀公十四年》。

子曰:"凤鸟不至,河不出图,吾已矣夫!"

凤凰这种稀有鸟类是否出现,竟然关涉到他老人家的济世鸿猷能否如愿,这样的比附岂不是太牵强了吗?然而,圣人一言足以为天下法,后人在继承儒学传统的时候,倒也没有忘记"至圣先师"的这一遗训。从董仲舒的《春秋繁露》,到班固的《白虎通义》,我们可以清楚地看出,经过两汉以来意识形态的精心整合,"四灵"已经不单单是环境的"指示生物",更主要地成了政治上的"指示生物"。

如前所述,若从广义而言,社会政治与生态环境,不能说一点儿关系也没有。比如生当乱世,天下扰攘,礼坏乐崩,有令不行,有禁不止,当权者穷奢极欲,居下者罗雀掘鼠,而在这种群雄纷争的战乱中,纵火焚林和截流断水又是两种常见的战术手段,这些都对生态环境造成了严重的破坏。反之,太平盛世,百废俱兴,包括自然资源保护法在内的各项法令均能得到切实的执行,整个社会能有更多的精力去关怀人与自然之间的协调联系,生态环境的质量也就有可能变得较好一些。

但是,自然环境和人文环境毕竟是两个不同的领域,各自有其独立运行的规律。即使是上古传说中最为美好的"德政",也无法避免"尧有九年之水,汤有七载之旱"。某种珍稀动物的出现或消失,主要取决于自然的法则,而不是听命于人事的兴废。人类所发明的道德文章,其影响力亦仅限于人类社会本身,决不可能感召得"凤凰来仪""百兽率舞"。王充说得好:"鸟兽之知,不与人通,何以能知国有道与无道也?"[1]刘向所谓"众贤和于朝,则万物和于野"[2],将政治

---

[1] 《论衡·指瑞篇》。
[2] 《汉书·刘向传》。

气象与自然现象过分紧密地捆绑在一起,最终结果必然导致宗教神秘主义。

本来,以儒学为代表的中国主流文化,其真正的关注点一向不在自然科学方面。董仲舒在《春秋繁露·重政》中便断言:"能说鸟兽之类者,非圣人所欲说也。圣人所欲说,在于说仁义而理之。""圣人"所讲求的是以"仁义"为核心的人伦大道,对于像鸟兽之类的形而下的知识,原本是不屑一顾的。可是,为了要论证纲常名教的天然合理性,汉儒们有时也不得不求助于星辰虹霓、虫鱼草木。那些朴素的自然常识和民间经验,一旦纳入封建主义的思想体系,很快就被改造成了政治伦理的附属物,即所谓"天道合乎人道"也。从汉代开始,随着"君权神授"理论的膨胀,关于"四灵"的宣传也变得日益庸俗化和神秘化,出现在儒生及方士笔下的麟、凤之属,一个个都成了五德兼备、知礼乐、通法度的圣之时者:

麒麟,麇身牛尾,圆顶一角,含仁怀义,音中律吕,行步中规,折旋中矩,择土而后践,位平然后处,不群居,不旅行,纷兮其质文也,幽间则循循如也。(《太平御览》卷八八九引《说苑》①)

夫凤象,鸿前而麟后,蛇颈而鱼尾,龙纹而龟身,燕颔而鸡喙,首戴德,颈揭义,背负仁,心入信,翼挟义,足履正,尾系武,小音金,大音鼓,延颈奋翼,五光备举,食有质,饮有仪,住即文,来则喜,游必择所,饥不妄下。(《太平御览》卷九一五引《韩诗外传》②)

[黄龙]不众行,不群处,必待风雨而游乎青气之中,游乎天外之野,出入应命,以时上下,有圣则见,无圣则处。(《艺文类聚》卷九八

---

① 此则内容不见于今本《说苑》。
② 《太平御览》所引的这段文字,较之今本《韩诗外传》为详。

引《瑞应图》)

望着这群浑身上下散发着儒教气息,甚至比普通百姓更加合乎道德规范的"祥兽""瑞鸟",谁还敢相信它们曾经是动物界的真实成员?如果说,"毒水漰群,漉陂如渔,咎及鳞虫,则鱼不为,群龙深藏"①,其中或许还有几分道理可言,那么,"出入应命,以时上下,有圣则见,无圣则处",便纯粹是在为古代统治者改朝换代而制造"天意"了。

《三国志·魏志·文帝纪》:

汉熹平五年(176年),黄龙见谯。光禄大夫桥玄问太史令单飏:"此何祥也?"飏曰:"其国后当有王者兴,不及五十年,亦当复见。天事恒象,此其应也。"

东汉一朝,谶纬迷信最为猖獗,连太史令之流都成了能掐会算的预言家。据说,这位单飏先生的预言还是挺准的,到了第45年,即汉献帝延康元年(220年)三月,黄龙又一次出现在谯县(今安徽亳县)。这一"王者之瑞",正好应在了祖居于谯县的曹氏家族身上。当年十月,曹丕导演了一出"禅让"的闹剧,终于爬上了大魏皇帝的宝座。在这出闹剧中,太史丞许芝上过一篇颇有影响的劝进书,内中写道:

殿下即位,初践阼,德配天地,行合神明,恩泽盈溢,广被四表,格于上下。是以黄龙数见,凤凰仍翔,麒麟皆臻,白虎效仁,前后献见于郊甸;甘露醴泉,奇兽神物,众瑞并出。斯皆帝王受命易姓之符也。(《三国志·魏志·文帝纪》裴松之注引《献帝传》)

---

① 《春秋繁露·五行顺逆》。

黄龙、凤凰、麒麟等珍贵稀有动物,明明是指示生态环境优劣的标杆,怎么会忽然之间变成了"帝王受命易姓之符"呢?整个演绎过程仿佛是顺理成章的:珍稀动物的不断涌现,意味着人类生存环境的优良;优良和谐的生态环境,则是太平盛世的物象标志;而太平盛世的降临,全因为有了顺天命而发祥的大圣人。据说,人类中的"圣人"(或曰"圣王"),也是一些极为罕见、"旷时代以稀出"的天纵之英才。《孟子·公孙丑下》:"五百年必有王者兴。"《太平御览》卷四〇一引《申子》:"百世有圣人,犹旋踵而生。"①按照"同声相应、同气相求"的原理,那些平日里难以见到的珍稀动物接踵而至,不正昭示着"配乎天地、参乎日月"的旷代英主已经降临人世了吗?我们从先秦的思想家那里可以领会到,如果不重视环境保护,不爱惜生物资源,那就算不上是一个贤明的君主。汉代的经学家却告诉人们,正如万物生长靠太阳,一代"圣王"便是人间的太阳,只有他的出现,才会带来风调雨顺、物阜民安。两者似乎都在讲人君与环境的关系,可是其间的本质差别,就好比"橘生淮南则为橘,生于淮北则为枳"②,外观虽然有些相似,里面的味道已是大不一样了。

　　"帝王之将兴也,其美祥亦先见。"③然而自古及今,那些对于最高统治地位怀有觊觎之心的人,又有哪一个不认为自己是横空出世的承命天子?于是乎,从汉代开始,直至南北朝,因偶然发现珍禽异兽而随意更改年号的举动,成为那个时期政治舞台上的一种颇为滑稽的景观:

---

① 后人津津乐道的所谓"几百年出一个、几千年出一个",其源头正在于此。
② 《晏子春秋·内篇杂下十》。
③ 《春秋繁露·同类相动》。

其冬（神爵四年，公元前 58 年），凤凰集上林，乃作凤凰殿，以答嘉瑞。明年正月，复幸甘泉，郊泰畤，改元曰"五凤"。（《汉书·郊祀志下》）

"青龙"元年（233 年）春正月甲申，青龙见郏之摩陂井中。二月丁酉，幸摩陂观龙，于是改年；改摩陂为龙陂，赐男子爵人二级，鳏寡孤独无出今年租赋。（《三国志·魏志·明帝纪》）

太元元年（251 年），有鸟集苑中，似雁，高足长尾，毛羽五色，咸以为凤凰。改元为"凤凰"①元年。（《艺文类聚》卷九九引《吴历》）

是时麟见金泽县，百兽从之，光以为己瑞，以孝武太元十四年（389 年）僭即三河王位，置百官自丞郎以下，赦其境内，年号"麟嘉"。（《晋书·吕光载记》）

世祖"神䴥"元年（428 年）二月，定州获白麖，白麖鹿又见于乐陵，因以改元。（《魏书·灵征志下》）

这种风气弥漫开来，其结果便如史学批评家刘知幾说的："德弥少而瑞弥多，政愈劣而祥愈盛"②，君主的品德越低劣，国家的政治越腐败，"祥瑞"也就编造得越多。在历代统治者的鼓噪之下，以"四灵"为代表的珍稀动物成了一家一姓的政治点缀品，它们原先具有的对于生态环境的指示作用，反而被淡化得几乎看不见了。生物界的珍品终于被改造成了政治界的"神物"。只有从这个意义上来理解，闻一多先生的论断才是正确的："在我们今天的记忆中，龙凤只是'帝德'与'天威'的标记而已。"③

---

① 应为"神凤"。
② 《史通·书事》。
③ 《闻一多全集》第 1 册，生活·读书·新知三联书店 1982 年版，第 72 页。

历史现象往往是复杂的。我们既不能因为"四灵"的真实存在而全盘接受古代流传下来的与此有关的一切说法,也不能因为古代统治者曾经美化过"四灵"而忽略了这种动物崇拜在生态保护方面的积极意义。事实上,民间对于某些珍稀动物的喜爱和崇拜之情,本是一种由历史生活积淀下来的情愫,并不是哪一个统治者炮制出来的。统治者所能够做的,无非是利用这种古老的情愫,朝有利于自身统治的方向进一步引申罢了。即便如此,由于得到了统治阶级的特别关注,由于已经宣布这些珍稀动物为不可侵犯的"神物",客观上也阻止了人们对这类动物可能采取的伤害行为。

我们从史书中看到,每当龙、凤停留于某地时,在绝大多数情况下,闻讯赶来的民众只是伫立瞻望,听任这类罕见的动物自由来去。在"堕龙"现场,摆上香烛,宣读祭文,诚然是可笑的迷信举动,但是,组织民众去为奄奄一息的龙搭建凉棚,不断往它的身上泼水以增加湿润度,即使从我们今天的眼光来看,这种救援珍稀动物的行为仍是值得称道的。文秉《烈皇小识》的记载就很能说明问题:那个坠落在三河县境内的牛头蛇身、有角有鳞的怪物,"宛转叫号于沙土中,以水沃之则稍止",只见它在干燥的沙土中挣扎号叫,当人们用水浇它身体的时候,痛苦的叫声才稍稍平息下来。可见,古代居民采用搭棚、浇水的方式,是有明确的针对性的,是来自实践、合乎科学的,并非因其名为"水虫"便盲目上去浇水。正是这种具有针对性的救援方式,成了一把开启迷宫之门的钥匙,使我们能够透过重重的迷雾,去重新认识这种动物在自然界的真实身份。

谁都知道,历史本是从愚昧和迷信中走过来的。因此,我们不可能用完全理性化的标准去苛求古代人。由于时代的局限,古人曾经推行过的一些正确措施,诸如生态保护措施等,也难免会羼入这样或那样的迷信意识,这是不足深怪的。有时候,某种为全民族所认同的迷信意识,往往较之一般的法令更具有约束力,连施政者也不能不借此来做文章。例如,汉代人对于鸟类便有一种特殊的喜好,敬鸟如神,畜鸟成风。元康三年(公元前63年)夏六月,汉宣帝还特意下过这样一道诏令:

前年夏,神爵集雍。今春,五色鸟以万数飞过属县,翱翔而舞,欲集未下。其令三辅,毋得以春夏擿巢探卵,弹射飞鸟。具为令。(《汉书·宣帝纪》)

这是一道由皇帝直接颁发的关于保护鸟类的特别法令。我们先不用去挑剔"神爵"(神雀)的说法是否科学,只要看一看西汉的太液池中"凫雏雁子布满充积"①,看一看成群的野禽出没于长安街市之间,甚至闯入举行庄严仪式的场所,"历阶登堂而雊"②,看一看栖止在达官显宦屋宇顶上的鹖雀,也常常被视作吉祥的征兆而加以保护③,然后再反观一下我们今天的实际状况,看一看那些国家早已三令五申禁止捕杀的珍禽异兽,是如何被人一盘又一盘端上餐桌的,我们便不能不痛心地承认:历史并非在一切方面都是今胜于昔的。

德国人类学家利普斯说过的一段话,至今读来仍然发人警省:

我们克服了石器时代的"迷信",却丧失了像原始人那样和自然的密切联系,丧失了对其他人和对动物的尊敬。④

---

① 《西京杂记》卷一。
② 《汉书·五行志中》。
③ 《汉书·循吏传·黄霸》。
④ 利普斯:《事物的起源》,四川民族出版社1982年版,第265页。

结　语
一个半醒半睡的梦

某些动物的客观存在是一回事，将这些动物赋予何种人造的意义则是另一回事。如果说古代社会有关龙的种种传言带有梦幻色彩，那也只是"一个半醒半睡的梦"。

这本书其实远没有写完。然而我却不能不撰写结束语了。记得《伊索寓言》上说过，蚯蚓看见蟒蛇在睡觉，羡慕它身子长，自己也想能有它那样长，于是就躺在旁边，拼命抻长自己，不料用力过猛，终于把身体抻断了。大约做文章也是如此，明明知道自己的力量不够，非要模仿别人的鸿篇巨制，一味将身子往长处拉，其结果往往是很不妙的。我深知，在学术的沃土中，我只是一条小小的蚯蚓而已。

现在，让我来尝试回答本书第一章中那个五岁男孩儿提出的问题："世界上真的有龙吗？"坦率地说，这个问题不能简单地用肯定式或否定式来回答。

明、清以来广为流传的神龙造型，即北海公园九龙壁上雕绘的那种龙，自然界里是不可能存在的。因为那只是美术意义上的造型，是经过许多世代不断加工而成的艺术形象。比方说龙的身子，"三停九似"之说仅强调"项似蛇"，并没有说龙的整个身子都跟蛇一样。可是后来美术作品中出现的龙身，越来越接近于大蟒蛇，从颈部直到尾巴，前后身躯几乎一般粗细。这样的造型，与其说是龙的形象，莫如说是蛟、龙合成的形象，并且如学者们已经指出的，同时还糅进了其他动物的若干特征。

然而，不管美术作品中的龙怎样腾挪变化，终究不是向壁虚造的乌有之物。在它的背后，确有一个实实在在的动物原型。对于这个原型的存在,我们所以会产生"山在虚无缥缈间"的感觉,乃是因为它属于一种稀有动物,在历史上出现的频率就不高,而今很可能已经绝迹了。这种动物的基本形象,犹如巨型蜥蜴,亦可说近似鳄鱼。① 但它的头上有角,吻边有须,体表覆盖鱼鳞,又不同于现代爬行类中的鳄鱼、蜥蜴。在甲骨文字和古陶器彩饰上面,仍可依稀见到这种神秘动物的身影。朱天顺说得对:"古代的龙像大蜥蜴或鳄鱼,后来的龙,经过人们美术加工的结果却什么也不像了。"②

由于千百年来的人为妆饰,龙在很大程度上已经不是生物世界的成员,而是神灵世界的偶像。当近代科学以矫健的身姿闯入中国以后,当人们需要用一种更加合乎理性的眼光来观察世界的时候,从象征"九五之尊"的龙章衮服,到遍布全国各地的大大小小的龙王神祠,便很自然地成为科学批判的对象。

中国近代一位颇具革新意识的思想家王韬,在他所著的《瓮牖余谈》卷三中,生动地描述了来自西方的科学观念与中国固有的神龙迷信之间发生的冲突:

龙之为物,中国自古有之。古所称为"豢龙氏"者,其说固荒唐,然六经之言龙者,指不胜屈。中国虽妇人孺子,见其象者,无不指而目之曰:"此龙也。"是自古相传以为有龙矣。乃西人独不之信,曰:"世安得有龙哉!此谬说耳!"

王韬还记述了他在上海期间亲眼见到的一个事例:

时适六七月间,一日阴云密布,大有雨意,于天之东北隅,云下

---

① 古籍中形容这种动物的外形,偶尔称其"牛首蛇躯"。这里的"蛇躯"似应从广义上理解,即四脚蛇(蜥蜴)之躯。
② 朱天顺:《中国古代宗教初探》,上海人民出版社1982年版,第103页。

现有乌龙一条,首爪毕具,夭矫盘空。于是喧传"天上挂龙,必有大风雨",一时男妇争睹,几于举国若狂。有人因招西士往观,西士见之,付之一笑而已。

引得男女老幼翘首瞩望的"云下现有乌龙一条",不过是正在形成中的漏斗状云团罢了。冷眼旁观的西洋人"付之一笑",大约是在笑中国民众的愚昧无知吧?在这里,我们看到了对待神龙之谜的两种态度,分别代表着判断客观事物时的两种偏向。一种是中国旧时民众的态度,由于他们长期生活在特定的文化氛围之中,因而对于神龙的真伪问题很少发生怀疑,随着"龙"的概念外延的不断扩大,将许多不相干的自然现象都牵扯进来了。另一种是西洋人士的态度,后来也是我国科学界的基本态度。他们站在科学实证主义的立场上,坚决否定了作为虚幻偶像和政治权威的神龙,这无疑是具有进步意义的。但是,如果把神龙迷信的产生仅仅归结于龙卷风之类现象的误认,那也同样犯了以偏概全、自以为然的错误。这种在中国文化史上表现得极为强烈的动物崇拜倾向,确实有着生物学方面的某些根据,是不应该简单地"付之一笑"的。

我们知道,正如人类认识过程的每一个具体阶段都有局限性,近代科学本身也不是十全十美的,它也同样存在着狭隘与偏颇的一面。为了推倒那些以神秘主义为支柱的旧观念、旧习俗,近代科学在发动凌厉攻势的时候,难免会出现矫枉过正的偏差。举个例子来说吧,我们从西方存留下来的古代记录来看,他们的祖先也很早就认识到了陨石来自天外。然而,由于他们不理解陨石坠落时发出的声响和光亮,便错误地以为其中可能含有什么神的旨意,因而把陨石看作是令人敬畏和崇拜的神物。文艺复兴运动以后,欧洲科学界开始大胆否定了一批流传已久的神秘观念。1768年,欧洲发现三块陨石,巴黎科学院推举拉瓦锡对此进行研究。拉瓦锡得出的结论是:"石在地面,没入土中,电击雷鸣,破土而出,非自天降。"欧洲某些博物馆的保管员甚至扔掉了珍贵的陨石,认为它们是迷信时代的可耻遗物。① 坚决摈除陨石与天神之间的联系,反映了当时思想解放运动所带来的进步意识,可是,由此而彻底否定陨石来自天空的事实,这又是明显的矫枉过正,陷入了另一种非科学的偏见。所幸的是,科学毕竟是一项能够自我矫正的事业。它总是在螺旋式的发展进程中,不断修正原有结论的错误部分,以求越来越接近于客观事物的本来面貌。

有人断言:"在现代社会,不相信龙存在的人一代比一代多,这是科学之光照亮了人们的眼睛。"我看,这样的结论未免下得太早了。天地间实际存在的事物,比现有理论所能设想到的要多得多。那些未经最后证实的,并不等于就可以轻易否定的。某一动物究竟是虚是实,不仅不能以相信者的人数多寡来论定,甚至也不能以相信者的文化高低来裁决。当一种普遍流行的观念成为蔽目之叶的时候,智者明察秋毫之末而不见舆薪,反倒是司空见惯的现象了。

"龙为虚幻之物"的观念,在社会上产生广泛影响,迄今不过一百年。然而它在有些人的心目中,似乎已经变得根深蒂固了。后起的诸多考证,大抵像在如来佛的手掌心里翻筋斗,怎么也翻不出那已构成巨大屏障的五指连山。这不禁使我想起了弗兰西斯·培根在三百年前所批评的现象:人类理解力一经采取了一种意见之后,

---

① 参阅《简明不列颠百科全书》中文版,第9卷,第318页;又参阅《中国天文学史》,科学出版社1987年版,第147页。

便会牵引一切其他事物来支持、来强合于那个意见。① 现代科学家W. I. B. 贝弗里奇也曾指出,研究者往往会不自觉地陷入某种思维的固定框架——

我们的思想每采取特定的一次思路,下一次采取同样思路的可能也就越大。在一连串的思想中,一个个观念之间形成了联系,这种联系每利用一次就变得越加牢固,直至最后,这种联系紧紧地建立起来,以致它们的连结很难破坏。②

我不会不知道,那些学问比我大十倍的专家们,曾经就神龙之谜发表过数以百计的论著,并且已经得出了某些具有权威性的"科学结论"。然而,我既然来到了人世间,就不可避免地要用我自己的眼光来重新评判若干问题。我无法贸然接受任何一种未经我认真思考过的结论,不管这种结论是科学的还是非科学的。关于神龙的真相,学术界虽然众说纷纭,归纳起来亦不过是两大类。一类意见认为,龙是一种综合性的动物图腾,在生物世界不可能找到确定的原型。这类意见至今仍占据优势地位。另一类意见属于少数派,声言龙的原型尚有线索可寻。持这类意见的研究者,大多把目光集中在鳄鱼等现代爬行动物的身上。以上两类有代表性的意见,在20世纪的前半叶就已出现,并且已经各具规模;最近几十年来我们所做的,无非是沿着上述两个方向继续努力,弄得更加精致或更加庞杂罢了。喜欢在原地打转的人,也会感觉到似乎走了很多路,可是归根结底,终究未能走出一个限定的范围。

---

① 培根:《新工具》,许宝骙译,商务印书馆1984年版,第23页。
② 贝弗里奇:《科学研究的艺术》,陈捷译,科学出版社1979年版,第69页。

我的见解，自当归入少数派之列，而且是少数派中间的异端。我在本书中言及的一些论点，比如龙是古代两栖类动物的孑遗、它可能生活在不为人知的地下湖泊、它的身上可能具有像"水电推进器"那样的特殊器官，等等，其中或多或少掺有猜测的成分，今后说不定要被推翻的。但是，龙是一种在历史上真实存在过的动物，并且是一种有别于鳄鱼的古代稀有动物，这个基本观点决不是我一夜之间的忽发奇想，而是有古往今来的许多史实作为论证的依据。如前所述，两千年来的史籍资料充分显示，龙作为一种未明动物的可能性，终究是无法排除的。魏晋至南北朝，谶纬迷信甚嚣尘上，龙、凤等稀有动物也被裹入其中，吹得如同土地爷喊城隍——神乎其神。自魏孝文帝、隋炀帝屡次禁毁这类图书之后，谶纬学派便一蹶不振、渐趋消亡。可是，史籍中关于"见龙""见凤"的记载仍不绝于书，甚至展现得愈加具体化了。这一事实亦足以说明，某些动物的客观存在是一回事，将这些动物赋予何种人造的意义则是另一回事。如果说古代社会有关龙的种种传言带有梦幻色彩，那也只是"一个半醒半睡的梦"。因为在那些近乎神话的传说背后，毕竟有一个坚实存在的生物标本；一切美丽甚或怪诞的传说，无非是对于这个生物标本的主观反映——夸张的或歪曲的反映。

人类历史本身常有难解之处，大自然也总会留下一些猜不透的谜。上一辈猜不透，留给了我们；我们猜不透，只好再留给下一代"龙的传人"。每一代都会有自己的新角度或新方法，每一代又都会留下唯有自己明白的深深的遗憾。就我个人而言，我深知自身的局限性。尽管我具有发现问题的敏感和提出问题的勇气，但毕竟缺乏真正解决问题的能力。我已经明显地感觉到在我以前的那些判断很难说是正确的,我却无法用更加有力的事实来证明我的这种判断将有可能是正确的。我想要驱散迷雾,可惜漫天的迷雾仍像我刚来时一样浓重。我带来的显然不是句号,而是新的问号。我的贡献或许仅仅在于,我提供了一种别开生面的思路。我相信,即使我的判断同样存在错误,这种思路对于后来的研究者仍会有益处的。我的这本小书,倘若能引起生物学家及更多年轻人的兴趣,我的目的就算达到了。我所能够做的,我已尽力而为;我做不到的,自会有别人去完成。

我愿意引述 T. H. 赫胥黎的名言,奉献给所有仍然对这个世界保持着不倦的新鲜感的朋友们:

古代的传说,如用现代严密的科学方法去检验,大都是像梦一样平凡地消逝了。但是奇怪的是,这种像梦一样的传说,往往是一个半醒半睡的梦,预示着真实。①

---

① 赫胥黎:《人类在自然界的位置》,科学出版社 1971 年版,第 1 页。

附录一
我写作《黑龙》一文的缘起

任青春

小时候听父亲讲"黑龙"

父亲喜欢"讲古",是熟悉他的人都知道的。他所讲的"古",大多是几十年前他亲身经历的往事。在我的印象中,他讲述次数最多的就要数他亲眼见到"黑龙"那件奇事了。

记得第一次听父亲讲这件事,我才不过六七岁。那一回,本地牧场所属的"家属大学校"(由老人和妇女组成)养的一头驴死了,每户都分得了一块驴肉。这对于我们贫穷的乡村来说,也算是件大喜事了。吃饺子的时候,大家喜气洋洋,都说驴肉特别好吃。这话顿时勾起了父亲的谈兴,他说:"天上的龙肉,地上的驴肉,这是人世上最稀罕的东西。我不但吃过驴肉,还亲眼看到过龙哩!"接着他就一五一十地讲起了当年目睹"黑龙"的经历。这中间,母亲几次出来打岔,不想让他讲下去。我在家里排行最小,初听这件奇事,感到非常新鲜。可是从大家那种不耐烦的表情上能够看出,父亲的这个话题属于老生常谈,早已不是什么新闻了。

从那以后,父亲仍屡次讲起这件往事。尽管我们已听过许多遍了,但他每次讲起来都像第一次那样认真细致,不落细节。父亲有个习惯,他的话题是很难被人打断的。即使你有意岔走半天,他仍然要找回来,沿着方才的话头接着讲。那时我还很小,只是当个奇闻听,像听《西游记》那样,也不管它是真是假。后来上了中学,我开始涉足文学创作,对父亲讲述的这件奇事才渐渐发生兴趣,但也只是想以此为素材,搞一篇文学作品,至于事件的真伪如何,我并没有完全放在心上。有时我问及母亲,母亲告诉我,这件事在肇源街上也很有影响,到岁数人(指母亲的上一辈人)都知道这事。母亲的老家就在肇源县城,她于1950年随父亲来到杜尔伯特县,1987年因病去世。

肇源县旅店中的巧遇

真正引起我对这一事件高度重视的,是由于一次偶然的出差机会。

1986年,那时我还在本县的粮食汽车队工作。碰巧,本单位气泵上的一个胶垫坏了。听领导上说,附近地区也只有肇源县才生产这零件,因此就派我到肇源去了。记得当时是秋季,我在下午时分赶到了肇源县城,去那个厂家一问,销售科的人不在,让我第二天再去。我想,这样也好,反正当天回不去,就逛一逛肇源街吧。临来时听母亲说,外公家以前就在县城南门外。我便转悠到了南门,只见那里有许多小骡子车和驴子车,上面拉着柳树条子,驾车的人穿着都很破旧。肇源地处江口,盛产柳条子,农村百姓就割了条子到县城里卖。

　　我坐了多半天的长途汽车,又在肇源街上逛了半天,人已累得筋疲力尽。本想在县委招待所住下,不料服务员告诉我,县里正在开一个什么会,房间全占满了。无奈,我只好在附近另找歇脚点。恰巧对过有家个体旅社。那时候,个体旅店还很少见。我走进去一看,里面条件很差,又没有小房间,当然铺位的开价是很便宜的。我本来已经很累,好在只住一宿,也就顾不上那么多了。

　　吃罢晚饭,我回到屋里。这房间很大,床铺大多闲着,只有一个老头和两个中年汉子,再加上我,也就4个人。老头个子不高,大约1米5多一点,秃顶,脑后有一些头发,也都白了;下颌留着很长的胡须,略有些鹰钩鼻子,眼睛很亮,鼻子和眼圈有些赤红。当他脱鞋时,我发现他的脚用布包着,可能是没袜子穿吧。这老头很善言谈,一边用大铁茶缸泡着很浓的茶砖,一边跟我聊天。他告诉我,那两个中年人都是他的儿子,他们是来城里卖柳条子的。后来通过他们父子间的交谈,我又知道他们不光是来卖柳条子,好像还捎带卖烤烟或别的什么。出于礼貌,我问老人家多大年纪。他回答,七十七了。我夸他身板硬实,他显得很高兴,脸上放光,话匣子更关不住了,讲他过去怎样打鱼、傍赇①和出苦力。说着说着,就说到了围看"黑龙"这件事上。

　　我起先并不怎么在意,一听到"黑龙",注意力便集中起来了。老头越说越来劲,边说边比画,讲他当年怎样往"黑龙"身上浇水,其

---

① "傍赇",地方语,指为地主家扛活。

情节与我父亲讲述的基本一致。但这老头太喜欢夸张，远不及我父亲讲的实实在在。比如他说的，龙的眼珠赛铜铃，龙的腰围有八拃粗①，龙的鳞片赛过柳罐斗子②，那龙趴在岸边，江水当时就不往这边流动了。显然，这些都吹嘘得有点离了谱。可他讲述时的表情倒是相当认真的，仿佛是在介绍他个人生涯中的一段英雄传奇。他的两个儿子对此很不耐烦，好几次粗暴地打断他，年龄较小的那个（约莫30多岁）还抢白说："尽讲那七百年谷子八百年糠有啥用，英雄了一辈子，到老了不是还这样！"在讲述过程中，老头屡次讲到"江边上""沙滩上"，却没有直接提到"陈家围子"。我记得当时曾问他住在哪儿。他回答说，就是出"龙"的那个屯子。回家后我问过父亲，父亲说，附近的屯子就是陈家围子。因此，我也就想当然认定那老头是陈家围子的人了。

事后我曾反复回想，总觉得那老头说的虽然有些夸张，但整个事件肯定是有来历的。退一步讲，即使他并没有真的给"黑龙"浇过水，在他的周围也一定生活着某些当年的目击者。不然的话，他讲述的情节，怎么会跟我父亲所讲的那么相似呢？

《人间奇事》征文使我了却心愿

从肇源回来后，我更加相信父亲所说的确有其事。我第一次萌生要向外界如实披露这一目击事件的念头，但又不知道什么刊物上

---

① "拃"，地方语，成年人双臂向两边伸平，两手间的距离为一拃。
② 柳罐斗子，北方辘轳大井用的往上提水的水桶，与卫德罗大小差不多，用柳条编成，故得此名。

能发表这样的文章。人们会相信历史上曾发生过这种事情吗？

几年后,我偶尔在《文汇报》上看到了一则征文启事,上海人民出版社的《中外书摘》期刊正在举办《人间奇事》征文活动,征集由"本人亲眼目睹"的几乎是不可思议的各类奇事。我觉得,我父亲目睹"黑龙"的那段经历,既具有传奇色彩,又是活生生的事实,完全符合征文的要求。父亲在1949年前读过两年私学,之后又上过半年的文化普及学校,看报、写信尚可勉强对付,真要他写文章毕竟是有些困难的。于是,我便把父亲多年来反复讲述的内容整理了一遍,使用第一人称,撰写成1700字的短文,题目为《我所看到的黑龙》（以下简称《黑龙》）,投寄给了《中外书摘》编辑部。1个月后,收到了该刊的录用通知;4个月后,文章即排成了铅字。我如释重负,总算了却了一桩心愿,把一份险些被埋没在穷乡僻壤之间的珍贵目击材料公之于众了。

说心里话,我是一个从小就喜爱写作的人,多多发表作品便是我最大的愿望。为了使那篇征文稿能够被刊物选用,我当时比较多地注意了文章本身的可读性,却没有再找父亲认真核对一下事实,以致个别细节上出现了失实的情况。1992年5月,应马小星的要求,我又重新整理了一篇6000字的谈话记录,补充了那篇征文稿的不足,使这份目击材料更加接近了事件的真相。有一点我可以向读者保证:《黑龙》一文决不是虚构出来的。在我已经发表的全部作品中,它充其量只能算是一篇纪实散文,尽管文字上有所加工润色,整个内容却是真实可信的。

我与父亲朝夕相伴近30年,深知他的性格和为人。他诚实、开朗、健谈,文化程度不高,但记忆力甚好。像他那样年岁的人,肚子里总藏有不少"古话儿"。我在负责编辑《杜尔伯特民间文学集成》一书时,也从父亲那儿搜集到了10个流传于当地的民间故事。那些故事才是虚构出来的,瑰丽多彩,娓娓动听。什么是民间的传说,什么是亲身的见闻,父亲能够区分得清清楚楚,决不至于拿民间传说来混充自己的经历。在老一辈人中间,我父亲属于相当开明、进步的。还是在40年代后期的贫农协会里,他就第一个带领群众上去拆庙砸神。他一生中多次与死神打过交道,除了自己的人生信念以外,从不迷信鬼神,也不相信什么"龙王爷"。若不是他当年亲眼见到过那样一个满身鱼鳞的巨型动物,他是决不会如此固执地反复陈述的。老年人大多喜欢夸耀自己年轻时候的经历,尤其是对于那些产生过强烈刺激的事件,他们总会情不自禁地一说再说,也不管旁听的人是否厌烦。我的父亲自然也不例外。

今天想起来真有点后悔,在肇源县的那家个体旅店中,我怎么就没有及时拦住那个老头,询问一下他姓甚名谁、家住何村呢?说实话,那时我尚在工厂工作,知识面较窄,业余时间也就喜欢搞点文艺作品,还不懂得事实的考证需要十分的细致,需要有多种材料来加以核对。我在生物学方面所知甚浅。根据父亲对于"黑龙"形状的描述,我估计那可能是一种以前人们从未提到过的动物。我发表《黑龙》一文的潜在动机,也是想给科学界提供一个参考,只怕那些搞科学研究的人未必肯相信我父亲的话。我没有想到这一事件的实际意义比我原先估计的还要重大,更没有料到有人会远道赶来进行调查研究。

从肇源县归来至今,一晃又是八年过去了,不知那个老头是否还在人世。依我看,他们父子既然能去肇源县城卖柳条子,应当就住在江北沿的某个村子里,而且距离县城不会太远,不可能是江对岸扶余县境的居民。我父亲说过,当年在现场围观"黑龙"的有好几百人,江南、江北的都有,并且都是成年人,绝没有小孩子。这些目击者中间若还有人在世的话,肯定也已经到了七八十岁的高龄。岁月难留,若干年后再想找他们见面,恐怕就永无可能了。

附录二
为了寻访"黑龙"的目击者

戴淮明

我学过新闻专业,搞过社会学调查,可是,像这种题目的调查寻访,平生还是头一回。

难以释怀的承诺

那是在1992年的3月初,正是早春时节,我去上海组稿,一个偶然的机缘,结识了马小星。小星听说我在哈尔滨市工作,便主动邀请我到他家去。小星告诉我,他正在写一本研究"龙"的专著。

有关龙文化的书,这些年来已经出得够多够滥了,还能弄出什么名堂来呢?

小星递给我一本杂志,那是1989年第4期《中外书摘》,上面刊载了一篇来自黑龙江省杜尔伯特蒙古族自治县的回忆文章,是由一个名叫任殿元的老人口述的。据老人说,1944年在肇源县附近的牡丹江(应为松花江)沿岸沙滩上,亲眼见到过一个20来米长的巨型四脚蛇,当地老乡把这个动物称作"黑龙",又叫"水虫"。陈家围子及附近几个村子的人,都赶来替这个动物搭建棚子,还往它的身上不断泼水。这真是一件奇闻。这篇仅有一千多字的文章立刻引发了我的浓厚兴趣。

小星说,这篇短文似乎还没有引起科学界的注意,而他本人却为此花费了两年多的时间,几乎到了难以自拔的地步。他细心搜集、整理了大量的古籍资料,比较了古文物中早期龙形象与晚期龙形象的不同,还着重钻研了有关爬行类、两栖类的生物学著作。小星的结论是:我国先民所崇拜的龙,并非虚妄之物,而是一种古代的稀有动物。

小星的见解迥异于科学界的正统观点,却又持之有故,言之成理。我尤其欣赏他敢于向流传已久的"科学结论"发起挑战的勇气。科学研究是没有止境的。每一代人都应当有所发现,有所前进。某些曾经被彻底否定的事物,经过那么一段时间后,人们不是又从中发现了很有价值的东西吗?

小星恳切地对我说:"尽管我相信任殿元提供的材料有很大的真实性,但从科学研究的角度来看,这毕竟只是一个孤证。需要有人去事发地点走一走,看一看陈家围子究竟在哪里,是否还能找到第二个、第三个目击者。"

小星的腿有残疾,况且当时正在病中,显然无力亲自前往东北考察。也许是他那种执著的探索精神深深感染了我,不知怎么的,我心头一热,便慨然应诺:"你的意思,我全明白了。如果你能信任我的话,我愿意代你去肇源走一遭。"

没想到,这一承诺,竟使我如重负在身,魂牵梦萦,难以释怀。

那个神秘的"黑龙"形象,不时浮现在我的眼前,仿佛在催促着我尽快去查个水落石出。

回到哈尔滨后,我便开始为调查工作进行积极的准备。我约来好友王禹浪共同商讨此事。禹浪是哈尔滨市社会科学院地方历史研究所的副研究员,长期从事考古和历史研究,经验相当丰富。他对小星的研究课题也颇为关注,他告诉我:早在南宋人编的《契丹国志》中就有记载,辽太祖阿保机曾在今天的吉林农安地区亲手射杀一条黑龙,据说这具龙的遗体被保存了很长时间。随后不久,禹浪又在1975年的《文物》杂志上看到了几幅赫哲族使用过的祭神画像,上面画有几个受尊崇的神秘动物,其形象跟任殿元所描述的有点相似。我立即把这些有参考价值的图片转寄给了马小星。

在此期间,小星亦给我寄来了调查工作所需要的若干资料,包括一份详细的调查采访提纲、二十多种外形像四脚蛇的动物图片以及任青春新近写成的补充材料。任青春补充说,陈家围子位于松花江南岸,应属扶余县管辖。

1992年5月1日,马小星又来信告知:

"近日,我在上海图书馆查到了民国十三年(1924年)修纂的《扶余县志》,想看一看是否有'陈家围子'。该县志并没有开列所有村落的名称,何况陈家围子很小,据说只有二十多户人家,因此排不上号。但确有一处叫'任家亮子',在松花江南岸。该志列举本县在松花江沿岸的十个捞鱼场,第二个即为'任家亮子'。据任殿元说,陈家围子就在任家亮子的附近,当时往黑龙身上浇水时,任家亮子的人也来了。大约找到任家亮子,事情就好办了。该县志又称:'松花江为本县与黑龙江肇州县天然之界限。'陈家围子既然在任家亮子边上,同在松花江南沿,应该归属扶余县。因此,您最好先去扶余县,或许就能一举找到目标。"

接到小星的这封来信,我当时的高兴劲儿,是可想而知的。"任家亮子""陈家围子",仿佛近在眼前,只要一步即可跨到了。

冲风冒雪访扶余

由于社里事务繁忙、身体状况不佳等因素,直到1992年10月下旬,我方才有机会将调查计划付诸实施。10月23日上午11时,我携带着照相机、录音机等器具,登上了"哈尔滨—扶余"的长途汽车。

这天气说变就变。上午还是阳光明媚,下午就阴云密布,接着淅淅沥沥地下起了小雨。下午4时15分,汽车裹着沿途溅起的泥水,飞快地驶进了扶余市区。下了车,我一分钟也不敢耽搁,以最快的速度奔向市文化局,终于赶在他们下班前5分钟,跨进了文化局的办公室。

局党委书记王殿军热情接待了我。他问明我的来意之后,显得十分感动。他对我说:"有关'黑龙'的传说,在我们这一带倒是十分流行。去年我们在搞民间文学集成时,就汇编了一册《扶余市故事卷》。你拿一本去看看,里面有多处讲到了'黑龙'。至于你说的那个'陈家围子',大概是在扶余市东北方向的伊家店乡。要不这样吧,我给下面各乡的文化站开一个介绍信,你带着它,就好比我们市文化局的人下乡啦!"

开完了盖着大红印章的介绍信,王书记又去找来一位副局长。这位胖乎乎的年轻的副局长说:"今年四五月份吧,从长春来了两位同志,是吉林省自然博物馆的,还是省什么自然学会的,我记不清楚了。他们开着吉普车来的,说是要找'陈家围子',调查什么'黑龙'。我介绍他们去伊家店乡,去了两天就回来了,好像是啥都没找到。"这个新出现的情况,立刻引起了我的注意。我急忙追问:"他们到底是长春市哪个单位的?"可惜这位副局长记不清了。

在王书记的安排下,我当晚住进了文化局招待所。直到这时,我才感觉饿坏了,因为清晨在家仅喝了一碗大米粥,一整天下来,还没有吃过东西呢。承包这家招待所的刘老板,是一个40多岁的中年汉子。他给我端上一碗热气腾腾的面条,然后就同我攀谈起来。当他弄明白了我此行的目的后,极为兴奋:"'黑龙'在咱这地方传说得特厉害,我从小时候就听老辈儿讲'黑龙'的故事,可真正见到'黑龙'的人还没听说过。你说的'陈家围子'和'任家亮子',这两个地名不好找哇!那'亮子'吧,就是渔民在江汊子堵设一个卡子,把鱼憋在一起,顺着一个小缺口往外游,就在缺口处下网捕鱼,这就叫'鱼亮子'。这种'鱼亮子'经常换,今年在这下一个'亮子',明年就可能换一个地方。'任家亮子'既然有姓氏在前面,说明当时是一个大的'鱼亮子'。可是快50年了,还能有吗?难得你有这份决心,大老远的,又是大雪天,跑到咱们这不通火车的偏僻地方来。"

"大雪天?"我不由得一愣,忙向窗外看去。不知从什么时候起,雨珠变成了雪花,街面上已经覆盖了薄薄的一层白雪。"糟糕!明天我怎么去伊家店乡呢?"

"今天是霜降啊,下雪正对路,'霜降变了天'嘛!"刘老板安慰我说:"你也别愁!这雪站不住,明天天一晴就得化。明早6点多钟有一趟去伊家店的长途汽车,今晚好好休息,这点雪误不了车。"

陈家围子遣散了？

第二天凌晨5点多钟，天色还是灰蒙蒙的，我就起身了。匆匆吃完早饭，随即搭上了开往伊家店乡的长途汽车。因为路面上有雪，雪下又结着一小层薄冰，汽车开得扭扭晃晃，平日只需3个半小时的路程，今天却足足跑了5个多小时。

在伊家店乡政府的大院门前，汽车甩下我孤零零一个人。公路上的稀泥足有2寸厚，我一步一个泥窝窝，踏进了乡政府办公室。值班室里热闹极了，热炕上下有十几个人在打扑克、下象棋。原来，乡长、书记都到下面去了，只有乡秘书在家值班。这位乡秘书的眼睛紧盯在棋盘上那匹正被对方逼死的"马"，他一会儿说："今天星期六，又赶上下雨，是雨休，不办公了。再说我们乡现在也没有'陈家围子'这个地名，到哪儿找去？"隔了一会儿又说："你也不用在这儿等，这儿没地方住。刚才坐的那辆车子，马上要返回来的，你往回乘一站，到徐家店乡去问问吧！"

眼看着在伊家店乡是没指望了，我只好又转回到公路上，在夹着细雨的寒风中等了半个多小时，才看见那辆扭扭晃晃的"老爷车"又开回来了。20分钟后，汽车把我送到了徐家店乡政府的大门口。

在徐家店乡政府值班的也是一位乡秘书。他的态度便和蔼多了，仔细看过我的介绍信，随即拨起了电话。仅过了5分钟，一位三十刚出头的颇有书卷气的年轻人走进来，紧紧握住我的手，说："我叫于世威，是这儿刚上任的文化站长。走，咱们先吃饭去！"我把此行的任务及遇到的困难都告诉了他，小于说："你这事，我一定帮忙。

待会儿给你找几个当地老户的人过来扯一扯。"

下午3点左右,小于果然领来了十多个老乡。大家围坐在一块儿,七嘴八舌地聊开了"黑龙"。他们说的大多是流传在当地的一些民间故事,若是有人下来搞采风的话,或许可以从中发现不少素材,但离开我所要寻找的目标还有很大距离。其中有两个人的谈话,引起了我的注意。

一个是开"四轮子"柴油车的司机,38岁,名叫刘惠军。他说:"我小时候听姥姥讲过,解放前有人见过黑龙落地的事儿。"

我急忙问:"可是她亲眼看见的?"

刘答:"不是。她是听别人说的。"

我问:"是听谁说的?那个人还在世吗?"

刘答:"我也没问过。现在连我姥姥都不在了,也就不知道说这事儿的人还在不在了。"我不免感到惋惜。

另一个年长者,约莫60岁了,名叫曲凤森,原先担任过石碑村的党支部书记。石碑村是因为"大金得胜陀颂碑"而闻名。那块碑可是个宝物,上面用汉文和女真文刻写着金太祖阿骨打起兵伐辽的事迹,距今已有800年了。曲凤森现在乡政府大院对面开了一家百货食杂店。只听他不紧不慢地说:"这'陈家围子'嘛,我有印象,是在伊家店乡牛营子村正兴窝铺的正东,大约1500米处,紧靠着拉林河国堤的堤根。那儿早先有个陈家围子屯,可是早已被遣散了。"

我心里一沉:"什么时候遣散的?"

曲大叔说:"遣散不过30年吧。那时好像是为了修国堤,陈家围子屯在那儿碍事,就遣散了。你要找当年的村长陈庆,这么多年了,要找也难啊!可我知道有个叫陈德的老人,今年80岁了,年轻时给一个叫董六子的地主种过地。要是好晴天,我找个'四轮子'送你去陈德住的那屯子。但也够呛,他已经聋得什么也听不见了。简单的事儿,给他打个手势,他还能懂得;你问他'黑龙'这么复杂的事儿,打手势也不一定明白。"

我问:"他识字吗?如果识字,我可以写字告诉他。"

"嘻!一个老庄稼汉,种了一辈子地,哪认得什么字啊!"曲大叔摇了摇头:"再说,眼下也去不成。这场雨夹雪,把农村的土道泡得跟大酱缸似的,一脚陷下去有半尺多深,这十天八天的也干不了。"

我心有不甘,仍向曲凤森打听"陈家围子屯"的位置及地貌。

曲大叔说道:"年头太多了,我那时20多岁,只记得陈家围子屯紧挨着一个大沙包,上面有个大沙坨子。你要找的'陈家围子',还不知道是不是我说的这个屯子。咱们扶余这块地面上,从伯都乡、新民乡、大洼乡一路走去,从扶余市往南到朱山,往北到肇源县老山头,共有72个围子,86个坨子。这72个围子里头,指不定还有几个'陈家围子'呢!谁能把这72个围子都走个遍?"

顿了一顿,曲大叔又说:"这么着吧,我和世威再找一些老人打听打听,有了准信儿,再请你来一趟。"不愧是当过村支书的人,筹划起来就是比一般人更加周到。

在返回哈尔滨的途中,我反复思考着这次扶余之行的成败得失。从采访到的情况来看,"黑龙"无疑是当地民间传说的一大特色,而据刘惠军所说,他姥姥确曾听人说起,1949年前发生过"黑龙落地"的事儿。这些都有一定的参考价值。然而,我们盼望中的"陈家围子"和"任家亮子",却并没有如预期的那样呈现在眼前。看来,我和小星原先考虑得太简单了。事实上,分布在松花江沿岸的村庄,称作"陈家围子"或"任家亮子"的,恐怕远不止一处。伊家店乡已被遣散的"陈家围子屯",谁知道是不是任殿元所指认的那一个呢?

下一步:杜尔伯特

从扶余采访归来的第二天,我即赶赴北京、上海等地出差。于是,当年11月,我在沪上又同马小星进行了第二次会晤。小星听取了我的详细介绍,尽管事出意外,他认为此次扶余之行还是有一定收获的。那两位先我而行的来自长春市的同志,引起了小星的很大关注。希望此项调查工作能够得到自然科学研究部门的重视,正是我们共同的心愿。

我足迹所至的伊家店乡,究竟是不是真正的目的地呢?任殿元所说的"三江口",难道是拉林河与松花江的交汇处吗?我和小星对着地图琢磨了半天,仍然感到心中茫然。因为我们至今还没有弄清楚任殿元当年打鱼时的行经路线,往东走还是往西走,起点在哪里,终点又在哪里。我向小星提议:"既然到了欲进无路的地步,何不直接去杜尔伯特县呢?"

小星同意我的看法,估计任青春记录他父亲的谈话时可能有疏漏或失误。当务之急是,必须同任殿元直接见面,亲自聆听他老人家的陈述,或许还能从中发现一些新的线索。即使陈家围子真的被遣散了,周围的村庄也不可能同时消失,总还有希望找到那么几个知情者。小星关照说,最低限度也要画出一张方位草图来,以便让后继的研究者少走弯路。

整整一冬及翌年的春季,我都是在与风湿性关节炎的病痛抗争之中度过的。直到1993年的初夏,我的双腿仍有浮肿,因为正好有机会前去大庆市、杜尔伯特县组稿,便于5月28日搭乘滨洲线特快列车,在当天下午4点多钟,到达了"泰康"火车站。

泰康镇是杜尔伯特蒙古族自治县的县城,位于松嫩平原西部、嫩江左岸,南连大庆,北邻齐齐哈尔,东接林甸县,西与泰来县隔江相望。据说,该地区在历史上曾属于成吉思汗长弟哈伯图哈萨尔的领地,因而蒙古族的习俗极为深久。三年一届的那达慕盛会,赛马、射箭、摔跤,全是民族传统项目。县境内还有全国第一家水禽狩猎场——连环湖水上狩猎场,风景秀丽,远道来的客人络绎不绝。

在县政府大院内,我很快就找到了任青春。他早已从小星的来信中得知我将要采访他的父亲,所以一直在热切地盼望着我的到来。任青春今年28岁,自小酷爱文学和历史,通过自学考试,获得哈尔滨师范大学历史系毕业证书。他早年当过工人,后来调到县博物馆,在文物管理和鉴定方面颇受好评,最近又被调到县文化局,负责业务和共青团工作。任青春是一个相当勤奋的人,工作之余,笔耕不辍,从18岁开始发表作品,迄今为止,他的名字已出现在国内40多家报刊上,体裁兼及小说、散文、诗歌、短剧、杂文等,并有多篇作品获奖。他的个人小传,曾被收入1990年出版的《中国当代文学艺术新闻人才传集》。作为一个没有任何背景的农民子弟,能够依靠自己的努力取得如此成绩,应该说是很不容易的。在马小星那里,我已经获悉了有关任青春的不少情况,这次有幸直接见面,又翻阅了他的部分作品,更加深了我对他的了解。

1993年5月28日,戴淮明在杜尔伯特访问任殿元(左)

纯朴而爽直的老人

当天晚上,我在任青春的陪同下,来到了他的三哥任凤林家。他们的父亲任殿元就住在这里。

任殿元是个一米七八的大高个,背微驼,人虽瘦,但很健壮,年轻时肯定也是一条有气力的关东汉子。老人告诉我,他现在还能经常干点零杂活。他的衣着也很朴素,一身深灰色的老式干部服,虽只有四五成新,却很干净。他听说我是从哈尔滨专程来采访他的,显得十分高兴,连忙招呼三儿媳妇出来沏茶敬烟。扯了一通家常话之后,屋里的气氛相当融洽。根据我多年来的经验,可以初步判断坐在面前的是一位纯朴而爽直的老人。

我对任殿元说:"今晚上,您先介绍一下个人的经历,再把看到黑龙的情况大致说一说。明天上午呢,我再来听您细说。"

老人点头称是。他说起话来不紧不慢,有条有理:"我今年77

啦。小时候上过两年私学,后来没钱,混不下去,就随父亲去打鱼。那年头,打鱼的比种地的、扛活的还低贱一等,人称为'山狼水贼',打鱼的低贱啊。伪满时穷得连地都种不上,当不上雇工,才去打鱼。当雇工得有保人,我家穷得没人愿意给当保人。后来不打鱼了,总算请人做保,给地主包松林家扛活。

"到1947年,参加了农会,八路军给我发个小背包,算是吃国家饭了。解放后上过6个月的文化学校,上过党校,搞初级社时到合作化干校学习过,回来就领导一个大队。1952年12月20日入党。1949年在肇源已经填了表,后来调到杜尔伯特,1952年合作化一片红时才算正式入党。后来到对山奶牛场,当了分场场长,一直干到退休。"

老人讲起自己的历史,如数家珍,颇有些自豪。他说话时,嗓门挺酣,膛音较重,虽然掉了几颗门牙,但吐字还算清楚。

"说起黑龙,那个虫啊,可惜了!"老人连连叹息,"那时候太迷信了。那年我27岁,随父亲打鱼到任家亮子对面的陈家围子,就在那儿看见的黑龙。任家亮子在江北沿,归肇源县管。将来你要找任家亮子这个地方,我可以告诉你它旁边有个屯子,在任家亮子正西,叫'古恰屯'。当年有个大财主包松林,任家亮子就是他的。那时候,他儿子在哈尔滨念大学,儿媳妇是河西两郎庄的。[①] 我给他家扛活不到两年,是在见到黑龙之后,我已经30来岁了。包家儿子娶亲时,那儿媳妇家陪送2个厨子,6个奴才,900多垧地,还说是小意思。包松林土改前死了,土改时,包的儿子也不知怎么样了。

[①] 戴淮明注:任殿元谈话中所涉及的地名,大多按其语音记录,仅供参考。

"黑龙真可惜了。有人说是'大虫子',说是'水虫',我父亲说是'龙',不知道他在什么地方见过这类虫子,但决不是鳇鱼①。我见到黑龙时,它趴在离江边不远的沙滩上,陈家围子好几个村儿的人在江沿用杆子搭的棚子,上面用柳条子搭着、苫着,一些人用水朝它身上泼。它的鳞很像鲤鱼的鳞,小饭碗口那么大,一乍鳞就动。丛来顺说:'这家伙肥啊,要能吃肉就好了。'我父亲听见生气了,叫我下去,别再看了。我不愿意离开,围着它转了两圈。它有5间房子长,大约现在的十四五米吧。它的身高到我心口上,总有一米二高。那苍蝇特多,黑乎乎的一大层,它一乍鳞,就把苍蝇夹在里边了。"

老人滔滔不绝地诉说着。我尽可能记录下他的原话,从不打断他的话头,任他无拘无束地叙述下去。

"那时迷信,听说是黑龙,还有些害怕,开始还有点儿不太敢瞅它,后来看它也没什么动静,就大着胆子仔细去瞧它。但还是不敢太靠近前,离着有四五米远,泼水的人也不太敢靠前。另外,旁边也有岁数大的人提醒着,别太靠近了它。黑龙不睁眼,看着它的眼眶子可不小。头上有两只角②,弯弯地向前罩着,上边好像有些小刺,还是小疙瘩什么的,看不大清楚。它有四条腿,泡在水和泥沙里,只

---

① 戴淮明注:按语音记录。以下同。
② 本书作者注:关于黑龙的角,任殿元以前的陈述一直说是"独角",而在戴淮明访问他时(此时距老人逝世仅差8个月),老人又改口说了"两只角"。为此,我特意托任青春仔细询问他的父亲。任殿元想了好半天,最后摇摇头说:独角还是双角,实在记不真了,因为当时不敢站在龙头的正面,只是从侧面望过去。龙头上有角是肯定的,角往前倾斜,角上绝没有像鹿角那样的分杈。任殿元又关照说,他近来感觉记忆力大大衰退,脑子里有些糊,最好还是按他前些年叙述的内容为准。

能看见四个大胯骨在外面露着。扁扁的嘴,比牛嘴大。尾巴露出好几米长,尾巴根儿挺粗,越来越细,像大马蛇子一样。"

老人说到这里,稍稍停顿一下,目光移向窗外的夜空,有两三分钟动也不动。在老人讲述的过程中,任青春静静地坐在我的身边,一言不发,聆听着老父亲曾经诉说过无数遍的往事。

任殿元收回目光,又缓缓地讲述道:"那时有很多人往黑龙身上泼水,地上满是老稀泥,一陷多深的。当地人说是'龙搅水',从天上掉下来的,困住了,上不去了。现场一个女人也没有。因为那是神啊,不准女人和孩子过来。我父亲说:'你们还想不想要命了?还说要吃它的肉呢。这不是鱼,这是水神!有一种鱼叫鳇鱼,比这还大,人们把鱼眼睛弄瞎了,把它弄上来,把肉吃了,用鱼骨头还盖了个庙。'我父亲说完,就叫我们赶紧上船走了。第二天打鱼回来,黑龙不见了,只看见有两溜沟,比汽车轮子压出的沟还深,直奔东北方向的江里去了。"

不知不觉间,已经到了 10 点半钟。我起身告辞。老人很讲究礼节,非要把我送到大门外不可。那夜的月光很明亮,把我和任青春的身影照得长长的。在返回"天湖宾馆"(原县委招待所)的路上,我问任青春:"去年我到过的伊家店乡,是在肇源县城的东面。可是方才听你父亲的口气,那任家亮子好像是该往西面去?"任青春想了一想,说:"会不会是我把方向搞错了?"

柳暗花明又一村

第二天上午,我在任青春的陪同下,再次拜访了任殿元老人。

昨夜躺在床上，睡不着，我又将老人说过的话重新咀嚼了一遍。有关"黑龙"情景的描述，跟任青春记录的基本一致。剩下的疑问，仍集中在方位的判断上。我今天的主要任务，就是要弄清楚这方面的具体问题。

我问："您当年打鱼的路线，是不是就这么一条？还有别的路线吗？"

任殿元答："只有这一条道儿，再没有第二条了。这条水路特别熟悉。因为常有胡子（土匪）来抢鱼，有时还得送他们过江。他们白天是老百姓，晚上是胡子，穿着大褂，里边插着手枪。打鱼的不怕胡子，是穷人，没啥怕抢的，顶多抢点鱼吧。我们每次打鱼都顺着这条道儿走。"

我问："你们就是在这条路线上看见黑龙的吗？"

任殿元答："是的，就在这条水路上看见的。"

我问："您能详细说一说吗，这条打鱼路线的起点是什么地方，终点在哪里，一路上经过哪些地方？"

任殿元答："我们打鱼的出发地，是在肇源城正西18里处，有个'孟克里'，是蒙古族地方。再向西北二三里，地名叫'外皮子'，是个河岔子，在'八家亮子'外口，附近有个村叫'上卧子'。从'外皮子'出来，就是牡丹江，是东西走向的一条江，河岔子的水就是从这条江里流进去的。再向西，顺着牡丹江北沿走，就到了'任家亮子'。接着向西，离'任家亮子'不远有个'古恰屯'，有个土岗子叫'阴阳界'。怕你听不明白，我再连起来说一遍：从肇源城奔正西18里到'孟克里'，向西北二三里是'外皮子'及'上卧子'，向西沿牡丹江北岸是'任家亮子'，向西是'古恰屯'，再折向西南到三岔河口。这里北是黑龙江,水是黑的;南是松花江,水是黄的;东是牡丹江。"

我问:"您说的'牡丹江'是怎么回事?从地图上看,牡丹江可不在肇源这边。"

任殿元答:"当年从肇源坐小火轮船到哈尔滨,当地人就管这段江面叫'牡丹江'。那里是九河下哨,黑龙江水、松花江水都往那儿淌。"

我问:"任家亮子离肇源县城有多远?"

任殿元答:"从肇源城出来,向西顶水走,也就是往上游走,约莫40多里就到了任家亮子,在江北岸;对面江南岸就是陈家围子。"

我请求道:"您再说一说陈家围子和陈庆的情况吧。"

任殿元答:"我刚才说了,陈家围子就在任家亮子的对面,是在江南。围子是地主修的炮台,砌一圈墙,用来防胡子的。陈家围子有二十几户人家。陈庆是大户、大地主,当地的甲长,管一个屯子,相当于现在的一个村长。"

我问:"当年您跟您父亲打鱼的时候,住在什么地方?"

任殿元答:"住在肇源北面的'仓粮岗子',离肇源15里地。在江边搭个小瓜窝棚,实在没地方睡,就找点柴火垫在地上。我们打鱼用的是小瓢船,长长的,一条船两个人;打扒网,比旋网大3倍,下了网,划船,网打开是两撇。有时一网就是小半船鱼,两个人都拉不上来。1975年,还有红卫兵的时候,我还去过'仓粮岗子',背我父亲的骨头,背回杜尔伯特,埋在对山,和我母亲并骨。"

我问:"当年和您一块儿乘船打鱼的丛来顺、谢八等人,听说都已经去世了。他们的子女都在吗?平日还有联系吗?"

任殿元答:"丛来顺的儿子丛万林,是杜尔伯特县民政局的安置办主任,五十来岁。他父亲丛来顺在光复不久,1946年或1947年就死了。他从六七岁起就没了父亲,往后跟着母亲过了。"

这时,任青春插话:"我父亲口述的那篇文章在《中外书摘》上发表以后,我给了丛万林一本杂志,他非常激动,说:'我父亲的事儿,我都不知道。因他去世太早了,那时我还太小啊!'"

任殿元接着说:"谢八是丛来顺的表兄弟,是个跑腿子(单身汉),没家没口的。我后来不打鱼了,就没什么联系。搬到杜尔伯特以后,更不知道那伙打鱼人的下落了。"

至此,我列在采访手册上的问题都已得到了解答。于是,我又将随身带来的20多幅动物图片一一递给任殿元,请他再辨认一下,其中有哪个更像"黑龙"。这些动物图片包括恐龙类、鳄鱼类、蜥蜴类以及穿山甲、巨蜥等。

老人的听力甚好,但眼睛似乎有些昏花。只见他取出一个10倍的手柄式放大镜,对着图片上的动物,一张一张地仔细看过去,一边看一边摇头。他的目光最后停留在"短吻鳄"和"尖鼻鳄"两张图片上,端详了许久:"要说像吧,也就这两个有点像。"他指着短吻鳄说:"这家伙的前半身看着有些像。"又指着尖鼻鳄的尾巴说:"它的尾巴挺像的,也是尾巴根老粗的,到尾巴梢越来越细。"

杜尔伯特之行结束了。回到哈尔滨后,我赶紧和马小星通了电话。我们为这次调查采访取得的新进展而共同庆贺。事情开始变得明朗化了。原来,伊家店乡的那个"陈家围子屯",位置处在肇源县城以东,快接近拉林河了,而任殿元提供的准确的事发地点,却是在肇源县城的西面,往嫩江方向去。我和任青春一起查过地图,在肇源县城以西、靠近茂兴镇的地方,果然有一处"古恰村",邮政编码是151312。任殿元说得很明白,任家亮子就在古恰屯的附近,陈家围子则在江对岸。这正好应了一句古诗:"山重水复疑无路,柳暗花明又一村。"

附录三
走访在肇源的土地上

马小星

1994年3月25日,我和父亲马嵩山一同登上了开往哈尔滨的56次列车。我们的目的地,是位于松嫩平原腹地的肇源县。

"我们是来调查一件真事的"

1993年9月,戴淮明第三次来沪,介绍了杜尔伯特之行取得的收获。任殿元提供的那一串地名,使我们燃起了新的希望。任殿元既然在江北包松林家扛过活,以后又参加过当地的土改,他对那一带的地形应该是相当熟悉的。由于新提供的那些地名全在江北沿,我便和淮明君商定,下一步只能去肇源县,先找到"任家亮子"的准确位置,然后再跨过松花江,去江南探访"陈家围子"。

冬季很快来临,东北骤降奇寒。淮明君腿伤严重,步履艰难,肇源之行未能实现。1994年1月初,任青春来信告知,他通过肇源县图书馆一位朋友的帮助,了解到古恰村附近确有一个大屯子叫"任家亮子",但不知道是不是我们要找的那一个。3月初,又接到了任青春含着眼泪寄来的讣告:他的慈父任殿元,不幸于2月23日晚间突发心脏病,短短几分钟便停止了呼吸。我虽然未能及时面晤任殿元老人,但在以往的两年多时间里,我曾一次又一次地去信,反复询问他当年在堕龙现场所看到的每一个细节。老人总是那么耐心,不厌其烦地回答着我的提问。他曾表示,他愿在有生之年为科学研究做一份贡献。任殿元的突然病逝,更激起了我战胜困难的勇气。我决定趁松花江尚未开冻,亲自去肇源走一趟,多访问一些从伪满时期生活过来的老人们。

四通八达的东北铁道网,尚未铺设到肇源。3月29日上午,我们坐了五个多小时的长途汽车,来到了肇源县城。黑龙江省人大常委会前副主任鲁光伯伯,事先为我们作了妥善的安排,我们很快便见到了肇源县人大主任刘青海以及人大办公室的吕焕彬。我和吕焕彬之间的一段对话,或许可以算是这次采访开始的序曲吧。

吕焕彬问:"听说河南西峡县那儿出了很多恐龙蛋,都成了记者采访的大热门,你们怎么不上那地方去?"

我说:"我们不是来寻找化石的。我们是来调查发生在五十年前的一件真事。"

"这事儿吧,我也听说过,说是有个地方掉龙了,后来又刮风又下雨,地上留下了一道沟。我猜想,那会不会是龙卷风经过时留下的?"

"有个住在杜蒙的老党员,早年在这一带打过鱼,他亲眼看见在江边沙滩上趴着一个很大的动物。"

"那不会是鱼吧?咱们这松花江,早先是水旺鱼多,什么怪鱼都有,就说大鳇鱼吧,也得上千斤重了。"

"那不是鱼。它有四条腿,模样有点像鳄鱼。"

"这就是鳄鱼了。说这鳄鱼吧,也有挺大的,好几米长。"

"它可比鳄鱼大多了,身上长满了鱼鳞,头上还矗起一只角。"

"该不会是独角龙吧?这东西倒是真有,前些年的冬天,还把松花江里的冰拉开了一道大口子。"

我问吕焕彬:"在古恰乡那儿,有没有一个叫'任家亮子'的村子?"

"有这个名儿。"吕焕彬说,"那儿好像是一个灌区,已经不住人了。你们去古恰屯问一问吧,准能弄明白的。"

刘青海主任随即提笔,为我们写了一封介绍信,请古恰乡政府协助我们"考察50年前落下黑龙一事"。我想,在县人大日常接待和处理的诸多事务中,恐怕要数我们的这件事最为奇特了。

"这儿就是包松林家的大院"

30日上午,我们乘坐吉普车进入古恰乡。古恰乡位于肇源西部,距县城18公里,东与永利乡交界,西与超等乡接壤,南面正与吉林省扶余地区隔江相望。由于地濒松花江,大小泡沼星罗棋布,因而此地历来是农、渔并重。我们到来的时候,古恰乡正处于大变化的前夜。这里已被列为头台油田的新开发区,将尝试建设全国第一处股份制油田。不少农田已被圈占,正在搭井架、盖住宅。据说,几年之后,这里的人口将增加到四五万。

乡政府坐落在一个宽敞的大院内,这个院子几乎有一个小足球场那么大。我们刚走下车,迎面看见院内台阶上站着一位约莫五十多岁的中年人。他身穿一件洗得褪了色的蓝布中山装,头戴一顶东北常见的风雪帽,那装束和神态,使人很容易想起五十年代的农村干部。他就是古恰乡人大主席团的刘殿生主席。

我们向刘主席介绍了此行的缘由。刘主席似乎有些困惑:"咱们这儿怎么没有听说过掉龙的事儿?"

我取出了任殿元生前提供的那份地名表,一个一个地指给刘主席看:"从东往西,孟克里、外皮子、八家亮子、上卧子、任家亮子、古恰屯。"

刘主席连连点头:"对,这些地名全对。任家亮子先前是个鱼亮子,早不住人了,人都住在古恰屯里。古恰屯现在可是个大屯子,有一千多户人家呢。"

我问:"听说解放前这儿有个大地主,名叫包松林……"

刘主席笑了:"你现在站的这个院子,不就是包松林家的吗?这儿还是个副院,隔壁供销社的院子,才是他的正院。"

我握住刘主席的手:"看来我们是找对地方了!"

刘主席皱了皱眉:"这都过去五十年了,怎么查呢?"

我想起了曾给予戴淮明很大帮助的那个徐家店乡的文化站长于世威。我对刘主席说:"我们想在这儿访问一些上年纪的老乡。你们乡干部都忙,不用陪着,只要找一个文化站的年轻同志,我们有事便和他联系。"

"行!"刘主席非常爽快,"待会儿去把小崔叫来。他对这儿摸得熟,他父亲就是本地的老户。"

十几分钟后,一个三十来岁、身材修长的年轻人来到了我们面前。他名叫崔万禄，正是古恰乡的文化站长。除了那身墨绿色的马裤尼警服、那副架在鼻梁上的眼镜，他那不紧不慢、略带文气的谈吐，也多少显露出一个农村文化人特有的气质。小崔告诉我，他从1979年担任《引嫩战报》记者开始，十几年来从事过各种工作，管理这个乡文化站也有三年时间了。文艺创作大概是他的主要业余爱好，他的一些作品曾在地区性评比中屡次获奖。

后来的事实证明，崔万禄的出现，使我们的调查工作增添了生力军。

"陈庆在江那边可是说了算的"

小崔办事十分麻利。他利用午饭的时间，去屯子里转了一圈，很快搞来了一张当地老住户的名单。下午1时起，我们的采访便开始了。

第一个访问的对象，是小崔的大舅刘富。刘大爷今年73岁。他原先是古恰大修厂的工人，在1954年的一次事故中损伤了右手，作为因公致残者而退休在家。一望便可知，老人的气色甚好，黑红的脸膛，嗓音洪亮。刘大爷告诉我，他从12岁搬到这里，至今连院子都没挪过。当我问起"黑龙落地"的事件，他连连摇头："没有听说。"

"那么，您可知道江南有个叫陈庆的人？"

"咳呀！"刘大爷一拍炕沿，"说什么来着？不就是陈庆吗？这个人可是大大的出名，在江那边是个说了算的人物。"

"陈庆住的村子是叫'陈家围子'吗？"

"没有'陈家围子'。他是有个屯子，叫啥名说不上，好像是在三家子那块儿。"

"是在古恰屯的正对面吗?"

"不是,还得往西,西南面。他那个屯子人家不多,是个小围子。啥叫围子? 就是修的院套,四围搁上土炮台,上边有窟窿眼。其实他也不用那炮台,胡子来了兵来了,他开门就放。他在江边还盖了五间大草房,又养胡子又养兵。那些没着落的胡子啊兵啊,到他那儿去,也摊上个一饭一菜;要是有些来头的,就得由老师傅单独炒菜。不管哪路人马来,都照样待遇。谁要说缺钱、缺枪啥的,他也能借给你。所以他管的屯子周围,不受胡子欺,也不受兵欺。那时候鱼也多哇,他冬天下冻网,夏天打明水网,哪年江沿上他都少不了雇四五十个人。他自己还有牛马羊群,在江湾里放着。还有种地的,家里有好几个管事。要照过去说法,这家是个土豪,能霸住一半天。他在'满洲国'的时候最兴耀了。"

"听说他那时还当过伪甲长?"

"那叫区划长,下边还有什么委员。他就有那个势力,什么宪兵、特务啊,全认识。别的区划长都怕他,都得跟他转。他要下个令,周围屯子都得听他的。"

"他下个令也能管住江北吗?"

"那倒不行。咱们这边是蒙古族人的地盘。'古恰'就是蒙古语,柳条通的意思。"

"您老人家也见过陈庆?"

"见过四五回了,光复后还见过一回呢。"

刘大爷说着说着,来了兴致,把外衣一披:"走,带你们去见一个人,他说起陈庆来比我还透彻。"

"去见谁?"

"鲍老五,陈庆的亲戚。"

"会唠闲话的都在这么说"

鲍老五,本名鲍金祥,今年 71 岁。他的老伴前些年已去世,两个儿子也分了家,剩下他一个人住在屯子西南的两间土屋里。我们第一次去得不巧,鲍大爷的门上挂了一把铁将军。下午 4 点多,当我们再次登门造访时,他拉着一车柴火回来了。

说起陈庆,出乎我们的意料,鲍大爷只甩出两句:"他那脸是黑的,像大江蛤蟆的皮,我们都管他叫'大黑哥'。"其余的便什么也不肯说了。鲍金祥和陈庆是表兄弟关系,大概老人家以前曾为此受过不少牵连,因而不论我们怎样解释,他始终坚守防线:"咱知道就说,不知道咋能瞎说?"

当我们谈起"掉龙"一事,鲍大爷倒是快人快语:"掉龙没见过,天上掉下个星星,我可是去看了。那儿有个庙,有俩乞丐,星星就掉在那儿,都有这么高。他说是星星,咱知道是不是?我看就是一块石头。"他说的"星星",很可能是一块陨石。

小崔问道:"那掉龙的事儿,您也没有听说过?"

"听说是听说了,说是哪儿哪儿掉下龙了,那龙脑袋都生蛆了,快去搭凉棚、浇水啊。后来说是又打雷又下雨,它就没了。"

"您那时住在江南还是江北?"

"那阵吧,我住在江南,一过江就是。要不怎么知道陈庆的名儿呢?打一光复,我就过江北来了。"

"听到掉龙那会儿,您记得大约是在什么时候?"

"那是'满洲国'呢。"鲍大爷语气肯定,"那时候我还不大,就听人说呗。"

"是听陈庆说的吗?"

"不是。那说的人可多了,会唠闲话的都在这么说。咳呀,真像出了个什么大事。可我是没见过,谁知道它咋回事呢!"

"陈庆住的那屯子,是不是叫'陈家围子'?"

鲍大爷摇了摇头,表示记不得了。

当天晚上,崔万禄又单独走访了村东头一个名叫李春和的老汉。据李春和说,陈庆五兄弟都不在了,连儿子、儿媳也不在了。但陈庆还有一个孙子,近来又开始阔气了,在扶余市盖了一幢洋楼。他跟李春和挺要好的,前两天还来过古恰屯。

"像求雨,可不是真的求雨"

我们在肇源采访期间,所遇到的唯一的目击者,是一个名叫吕树芹的大娘。她就住在古恰屯里。我们第一次访鲍金祥未遇,转身便走进了吕树芹的家。

吕大娘不善言谈。我们耐心地询问着,请她再回忆一下当年看到的情景。吕大娘说,她是七八岁时看见龙的。她那时住在老山头后面的汤家围子,龙就落在村外不远处。那地方全是旱地,没江没水的。后来我在肇源县文化馆的高春国帮助下,查阅了该县的地理详图,方知汤家围子位于老山头的南面,即现在的大兴乡。

我问吕大娘:"当时是谁叫你们去看的?"

1994年3月30日,作者和崔万禄(中)正在采访吕树芹(左)

吕大娘说:"跑着玩呗。听大人说:'掉龙了,掉龙了,快把龙送上去。'那时我还小哩,好玩呗,跟去看了。"

"您看到了什么?"

"老头、老太太脑瓜上都顶着一个圈儿,用柳树条编的圈儿,敲锣打鼓的。那龙吧,头朝西,就这么趴着。我不知道它下来几天了,大人都往它身上扬水。然后西南来一块云彩,连风夹雨的,龙头就起来了,冒烟了,跟着雨下大了,我们都往回跑了。"

"您看那龙是什么模样的?"

"黄的,身上带鳞的,挺大的眼睛,嘴上还有须。"

"不会是鱼吧?"

"咋会是鱼呢。它有腿,前面两腿,后面两腿,那脚盖是黑的,爪子可大哩。"

"它头上有耳朵吗?"

"头上是角,两个角,不是像老牛角那样,是那种带权的。它趴在地上,就这么高。"吕大娘用手比画着。那动物连身子带角,看来也就 1 米高。

"这条龙有多长?"

"三间房子长,从这墙到那西屋里。"这是当地常见的一种民房构造,东、西屋和中间的厨房连成一排,有过道相通。我们坐在东屋,一眼便能望到西屋。每间房的宽度为 4 米,合起来就是 12 米。这跟任殿元讲述的那条"黑龙"的身长倒是很相近的。

吕大娘似乎觉得自己形容得还不够真切:"你们看见画上的龙吗?就跟那画上似的。"

我不大相信:"不会完全一样吧?"

"就这样,差不多少。"

"您去看的时候,离开那龙有多远?"

"龙趴在那旮旯儿,我站在这旮旯儿,没敢往跟前去。这么大玩意儿,不害怕吗?"按照她比画的距离,顶多也不过 3 米,已经站得够近了。

"它身上有没有像鱼那样的腥味?"

吕大娘想了一想,说:"没有腥味。"

"那时候跟您一块儿去看龙的人,还有谁在吗?"

"我都这岁数了,那些大人还能在吗?那时候女的都裹小脚哩。"

当我们在和吕大娘交谈的时候,她儿媳妇的一个姑姑,名叫史秀荣,40 来岁,正好带着个女孩子过来走亲戚。史秀荣告诉我,她母亲也是汤家围子人,也曾亲眼见过龙,说的那情景差不多,可惜她母亲在十多年前就去世了。

晚上躺在乡党委的办公室里,我翻来覆去睡不着。吕树芹今年

65岁,若按她自己说的,七八岁时看见龙,推算起来应该是1937年前后的事。无论时间,还是地点,显然都不同于任殿元口述的事件。可是,任殿元看见"黑龙"的时候,已是27岁的壮年,具有成熟的判断力,而吕树芹见龙之时,尚未脱离幼稚的童年。留在一个七八岁女孩子记忆中的场景,能靠得住吗?

4月1日上午,我在离开古恰乡之前,再一次访问了吕树芹。我问大娘:"您说老头、老太太都戴着柳条圈儿,又敲锣又打鼓,这会不会是在求雨呢?"

"像求雨,可不是真的求雨。"

"您看到的那条龙,会不会是假的,比方说用纸扎的?"

"咋会假呢,它还能动哩,那嘴像血盆似的。"

我拿出几张鳄鱼的图片,请大娘仔细辨认一下。

大娘看了看,有些疑惑:"这东西在哪儿见来着?好像是电视上吧?"我走访过的那些农户,几乎家家都有电视机。

我问:"您看像不像小时候见到的龙?"

"不像,都不像。我说那玩意儿跟画上似的,头上带角的,那鳞片吧,都这么一片一片地挨着。"大娘用手在炕上比画着,看那形状,倒是跟鲤鱼的鳞差不多。

"那嘴上的须像什么?"

"像鲶鱼。"

"您说那龙是黄色的,是这种颜色吗?"我指着屋里的家具,问道。

"不是,是金黄的,那鳞闪亮闪亮的。"

难道吕树芹当年见到的,竟是中国古代史籍中奉为"祥瑞"的黄龙吗?

1994年3月30日,作者和崔万禄在听包桂英(右)讲述往事

"十三掉龙,十四刮风"

就在初访吕树芹的同天下午,我们还走访了另一个名叫包桂英的蒙古族大娘。她虽然不是直接目击者,可她的证词同样不可等闲视之。

别看包大娘已经71岁了,依然思路清晰,说话利索。她告诉我,她的一家本是古恰屯的老户,在她13岁那年,家里因为背了利滚利的债,把仅有的三垧地都当了,父亲只好带着全家上超等村去给人扛活。她的回忆,又把我们引回到了六十年前的那个炎热的夏天。

"记得那年的六月,要按现在算,也就是七八月吧,老超等村西北边的杨木岗子,掉下一条龙。村里好些人都去看了,回来就讲是这么这么回事,跟着又有几个人去了,差不多每家都有人去。我爹可没敢去,他要给人家干活,你耽误了人家划地,能行吗?"

我问:"您也没去看吗?"

"妈不让去,妇女都没一个去。"说起往事,包大娘至今仍感到有些委屈。"要不,我还能给你们说得真确点哩。"

"从超等村到杨木岗子有多远?"

"从那村到敖包屯有25里地,敖包屯再过去13里,你算算多少? 40里地,像十三四岁的孩子跑去,大人不放心。"

"听回来的人说,那龙长得什么样子?"

"它身上有鳞,有四条腿,爪子老大,跟鸡爪似的,头上有两个角,像鹿角那样往后背着,听说还有龙须。"

"那条龙有多长?"

"我们这三间房还不够呢!"

"它是什么颜色?"

"黑不黑,白不白,就那颜色。不是白龙。"

"那龙有好些天没走吧?"

"可不是吗!天旱哪,皮肉都干巴了,这么大的鳞都往上翘着,连蛤蟆都能爬进去。去看的人都给它浇水,还搭上棚。"

"是老百姓用炕席搭的棚吗?"

"老百姓哪来这么多炕席?是政府出的。"

我有些惊讶:"那时候的政府也知道?"

"咋不知道呢。喇嘛、和尚都去念经了,送它上天去,可好几天上不去。看的人可多了,就像唱戏搭戏台那样,周围再拦上一圈,谁也不让靠近。听人说,连日本人都去了。"

包大娘顿了一顿,又说:"后来有一天,起了阴,下雨了,打雷,那雷打得真哪!它就开始慢慢动弹了,先抬起头,身子也慢慢地起高了,边上看的人赶紧把棚席取下来……"

尽管我在本书的正文中辟有专门章节,详细讨论过龙的腾飞方式,可是一旦面对老乡们的娓娓陈述,我仍然感到难以置信。后来,我在走访杜尔伯特县时,遇见了该县文化馆的王佐江。王佐江认为,不能完全排除这种可能性,某些水生动物确实能够借助雨势而凌空飞行。他小时候在辽宁老家,就曾亲眼见到成群的鲤鱼从大雨中飞来。大约空气中的水含量达到一定密度,鱼儿就能飞起来,雨水的密度一降低,它又会坠落下来。不过,一种体积很大的巨型动物,若要浮行空中,单靠雨水密度是不够的,估计它自身还有某种"特异功能"。动物世界的秘密,在没有揭破之前,即使是一个小小的昆虫,也会让人惊奇的。

我接着又问包大娘:"您说这事发生在13岁那年,这能肯定吗?"

"这事儿我记得准。我们家在超等村住了两年,第一年掉龙,第二年就遇上刮大风。那也是个夏天,下午两点多,正好是上地的时候,风就卷上来了,跟着天也黑了,比黑天黑地还邪乎,啥也看不到,有好几个钟头。各家圈牛的杆子上都起火了,连水井里都冒火了,吓得屋里都不敢点灯。有五间房那么大的柴火垛子,都被带到四五里外的南岗去了。过后吧,我还自个儿编了两句词:十三掉龙,十四刮风。"

从时间上推算,杨木岗子的事件发生在1936年的夏天,而且地点是在江北,跟任殿元所看到的显然不是同一次。陈家围子那边的情况尚未查实,吕树芹说了个汤家围子,现在包桂英又添上个杨木岗子,我不能不感到惊诧了。

当天下午5点多,我再次走进包桂英的家,又向她核实了几个细节。我问包大娘:"杨木岗子那边有河吗?"

"那地方没什么江河,都是沙土地。龙就掉在杨木岗子屯后边。屯里有个庙,有个喇嘛,大伙儿叫他'佛爷'。我算着,这喇嘛要不死,现在也八十多了,这事儿要搁他说起来就更清楚了。"

"您后来还回过超等村吗?"

"解放后还去过,那些老户都不在了。我刚才正算呢,老白家两口子没了,两个老何家都搬走了,老汤家也走了,还有一个大夫,是卖药的,也走了……"

这时,包桂英的儿媳妇在炕上插了一句:"咱爹不在了,要不让他来说,还能说得更细呢。"我一了解,方知她说的是她的公公、包桂英的丈夫肖凤林。肖凤林也是蒙古族人,结婚前住在敖包屯。那年杨木岗子掉龙,他就亲自跑去看过。怪不得包大娘说起此事来有板有眼,原来她的丈夫就是一个现场目击者。肖凤林在1991年已经去世。

"往西二十里有个水手营子"

在我们逐户访问当地老乡的过程中,崔万禄成了不可或缺的"向导"和"翻译"。他既要向老乡们传达我们来访的意图,又要向我们解释那些难懂的地名和土语。他的热诚与细致,给我们留下了很深的印象。

30日晚间,我们在乡党委的办公室里讨论第二天的采访计划。我对小崔说:"方才听您大舅介绍,陈庆住的那个屯子不在正对面,而是偏向西南角。我想明天沿江再往西走走,不知西面还有没有别的村子?"

小崔说:"往西二十里有个水手营子,那是超等乡的地界了。"

要不要先去超等乡政府联系一下?我有些犹豫了。

小崔建议道:"不用去他们乡政府,这样得走远道,太费时间了。我去跟刘主席商量一下,设法弄一辆小车,咱们明天顺江北岸一路过去,争取多采访几个村子。"

31日清晨,我们请乡党委的陈秘书开了一份介绍公函:

"超等乡沿江各村:兹介绍我处崔万禄等三名同志前去你处办理调查黑龙传说一事,请接洽并予以协助是荷。"

乡政府特意为我们租了一辆个体的三轮柴油机动车。司机是位三十多岁的复员军人,名叫崔炳臣。小车沿着松花江堤向西奔驰,一路上,土道坎坷,颠簸不已。

上午9点不到,我们步入了白杨树环绕下的一个小村落。历史上不知哪个朝代,曾在这里训练过水军,因而留下了"水手营子"的美称。由于独特的地理优势,这里至今仍是超等乡的一个主要渔场,全村青壮年几乎都是江上作业的好手,"水手营子"倒也名副其实。

我们走进一户村干部的家,方知本村的三个干部都到乡里开会去了。看见屯里来了陌生人,一些好奇的年轻人陆续涌了进来。我们简单地说明了来意,请他们帮助找一找本村70岁以上的老人。

一个长得挺帅的男青年说:"我们村有个老刘头,十多年前就去世了。我听他说起过,在他十七八岁那年,看见龙掉下来了,说是在大庙那块儿。怎么下来的他不知道,就看见掉在那地上,有鳞片,挺大的,身上还长虫子。下来好几天了,是伏天下来的。后来怎么上去的,他也没看见,听说是下暴雨,龙就没了。"

这个男青年名叫王成河,今年27岁。我问他:"老刘头是自己去看吗?"

"对,他说是亲眼见的,不是听别人说的。"

这时,旁边有人插话:"把老刘头的儿子找来不就得了?那父亲能不跟自己的儿子说吗?"

我忙问:"老刘头的儿子也在这村里?"

"刚才你们打听村干部的家,不就是他指给你们看的?"

我想起来了。刚才在村道口,看见一个约莫五十来岁的中年汉子,头戴一顶风雪帽,正在给院门上锁。我们就是向他问路的。村民们说,这位刘大叔目前在新站用毛驴车拉脚,今天正好回村里。机不可失,我们赶紧派人去找他。

别看这水手营子只有六十多户人家,要找个人似乎还挺不容易。半个小时过去了,刘大叔踪影全无。正当我们想要离开时,一个面貌与王成河相似、身材却更加高大的年轻人走了进来。他就是王成河的哥哥——王成禄。

"打了七天鼓,敲了七天锣"

王成禄说:"我妈叫商玉珍,她也知道掉龙的事儿。那时她才十来岁,屯子里的人都去了,敲锣打鼓往上送。女的不让去,她也就没看上。这对你们不知有没有用?"

几分钟后,我们来到了王成禄的家中。商大娘面容清癯,精神矍铄,盘腿端坐在土炕上。她告诉我,这个月的26日,她刚做完七十

1994年3月31日，作者在超等乡水手营子采访商玉珍

大寿，这些天来挺高兴的。说起"掉龙"一事，商大娘神色有些严肃："龙这个动物，可是真有。"

我问："您没有见过，怎么能肯定它真有呢？"

"那一年我还小，也就十一二岁吧。我们家那时住在马克图，就在三岔河的北面，再往前走就是大庙了。嫩江、松花江都打那儿过，那地方水大，鱼也特别多。龙就掉在江南的岸上。"

"有人看见它掉下来吗？"

"听说是几个渔民发现的。那是夏天，打鱼的季节，从上游回来，经过三岔河，看见雾气罩罩的，就觉得奇怪：咋会有这么多雾啊？跑到河这边一看，啥都没有。再跑到对岸去，那地方叫'白老鸹洗澡'，就看见一条龙趴在岸上。这下可了不得，把周围全惊动了，好多人都跑去看。"

"那条龙是什么样子，听回来的人说过吗？"

"听说跟画的差不多，也是带鳞的，龙大，鳞也大，颜色是白里带黑,好像身上还有伤,像被什么东西打过似的。听老人讲,这龙是犯了天上的规矩,受了罚,被打下来的。"

"这不是迷信吗?"

"那时候迷信多,妇女、小孩都不让去,就是过去看的人,也不能走近了,不能用手摸。那龙身上都生蛆了。大人都说:'快去救救它,别让它遭罪了!'好些人跑去给它浇水,还打鼓、吹喇叭,要送它上天去。就这么着,打了七天鼓,敲了七天锣,浇了七天水,后来听说就没了。"

"您怎么知道打了七天锣鼓?"

"敲锣打鼓的声音,能不听到吗?我们一群孩子,天天跑到江岸上,就听对面在闹腾,可是看不见。家里人管着,不让去看。"

我问:"您说江对岸敲锣打鼓的,会不会是那一年天旱,老百姓正在求雨?"

"不是。"商大娘回答,"屯里那么些人都过去看了,还会有假吗?我小时候也看见过求雨,也是敲锣打鼓,男的、女的、老的、小的都能去,没有什么限制。再说呢,真要是求雨,带那么多水桶、水盆去干啥?"

"前面就是三岔河"

直到离开王成禄的家,刘大叔仍然没有找到。我们不能再等了,于是立即登上三轮机动车,继续向西行进,到达了十里之外的维新村。

几个年轻的村干部看了我们的公函。其中一位姓席的会计问道："你们是来调查帮会的？"

"帮会？"我不由得一愣。转而一想，顿时明白了：他是把"黑龙"误会成"黑龙会"了。

我赶紧解释："我们说的'黑龙'，是指一种动物。"

"哦，是从动物园跑出来的？"

我们都忍不住笑了。

村干部们很快就弄明白了我们的真正来意。他们派了本村的团支部书记张代权陪同我们进行查访，还邀请我们查访归来到他们村里吃午饭。

在维新村，我们访问了一对年过九旬的老夫妻。男的叫王友才，92岁，他的老伴也有91岁了，堪称当地的老寿星。王大爷说："这事情是有，我没见着。估摸着有五十多年了，是在'满洲国'的时候。听人说，在江南那边，掉下一个龙来，多少天上不去，后来下雨了，刮风了，它就上去了。"

我问："江对面有没有一个陈家围子？"老人家摇摇头，表示不知道。

从维新村出来，小车又往西行驶了七八里，进了一个名叫"养生地"的小屯子。我们在此又访问了三四户老农，没有发现新的线索。

走到村口道边，时已接近正午。张代权指着西南方，说："前面就是三岔河，近处再没有别的村庄了。"我们登上了土坡，想尽力看一看三岔河的全貌，可惜仍然看不清楚。

松花江从白头山天池发源后，汩汩流向西北，在此处与南下的嫩江合二为一，然后成直角状转向东北，横贯黑龙江省南部。通常把三岔河以南的上游段称作"第二松花江"。当地老乡说："你们来的不是时候。再过一个月,等江冰全开了,那才叫好看呢!三道江,三种颜色,明合暗不合。北边下来的是黑色,南面过来的是黄色,流向东去又变成了青色。"任殿元口述材料中反复提到的"三江口",指的就是这个地方。据任殿元说,老一辈渔民对三岔河特别敬畏。他父亲任佰金率船下江时,每当经过三岔河,总要在船头下跪祭告,并且从不允许在附近撒网捕鱼。问其原因,一是江岔口水大流急,容易翻船,二是据说此地常有水怪出没。

"继续往前走吗?"霍炳臣问。

我仍然惦念着在水手营子尚未找到的那位刘大叔,因为他的父亲毕竟是一个最直接的目击者啊!

"走,再回水手营子!"

"一看见龙搅水,我父亲就会说"

下午两点,我们又坐在了水手营子一户农家的土炕上。不大会儿工夫,王成禄领着一个人走了进来。我悬着的心落下了:刘大叔找到了。

只听王成禄急火火地说:"这事儿也巧了。刚才我们三个人在一块儿喝酒,我那姐夫的姐夫说,他老岳父也去看过龙……"

我对王成禄说:"我们还是先听刘大叔说吧。"

刘大叔把那顶帽子往炕沿上一搁,缓缓地说了起来:"我父亲叫刘振孝,是个老渔民。我叫刘希,今年56岁了。在我小的时候吧,听我父亲说过,他亲眼看见过龙,是阴雨天从天上掉下来的。当时人们有一种迷信观念,说是天上住着龙。赶到那儿的人一看,这不是

1994年3月31日,作者在超等乡水手营子听刘希(右)介绍他父亲的早年经历

龙嘛!这就搭凉棚,给它遮阴,别让太阳光晒着它。男子们又开始挑水,往它身上浇。那阵子天热啊,就是这么不断浇水的情况下,它的眼睛里还生了蛆呢。"

"那龙是什么形状?"

"这我说不具体。光听我父亲说,它身上是有鳞的,就跟小簸箕那么大,还有四条腿,很粗的腿胯。反正那体积是相当大的,站在龙身子的这边,见不着那边的人。那去看的人相当多了,就是不让妇女上去。那时都是唯心论嘛,说好像妇女上去要冲犯了神的。对了,我父亲还说,当时还整了个乐队,吹喇叭、打鼓,要送它早点回去,那办得可是相当的兴隆。最末是经过了七天呢,还是几天,具体时间记不清了,西北来了云,刮风,下雨,它就走了。"

"它走的时候,您父亲看到了吗?"

"他没说看着没看着,只说那龙是晚间走的。"

"您父亲说龙掉在什么地方？江南还是江北？"

"好像说是在三岔河的下拨拉,白老鸹洗澡的上拨拉,在榆树坨子的左右吧。我们家那时就住在茂兴。"

"您父亲说过这事大概发生在哪一年？"

"这就不知道了。他去世也有十几年了。我在小时候听他说有这么回事,最早也就七八岁吧。"

"他就跟您说过这一回吗？"我问。

"那说的次数可多了。你们见过龙搅水吗？"也许是身居广阔的平原地区,观察自然现象便特别真切,刘希大叔向我们描述了漏斗状云团如何盘旋下垂、尖端直插入江,然后提水上升的壮观场面。"每到这时候吧,我父亲就会说：'你们是见不着啰。我年轻那阵儿,可是真真确确见过龙,那家伙真大啊！'"

我转身问坐在一旁的王成禄："你刚才说还有谁见过龙？"

王成禄说："你们刚才不是又派人来找刘希吗？我们三个人正喝酒呢,其中一个是刘希的亲家,也是我姐夫的姐夫,来这村里走亲戚的。他就问：'怎么回事啊？'我说：'上海来人调查龙的事儿。'嘿,他说他也知道,是听他老岳父说的。他那老岳父当年可是亲临其境。他说绝对有这回事儿。"

"跟你喝酒的这个人叫什么名字？"

"谷太和。"

"他还在这个村里吗？"

"大概走不了吧。"

我和父亲对视了一眼："我们看看他去。"

"三四十丈长?"

谷太和果然还没有走。他告诉我,他今年58岁了,住在愉快村(邢家窑),这儿是他姑娘的家。

我说:"我们刚才正议论,有一个名叫乔仑的……"

"啊,那是我老丈人!"谷大叔赶紧接上来,"他在永捷住。现在叫永捷,再早叫太平川。他去世没几年,大概就四五年吧。要活到今天,也该八十多了。"

"您的老丈人见过龙?"

"对。他是永捷的老户,那地方到榆树坨子才三四里地,是在三岔河的北面。他时常跟我们讲,他二十来岁那阵子吧,榆树坨子掉下一个龙来,他亲眼看见的。他说,那龙吧,有三四十丈长……"

我一惊:"三四十丈长?怎么会有那么长?"

"我是没有见过,可我老丈人就是这么说的。他说啦,去看的人多极了,这边的人瞅不着那边的人,被龙的身子挡着呢。"

虽然古代史籍中也曾屡次提到这种动物"身长数十丈""高可蔽人",我却不敢轻易相信。

谷大叔继续说道:"那鳞片有小簸箕大,跟现在画上的龙差不多少,也是有爪子的。它的眼窝都长蛆了。去看的人给它搭了个凉棚,往它身上浇水,敲锣打鼓,还吹喇叭。这么着六七天没上去,最后经过刮风下雨,就走了。"

顿了一下,谷大叔又说:"我们平时也不唠这嗑,都过去多少年了。你们这一问,倒还真有这回事儿。这玩意儿指定是有,可就是稀罕,平时见不着。要不咋会有那么多人去看呢?现在你想看也看不到了,早没了。"

我问:"当年和您老丈人一块儿去看龙的,还有在世的吗?"

"有,永捷还有一个老户,姓张的,我认识他。他儿子名叫张真。他那大号说不上,咱就叫他'老张头'吧。"

"他也跟您讲过掉龙的事情?"

"他倒没讲。听我老丈人说,一块儿去看龙的,老张头也在里边。"

"那老张头有多大岁数?"

"怕有九十多了吧?我离他住的村子有二三里地,听说他还在,可有些年没见了。"

我们在水手营子访见的刘希、谷太和,无疑是两位重要的证人。尽管他们本人也只是转述者,可他们转述的内容,分别来之于自己的父亲和岳父,而那两位已经故世的前辈,却正是当年的现场目击者。这种由亲属直接转述的证词,决不同于那些道听途说的传闻。从刘、谷两位介绍的方位来看,很可能跟商玉珍大娘说的是发生在同时同地的事件。假如商大娘的记忆没有错误,此事确实发生于她十一二岁之际,那么,应该是在1936年前后,这跟任殿元说的又不是同一个事件了。

"陈庆说,这可是个真事"

4月1日上午,我们在小崔的引导下,又访问了古恰屯东南街的一家老住户。男主人名叫刘同臣,在江上打了一辈子鱼,今年都75

岁了,偶尔还免不了去拉上两网。

问及"掉龙"一事,老人家亮出了江上人的大嗓门:"有这回事儿。可我也是听说,自己没见过。听人说,那年江南掉下一个龙来,样子挺可怜的,鳞里都长蛆了,大伙儿去给它浇水,后来连风带雨的,就不见了。"

我问:"是在西南方向,靠近三岔河那边吗?"

"不是,就在江对岸,好像是老牛窝棚那一带。"

"您老估算一下,这件事情是发生在五十年前吗?"

刘大爷想了一想:"怕不止五十年了吧?我搬来这个屯里都有五十三年了,还没过来呢,就听人说了。"

这时,他的老伴徐亚荣也在一旁喃喃说道:"可有不少年头啰……"

我转身便问:"大娘,您也知道这事?"

"听说过。我那会儿住在江南,跟陈庆他们一个屯子的。"

徐大娘的话,立刻引起了我的兴趣。她既然跟陈庆同住过一个屯子,对于当年发生的事情会不会知道得更详细一些呢?

徐大娘说:"我那会儿还是个孩子呢,七八岁光景吧。啥时候掉下个龙来,我也闹不明白。过后,才听人说起有这么回事儿。"

"是听大人说的吗?"

"就是陈庆说的。"

"谁说的?"不仅是我,连小崔都感到意外了。我们访谈的目标,原是冲着刘大爷来的,想不到有价值的证词却出自徐大娘的口中!

"是陈庆说的。"徐大娘再次肯定,"他是跟我们一群孩子说的。那年头,屯子里孩子也少,我最小了,我上面还有哥哥。有一天,陈庆对我们说：'来来来，都过来，我给你们讲个故事。'他就说啦，哪个地方掉下一条龙来，趴在地上都不会动了，大伙儿怎么去给它浇水。故事讲完了，陈庆又说：'这可是个真事，不是哄你们玩的。那会儿吧，就是我领着大家伙儿去给龙浇水的。'"

"您还记得当年住的那个屯子是叫'陈家围子'吗？"

"陈家围子？"徐大娘念叨了几遍，显得犹疑起来。

经过仔细回想，大娘仿佛记得当年住的地方名叫"扶拉子"。她说，她的父亲徐才，跟陈庆拜过把兄弟。她随父亲离开扶拉子后，又到上坎居住了十几年，29岁才迁来江北古恰屯。她离开扶拉子时，陈庆还活着，以后就再没有听到什么音信了。

我们在跟刘、徐二位老人交谈的过程中，仅仅提到了陈庆的名字，并没有说明陈庆当时在堕龙现场有何作为。徐亚荣大娘的谈话则证实，陈庆亲口说过他曾去现场组织民众浇水。这与任殿元当年所看到的情形是一致的。不过，这里有一个老大不小的疑窦，似乎很难解释。据任殿元说，"黑龙"事件发生1944年的秋季，那么，陈庆若要向人夸耀，最早也得在1944年的年末或1945年的年初。徐亚荣大娘生肖属蛇，今年66岁。以此上推至1944年，她已是十六七岁的大姑娘，并非只有七八岁，陈庆怎么还会把她当小孩子，怎么还会给她讲故事呢？或许是徐亚荣的记忆有错误，或许是任殿元的追述有偏差。除此而外，还有第三种可能，这是我在来到肇源之前从未想过的——在陈庆的一生中，组织民众给龙浇水，这样的经历至少有过两次。他给徐亚荣等孩子们讲述的，是比1944年更早的另外一次同类事件。可是，我的这种推断能找到新的证据吗？

看来，要查实陈家围子方面的线索，最终还得过江去扶余境内走一趟。我原先计划找到任家亮子以后,便径直从江冰上走到对岸去。不料,今冬奇寒的朔北,回暖却也相当快。从3月中旬起,松花江的冰层就发生了变化。我们一路走访,不断向人打听过江的可能性。许多老乡,包括水手营子的渔民,都告诫我们不可随意冒险。若要等江冰完全开化,估计还得有二十天的时间。于是,我们把"渡江侦察"的任务托付给了连日来紧随身旁的小崔。小崔欣然答应,准备在4月下旬乘船去江南寻访。

难以写完的调查报告

在肇源境内的数日奔波,收获确实是不小的。

第一,我们去实地核对了任殿元提供的那些地名,确定了任家亮子的旧址,找到了包松林家的大院,从而证明任殿元的记忆是可靠的。

第二,在被访问的二十多户当地农家中,有不少老人向我们证实,松花江南岸确实有过"掉龙"的传闻,而且确实是发生在伪满时期。

第三,我们在走访中还了解到,陈庆确有其人,他是江南一带颇有势力的土豪。有一位当年跟陈庆同住一村的大娘甚至作证,陈庆本人就亲口说过他率众救龙的"真事"。

第四,也是最重要的,在五六十年前的肇源、扶余境内,类似任殿元看到的围观奇异动物事件,发生过远不止一两次。这一采访的结果,是大大出乎我意料的。

然而仔细想一想,似乎又完全在情理之中:假如在伪满时期的松花江流域,果真存留着这种身披鱼鳞的四足怪物,那它又怎么可能只是孤形单影,怎么可能仅仅出现过一次呢?对照后来几位转述者的谈话,任殿元1944年在松花江南沿所见到的,其动物体型固然不算是庞大,围观场面也不是最隆盛的。1986年,任青春在肇源县某旅店中遇见一位77岁的秃顶老汉,其人自称当年往"黑龙"身上浇过水,并说"龙的腰围有八扗粗"。任青春推测,这位老汉和他父亲所见到的可能是同一个事件。我也曾赞同这种推测。而从最新调查到的情况来看,事实又不尽然。我怀疑,那位秃顶老汉所指的,或许是发生在榆树坨子附近的堕龙事件。倘使刘希、谷太和转述的内容没有过度夸张的话,那条巨龙的腰身之粗,确乎是骇人听闻的。

我站在松花江的堤岸上,迎着掠地而来的江风,思绪翻涌,不能自抑。面对"天苍苍、野茫茫"的辽阔世界,我益发感到个人力量的渺小。我甚至不敢肯定自己的判断究竟是对的还是错的。如果我是对的,那么,在我以前的许许多多的学者为什么都不愿意承认这种巨型动物?如果我是错的,那么,又该如何解释那些被采访者反复陈述、言之凿凿的往事呢?

我们这次在采访过程中,没有采用开座谈会的方式,而是挨门挨户进行访谈。那些被采访者,事先并不知道我们的来访,而在那样短促的时间里,我也不可能向老乡们作太多的解释。我随身带了一份任青春发表在《中外书摘》上的那篇短文的复印件。这份复印件,我只给少数乡干部看过。在农家访谈时,我绝不出示这份复印件,也绝不暗示"搭棚浇水"之类的细节。我固然不能保证,被采访者所讲述的每一句话都是可靠的,但我也无法相信,那些分住在不同村落的被采访者,那些朴实厚道、古风犹存的乡民们,会在短时间里捏造出情节如此相似的"天方夜谭"。

尽管接受采访的大多为转述者,他们对于这种动物形象的描述,不如任殿元说的那样细致入微,但基本特征是相同的——它的头上有角,嘴边有须,体表覆大鳞,腹下有四足,近似于画中之龙;当它出现在陆地时,总是那么疲软无力,连续数天动弹不得,而爬满眼窝和鳞片底下的蛆虫,正是大群苍蝇聚集产卵的结果。这种尚未探明的神秘动物,古史雅称"堕龙",今人俗称"掉龙"。古今相映,至少可以证明两千年来古籍中的那些记载决非乌有先生的凭空创作。

几十年来,踏访过肇源这块土地的,有地质工作者、文物考古工作者、民间文学工作者,甚至有古生物学研究者。可惜,似乎谁也没有注意到当地民间依然流传着关于某种古动物的极有价值的传闻。在肇源县城,我们走访过几位熟谙本县文史掌故的"活档案"。对于在肇源境内曾经发生过的堕龙事件,他们也是毫不知晓。县文化馆的高春国告诉我,他在乡村间搜访民间故事的时候,也曾隐约听到过给龙浇水的传言,据老百姓说确是个真实的事情,因为他当时的注意力并不在此,也就没有去深入探究。毋庸讳言,这项考察工作实际上已被耽误。假如能在六七十年代就着手调查的话,那时很多目击者仍然健在,断不至于像我们今天这样困难了。

我们目前已经掌握的线索至少有四条:一是发生于江南沿陈家围子附近,时间为1944年;二是发生于江北的汤家围子,时间大约是1937年前后;三是发生于江北的杨木岗子,时间是1936年;四是发生于榆树坨子(或白老鸹洗澡),时间大约为1936年前后。这些事件的始末及真伪,或肯定或否定,都需要有人去进一步核实。而要完成这项工作,仅靠我和我的那几位朋友的力量,是远远不够的。这份调查报告也许很长很长,我们只是写了一个开头。

我们在古恰乡、超等乡停留的时间毕竟很短暂。凭我的直觉,我们已经到手的线索仍然是极为有限的。除了松花江流域,这类事件在其他地区也可能发生过,那些重要的见证人依旧隐匿在尚未知晓的村落里。

果然,就在我们将要离开古恰乡的最后半小时,新的线索又出现了。

"我前年春天还回过腊河屯呢"

4月1日上午10点多,我们准备返回肇源县城。长途公交车已经过去了,小崔打算去联系一辆三轮机动车。他把我们领到了临街的一套四合院内,请我们稍等片刻。小崔告诉我,他的文化站每年只有两千元经费,维持艰难。他向这户农民租了一间前门房,办了个录像厅。

这套院落的主人是一位慈祥的大嫂,名叫史亚芬,今年52岁。我们就坐在她家的正房里,跟她拉起了家常。

"昨晚上听小崔说,你们从大老远赶来,是来调查龙的。我就说啦,我妈年轻时也见过龙,可惜她去世快六七年了。"

史大嫂的这番话引起了我的注意。我不禁问道:"小崔怎么没跟我说?"

"他忙呗,没在意。再说呢,我妈也不是在这儿见到龙的,那是在我姥姥家,腊河屯(记音)。"

"腊河屯在哪儿?"

"辽宁台安县。"

我打开地图寻找,台安县原来位于辽河下游,靠近辽东湾。我请史大嫂再详细说一说她母亲早年的那段见闻。

"我姥姥家那边有条河,名叫腊河(记音),那屯子也就跟着叫腊河屯了。河上还有一座桥。那年吧,我妈还没有出嫁。龙就掉在腊河边上,是白天下来的。当时有不少老乡在河边划地。屯子里的人听说后,也都跟着去看了。我妈说,那东西好长好粗,像大缸那么粗,身上是有鳞的……"

我问:"掉在河边的不会是一条大鱼吧?"

"不是。它是长腿的,有四个腿,我妈看得清清楚楚。"

"您母亲也去看了?"

"去了,就在河边,离屯子近。这东西要是掉下来,隔二三十里都要去看,这么近,咋不去?它眼睛里都生蛆了。好多人都去抬水,往它身上浇,还整了些凉席,给它搭了个棚子。"

"它不是有四条腿吗?为什么不逃走呢?"

"不下雨,它走不了。下来都六七天了。有几个年轻人说:'看它是活不成了,干脆把它宰了吧。地上驴肉,天上龙肉,咱们也尝个新鲜。'老辈人都出来拦着:'别糟害它了,那可是要冒犯神的。'一些迷信的人,还去请了喇嘛、道士什么的,敲锣打鼓,烧香念经,要送它上天去。大伙儿就这么看着,保护着,不让人动它。后来有一天,一个炸雷,晴天就变阴了,起了大雾,湿漉漉的,对面不见人,紧跟着下起了大雨,那龙也就不见了。"

"您母亲出嫁时大约几岁,您知道吗?"我问史大嫂。

"知道。我妈结婚那年正好20周岁。她是属狗的,如果活到今年,就该73岁了。"

史大嫂的母亲既然是在结婚以前看见掉龙的,从时间上推算,此事应该发生于1941年以前,也是在伪满时期。

我又问:"您说的那个腊河屯还在吗?"

"咋不在呢!前年春天我还回去过,连那座桥都在呢。那屯里还有我的一个亲表弟,他的父亲叫张春志,就是我的二舅。屯里七八十岁的老人都知道这事儿,你要找他们打听,说起来才真呢。"

史大嫂告诉我,腊河屯是在台安县的东北方向,距县城十多里路。她1992年春天回去时,从新肇车站乘火车南行,途经大安北、长春、沈阳等站,到大虎山车站下了火车,然后乘汽车到台安县,接着又坐汽车到城郊镇唐家村,下车后再走几里路就到了腊河屯。

这显然是第五条线索,并且也是有时间、有地点,言之凿凿。我确实感到心有余而力不足了。腊河屯的"掉龙"事件,还是留待辽宁省自然博物馆的同志去核实吧。

关于"独角龙"的传说和记载

当这篇访问记行将结束的时候,我不能不顺便提及流传在肇源地区的有关"独角龙"的传闻。

我刚抵达肇源县城,即从吕焕彬的谈话中获悉,当地有一种能豁开江冰的怪兽。在古恰乡,一个名叫王树新的中学教员也向我证实,这事就发生在前些年的肇源码头。4月2日,我们在肇源城内走访时,半道遇见了已经退休的原文化局长王让。他向我们讲述了一件往事:某年冬季,有一个农民路过河边,看见冰上伸出一个木桩似的东西,灰褐色,老粗的。这个农民出于好奇,走上去用棍子打了一下。不料这个"木桩"竟动了起来,猛地往前一冲,把河冰拉开了一长溜口子,吓得这个农民转身就逃。

我问王让先生:"您说的该不会是个民间故事吧?"因为我在《肇源民间文学集成》中也曾读到过类似的传说。

王让先生肯定地说:"这是真的,就发生在瓦房子那地方,是听我叔叔说的。不过那是好多年以前的事了。要说近的吧,也就五六年前,住在县城煤码头边上的人家,半夜里醒来,就听哗啦啦的冰裂声。第二天起来一看,可不得了,冰上硬是被划开了一道大口子,几百米长,是从下面划开的。那年的冰有多厚啊,真不知道那是个啥玩意儿,这么厉害!"

其实,这等怪事在东北地区的史籍中早有记录。例如,成书于嘉庆年间的《黑龙江外传》卷八记载:"冬月,江冰忽裂,长数十丈,土人以为蛟划。间见一物波涛中,蜿蜒如龙,盖蛟也。"这里所说的"江",是指嫩江。

再如,《民国双城县志》卷十五记载:"咸丰季年(1861年)冬十一月,在二泡子村东河内,有蛟将冰触开,宽至五尺,长约里许。见者为农人张钰。"该地位于肇源县以东,松花江与拉林河之间。

又如,《民国辽阳县志》卷四十亦有记载:"民国四年(1915年)冬十二月,浑河下游蛤蜊河处,夜间,河岸居民突闻河冰訇然有声,如雷行。晨起视之,见河冰割开上下一里余,土人以为蛟角所划云。"浑河,又名"小辽河",在台安县以东,其下游部分顺大辽河南行,一同注入辽东湾。

我在本书的正文中没有采用上述史料,乃是因为我弄不明白这种能将坚冰触裂的怪物究竟是什么东西。可是，生活在肇源的居民，无论是城里人，还是乡下人，都异口同声地认定那是"独角龙"所为。

来自江中的两瓣状蹄印

3月31日晚间，我们再次走访古恰屯的刘富大爷，他也向我们讲起了"独角龙"出没的情形：

"孟克里西拨拉，那地方叫'毛牛狩'（记音），是正式大江。那儿就有一个独角龙。这玩意儿是冬夏都会出来。冬天出来时，用犄角把冰一戳，那犄角就露出来，再往前一走，就把冰豁开了一大溜口子。它就是有那么大个劲儿。那冰可有四五尺厚，冰碴堆在两边，都有房子那么深。大伙儿一看，就知道是独角龙出来了。"

我问："大伙儿都这么传说，可有谁是真正见过的？"

"见着的这个人，现在早就没了。孟克里有个老魏家，名叫魏殿元（记音），他见着过。这老魏家外号'魏半江'，也是个小地主。他在江西沿裤裆河上拨拉有地，种了白菜，大约有二十来垧地吧。这东西从水里出来，老上他地里去祸害，把那白菜一口一棵，吃得可多了。它专拣晚上出来，白天就回水里去了。人就见着那地里的蹄子印，都这么大，像牛蹄子一样，有瓣的，一个蹄子分成两瓣。老魏家寻思：谁家的牛有这么大蹄子？后来他偷偷地守着，这就把独角龙给看着了。"

"听人说那独角龙什么样子的？像不像龙？"

"不，像牛，很大很大的牛。头上就一个犄角，那角有五尺多高，那身子也有五尺来粗。哎哟妈呀,当时可把老魏家吓坏了,从来没有见过这么大的牛!说也怪,那么大个玩意儿,它也怕人,看见菜地里有人,转身就逃回江里去了。"

我记得,任殿元生前也曾讲过类似的轶闻,并由任青春记录下来。其大意是:任家亮子有个五十多岁的老洪,他在江边种了一块白菜地。这一年白菜的长势特旺盛,具体时间大约是在伪满康德七年到九年之间。入秋的一天早晨,老洪下地去,突然看见满地的白菜全没了,两亩地只多不少,光剩下白花花的断茬,显然是被什么动物吃的。老洪又心疼又奇怪,因为村里的家畜从不往江边走,而家畜也不会有这么大的肚量。他留心观察,结果发现地上有像牛蹄那样的两瓣状蹄印,深深浅浅地一直到江边沙滩上。事后,老洪专门为此请教过任殿元的父亲任佰金,因而任殿元的这个消息来源是相当可靠的。

根据"独角龙"的形状及留下的蹄印来看,它似乎是一种偶蹄类哺乳动物,这跟那种身披鳞、口有须、趴在岸上便不能动弹的所谓"堕龙",显然有着很大的区别。哺乳动物虽说是后起的一族,它早期的许多种类也已经绝灭了。史前时代的松嫩平原,曾经是古动物的天堂,这从当地发掘的大批动物骨骸可以得到证明。1956年在富拉尔基车站发现的披毛犀化石,是国内目前最完整的一具骨架。1973年在肇源县三站乡出土的松花江猛犸象化石,其骨架的完整程度更为世所罕见。我在古恰乡时,偶遇肇源县土地局长张福春。他告诉我,1969年他在乡下劳动时,曾看见渔民用网拉上一动物牙齿,是半颗白齿,部分已成化石,部分尚可见珐琅质。渔民好奇,用秤一称,足有27斤重。这半颗牙后来不慎被砸碎了。老百姓传说,那是

"江牛"的牙齿。

可是,有关古代牛科动物的资料显示,这些动物如原始牛、东北野牛、王氏水牛等,头上都是双角,尚未发现独角的。那些长有独角的哺乳类,如披毛犀,本属耐寒的苔原动物,身披浓密的长毛,头前耸起尖利的鼻角,只是那鼻角未必能达到五尺长;又如内蒙古地区出土的王雷兽,也很像是一头巨型的怪牛,体形粗壮肥大,腿和脖子都比较短,鼻骨上长出一只顶上分叉的巨角,犹如戴上了高大的王冠。不过,王雷兽跟披毛犀一样,都是奇蹄类动物,其足印明显不同于两瓣状的牛蹄印。再说,哺乳动物都是依靠肺来呼吸的,怎么可能长时间潜伏在水下呢?

看来,要想揭开这些谜底,只能"且听下回分解",而分解下一回的恐怕不是我了。

附录四
风来风去走风华

崔万禄

1994年4月23日至25日,我受马小星的委托,乘船渡过刚刚开冻的松花江,专程来到吉林省松原市扶余区,走访了风华乡的三个村子。"陈家围子"依然没有找到,却发现了一些新的线索。

第一次踏上江南岸

记得和马小星分手时,我曾对他说过,我在江南那边有家亲戚。其实,那个亲戚家,我还从来没去过呢。别看古恰乡和扶余区仅有一江之隔,我这回也是第一次踏上江南岸。

4月22日的早晨,我推着一辆自行车,来到了古恰屯西南的一个渡口。河水淌过这里,有岔又有弯,故名"西南岔"。从这里去江南很方便,但都是逆水行舟。

此地每逢开江前后,必有两个月左右的西南大风,已经形成规律了。22日的风特别大,我赶到渡口时,西南风已有五级,等到中午

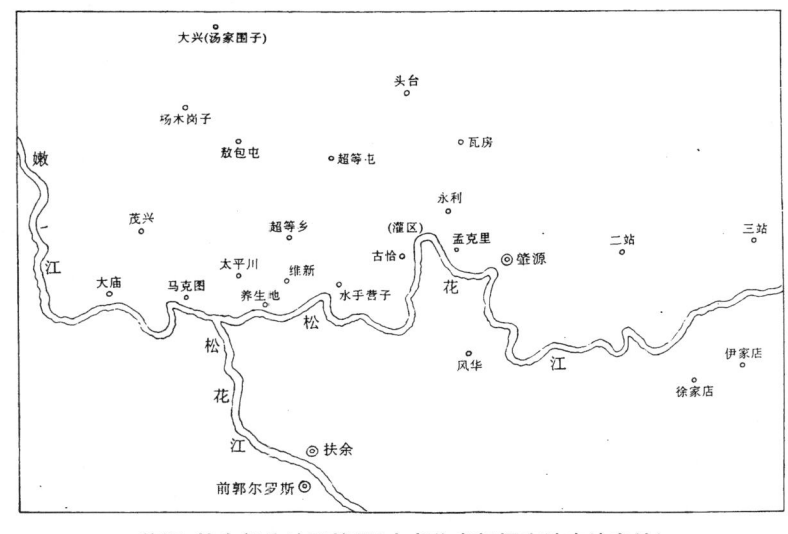

肇源、扶余部分地区简图(本书作者根据实地走访自绘)

时分,风力加大到七八级,江水变成了白头浪,一直到晚间也没能停。我在江边的瓦房子里躲了一天的风,眼看着没希望了,只好返回家去。当时和船主约定,次日起大早过江,因为当地民间向来有"南风停鸡叫,北风停日落"的说法。

第二天凌晨,大约3点钟,我顾不得洗脸,急忙骑车又赶到西南岔渡口。此时风力已有三级,船家都等急了。渡江用的是一种机械船,船身长5米,模样有点像长形浴盆,俗称"倒扳子"。船后舱安有一台12马力的柴油机。这柴油机的起动性能不佳,船家费了好大气力,一会儿用手摇,一会儿往机器里倒开水,折腾了半个小时,总算把机器发动起来了。

江面的水浪拍打着船帮,清晨的低温把人冻得瑟瑟发抖。船上的乘客,连我在内只有三人。我们都害怕半渡中遇上大风,一再催促船家加大油门。江面本来有5华里那么宽,机船驶出3华里后,又转向上游去,继续行驶了5华里,最后在长岗子附近的孙义窝棚靠了岸。

后来听当地老人说起,我渡过的这条江,早年间是叫"牡丹江"。老辈人都说,上游三岔河就是嫩江、牡丹江、松花江的分界。这与任殿元的说法正好吻合。

风华乡掉过龙吗?

从江边到长岗子村有十多华里,几乎都是沙土地,自行车很不好使。然后顺着大坝往东行,再过去10华里,就到了后长岭子屯。我要找的那家亲戚,就住在后长岭子。他是我的舅姥爷(即我母亲的娘舅),名叫李井全,是当地的老住户,熟悉本地的历史情况。我想,只有通过他,才能找到有关的知情者。后来证明我的这个想法是不错的。

舅姥爷在十年前到过我家,我能认得他,可他老人家却认不出我了。经过自我介绍,老人方才明白过来。他们全家都热情欢迎我的到来。言谈之间,我发现舅姥爷虽然年过八十,可是耳不聋,眼不花,谈吐自如,记忆力仍相当好。

风华乡一带以前是否掉过龙?舅姥爷的回答是肯定的。他向我讲述了一件往事:

"我二十几岁那阵子,听父亲李广生讲过,风华乡附近真的掉过一条龙。那龙身长二十多米,趴在地上,身高也有一两米。龙身上有鳞片,有爪子,还有胡须。大约在地上困了十来天吧,鳞片下生了很多蛆,老百姓都去给它浇水。有一天,先是下雾,接着又下雨,龙也就不见了。雨过后,老百姓再去看时,龙趴的地方只剩下一个大长坑,而且靠近尾部的地方还有几条小长沟,就像用鞭子抽打过一样。听老人们说,那是龙走时用尾巴抽打地面留下的痕迹。"

舅姥爷说,他父亲李广生虽然没有亲自去看,但这确确实实是个早年间发生过的真事。舅姥爷所说的"身长二十多米",实际上是二十多大步。因为那时还没有采用米制作为度量单位,民间估算土地面积的大小,习惯上使用男人的大步,一跨步差不多相当于一米。最近几十年通行米制,老说法也就慢慢换成了新名词。

有关"前郭旗"的新线索

早饭过后,舅姥爷扳着指头,把后长岭子屯里70岁以上的老人数了个遍,然后领着我挨门挨户地去走访。

屯里有好几个人都听到过这类传说,可就是说不具体。有一个名叫李庭玉的老人,今年83岁,他对我说:"我也是听上辈人讲过掉龙的事儿,至今都有六十年了。不知道在哪个地方,有一条龙趴卧在地上,当地很多人去给龙浇水,还搭了凉棚。听说龙身上也生了很多蛆。后来下雾下雨,龙就不见了。"

在当天上午的走访中,我无意间发现了陈庆的一个亲戚,是陈庆的侄媳妇。她的娘家本姓吴,她自己没有名字,嫁到陈家后,也就改姓陈了。陈氏今年78岁,丈夫陈国军已经去世。她告诉我,她家庭出身也是地主,不然的话也嫁不到陈家。因为那时候很讲究门当户对,有钱家的闺女不能嫁给穷人家。陈氏很熟悉她的叔公陈庆。她说,陈庆这人的脸很黑,性子很急,但很讲义气,说到做到。

我问:"您知道陈庆带人去救过龙吗?"

陈氏回答:"这倒没有听说。可我知道有那么一回,真的掉下一条龙来。记得那是'满洲国'七八年间,江南沿前郭旗附近,一条龙掉在了江边上。龙的鳞片跟簸箕一样大,有爪,有胡须。老百姓去给它搭了个凉棚,还往它身上泼水。这龙在地上趴了好些日子,好像都快一个月了。后来天上下起了大雨,龙也就跟着不见了。那阵子我还没有结婚,娘家就住在姜家窝棚,在江的北沿,离开前郭旗大约40华里。好多大人都跑去看了,我年龄小,又是个闺女,所以就没有去。"

陈氏说的"前郭旗",是个旧名。1956年在该处建立了前郭尔罗斯蒙古族自治县,与扶余县隔江相望。1973年,两县之间架起了公路大桥。后来,扶余县一度上升为市。1992年以后,又在前郭县附近建立松原市,下设扶余区和前郭区。松原市在目前的地图上查不到,因为它建立的时间太短了。

马小星和我在古恰屯、水手营子等处进行查访时,已经发现"掉龙"事件在松嫩地区曾经有过好多起。现在,陈氏提供的发生在前郭区境内的旧闻,显然又是一条新的线索。陈氏说得十分肯定,这件历史上的真事,在当地老百姓中影响很大,绝对不是那种民间传说的故事。假如她对于时间的记忆没有差错,这事应该是发生在1940年至1941年之间,距离今天还不算太遥远。要是能有人去前郭区调查一番就好了。

王和老人的追述

舅姥爷李井全告诉我,既然来到了江南,当地有一个人不可不见。此人名叫王和,住在薛家店村,年岁也大了,可能腿脚不太利落。他对于民间流传的稀奇古怪的事情知道得很多,而且还特别善于琢磨。

我一听便来了劲,连午饭都没有吃,又骑着自行车踏上了去薛家店村的土道。薛家店离开后长岭子足有20华里。我一边走一边打听,差不多花了两个小时,方才赶到薛家店。我先找了村里的一户亲戚,吃了饭,稍事休息,天色很快便黑了下来。

当我来到王和老人的家中时,老人已经躺在南炕上,衣裤已脱去,盖着被子,看情形就要入睡了。我向他问好,并说明了来意。老人非常爽快,就在炕上和我聊了起来。

王大爷说:"我知道这件事儿,有五十来年了吧。我还跑去看过,可是没赶上。"

我问:"那龙掉在了什么地方?"

王大爷说:"掉在版德市和三家子屯的中间。版德市就是今天的凤华乡,以前叫版德市。三家子在版德市西去约五六里地。陈庆那时候就住在三家子屯。记得当时好像是七八月间,一天中午,陈庆要去版德市开会,急急忙忙经过那里,就听得成群的老鸹在叫。过去一看,才发现一条龙趴卧在垄地里。龙的身子可长了,足有八十多米。这消息一传开,去看的人越聚越多。陈庆组织了十二个人给龙浇水,还给龙搭起了凉棚。我那时住在王祥窝棚屯,就在后长岭子往东去二里地。等我跑到那掉龙的地方,这天下雾又下雨,我只看到了龙在半空中……"

我在同王和老人交谈时,起先并没有提到陈庆的名字,他却说出了陈庆组织人浇水的重要情节。我赶紧问:"您当时看到陈庆了吗?"

王大爷说:"我是后去的。我赶到时,陈庆走了,浇水的人有几个还没走。那凉棚还在,塌在地上,很乱了。我看见龙趴过的地方真有一些蛆在动呢。"

我又问:"您是怎么知道那条龙的身子有八十米长?"

王大爷说:"这龙是掉在了一块东西向的垅地里。龙的身子也是东西向,顺垅趴着。垅地长一百大步,龙趴卧的地方也有八十大步。听看见的人说,这龙的身子好粗,趴在地上有五尺那么高,龙的鳞片是灰褐色的。"

王和今年86岁。我请他再回想一下事件发生的具体时间,他只能说出"五十来年",准确年份记不得了。

无论如何,王和毕竟是一位重要的见证人。他虽然没有来得及目睹这种动物的形状,但当时人们给这种动物搭过棚、浇过水,应该说是真真确确、不能否认的。陈庆组织过这类救援活动,看来也是个事实。不过,从王和老人介绍的细节来看,这条龙是掉在垅地里,不是江边沙滩上,它的身子似乎很长,至少也有几十米,而且它是白天腾空飞起,不是晚间走的,这和任殿元说的又大不相同。会不会是比1944年更早的另外一次"掉龙"呢?

陈庆可能死在三家子屯

我在后长岭子屯、薛家店村、长岗子村实地走访时,那些老人们都说,并不知道"陈家围子"这个名称。任殿元所说的"陈家围子",现在仍然是个谜。

关于陈庆其人的生平,尽管了解得还不够详细,至少知道他曾经住过两个屯子。一个就是我舅姥爷所在的后长岭子屯。这是他早年居住的地方,可能还是他的出生地。陈家住在屯里的时候,既没有大院,也没有什么炮台。那时的陈庆还是个少年,在社会上还没有什么势力。尔后有一段日子,陈庆无定居点,常在江边扶拉子一带打鱼。古恰屯的徐亚荣,小时候听陈庆讲"掉龙"的故事,便是在扶拉子。扶拉子不是屯子名,而是靠江南沿的一个网房子,也就是几户渔民凑一块儿临时居住的地方。陈庆后期定居的一个屯子,是在风华乡以西的三家子屯。王和老人跑去看"掉龙"的那一年,陈庆正是住在三家子屯,那时他已经是很有影响的人物了。他最后很可能就死在三家子屯。而关于他组织老百姓给龙浇水的事迹,后长岭子屯的人几乎不知道。因此,三家子屯是一个不可忽视的调查点。

25日清晨6点,我从薛家店返回渡口,途经长岗子村,又临时找了一位姓陈的70岁的老人。一番交谈下来,他讲不出什么新的线索。等我急忙赶到江边时,风又起来了,船家也不愿走了。经过再三恳求,总算勉强渡回。船行途中,浪不断打到船舱里,裤子和鞋都湿了。这次江南之行,真可谓来也大风,去也大风,风雨声中初访了风华乡。

　　望着渐渐远去的江南岸,我心中不免感到遗憾。因为我要急着赶回去参加肇源县第二十二期文学创作笔会,紧接着又要筹办古恰乡第三十七届体育运动大会,三家子屯是来不及去了,有关"陈家围子"的线索尚未最后查实。我想,不久以后,我也许会二下江南,再去陈庆晚年生活过的地方查个水落石出。

附录五

十五年后再启程

马小星

拙著1994年出版后,原本以为我的任务已经完成了。没想到,快十五年过去了,专业的科学工作者好像没什么动静。于是,在一些年轻人的热情鼓励下,我又背上行囊出发了。

"咋不是活的呢,它还在动哩"

2008年6月下旬,我又一次来到了黑龙江省肇源县。

相隔近十五年,古恰乡的面貌几乎认不出来了。1998年的松花江洪泛,使沿江村落蒙受了巨大损失,许多房屋都是后来新盖的。曾经作为乡政府办公地的包松林家大院,早已不见了踪影,代之而起的是一排五六层高的楼房。更令人叹息的是,十五年前我访问过的那些老乡,大半已不在人世了。吕树芹大娘还在,已届八十高龄,不仅思维有障碍,语言表达也有些困难了。但她还是认出了我,喃喃地说道:"那年,我不是都给你说了吗?"

十五年前的古恰乡文化站长崔万禄，如今已是超等蒙古族乡的党委副书记。在他和乡政府的支持下，我走访了敖包屯、杨木岗子、头台镇劳动村、大兴乡汤家围子和民意乡大庙等村庄。随着时光的流逝，经历过伪满时期的老人越来越少，寻找知情者的希望也愈加渺茫。历史上曾经发生过的"掉龙"事件，而今在乡民的讲述中，已变得影影绰绰、模糊不清，正朝传说化的方向演变。

6月25日上午，我在超等乡文化站长包玉铸陪同下，在共和村杨木岗子屯意外遇见了一位张姓大娘，她说她在小时候亲眼见过掉在地上的龙。大娘一家原先住在头台镇劳动村（从前叫腰窝堡），娘家姓张；19岁出嫁后到了杨木岗子，夫家也姓张。跟那个时代的不少农村妇女一样，她没有自己的名字，只记得母亲曾叫她的小名"小蚤子"（记音）。

张大娘现年83岁。她告诉我，看见"掉龙"是在娘家，她那时还是个小姑娘。具体哪一年记不清了，大约在10岁到13岁之间。据此推算，此事发生在1935年至1938年之间。

说起那动物的形状，张大娘记忆最深的是它的身子很粗："像腌菜的大缸那么粗，在地下趴着呢。"

我问大娘："它身上有没有鳞片？"

"那倒记不真了。光记得黑不溜秋的，还有点白，脑瓜子挺大的，下面有爪子，还有须，那须还挺长的。"

"你看到它的时候，它还活着吗？"

"咋不是活的呢，它还在动哩。那眼睛在动，须子在动，身子可没动，没水它咋动呢？"

听大娘说，当时有很多人在围观，她也挤进去看了，看见那龙的

2008年6月25日,作者在杨木岗子屯采访张大娘

眼睛里都生蛆了。有个外号叫"郭吆理"(记音)的人,五十来岁,还在嚷嚷:"这下好了,可吃上龙肉了!"最后是她的缠小脚的母亲也赶来了,将她从人堆里拽了出来,她只好跟着回家了。"我那时才多大呀。那时的孩子傻,哪像现在的孩子这么精呢。"

后来的事情都是听大人说的,说是大白天的忽然来了一块云,那龙不知怎么的就上去了。至于"掉龙"的具体位置,张大娘也说不清了,只记得那是个大甸子(大草原),没江没河的,离开屯子还挺远的。

当我们在和张大娘交谈时,屋子里又走进了几位好奇的村民。有个名叫丁财的中年男子说,他也听老辈人讲起过,在头台镇那地方,曾掉下个龙来,好几天都上不去,人们用水去浇它。后来来了一片黑云,下好大好大的雨。等雨停了,人们再赶去看,那龙就不见了。说到这儿,张大娘插话:"那龙本不该贬的,这不又叫上去了?"

第二天,在超等乡农业中心主任张树峰的引领下,我们走访了头台镇的劳动村,却没有找到更多的知情者。被访者中最年长的是名叫罗万荣的老汉,已经92岁了。他说自己一生中除了有两年外出打工外,其余日子都住在这个屯子里,可他并不清楚"掉龙"的事情。

随后,张树峰和我返回杨木岗子,再次访问了张大娘,更仔细地询问了她的身世及亲属。原来,她的丈夫张孝是这个村子的党支部书记,十多年前就去世了。第二次访谈时,张大娘的孙子也在一旁静静听着。他告诉我,以前常听奶奶说起"掉龙"的事,他也不知是真是假。

"我妈不服,一口咬定见过龙"

第二次东北之行,我还在大庆市访问了一位名叫李桂芹的妇女,她的母亲是早年松花江南岸"救黑龙"事件的见证人。然而非常遗憾的是,当我赶到大庆时,老人家已经离开人世九个月了。

事情还得回溯到2003年。这年12月15日的《大庆晚报》上,刊发了一篇四千多字的通讯,题为《考证大庆"掉龙"传说》,作者是该报记者魏国栋。通讯的主要内容是对杜尔伯特县委宣传部副部长任青春的采访,任青春再次详述了其父任殿元在陈家围子村边目击"黑龙"的经过。此文见报才两天,魏国栋就接到了一位妇女打来的电话,说她的母亲小时候亲眼见过"黑龙",地点和情景跟报上说的完全吻合。

获悉这个令人振奋的消息后,我赶紧与魏国栋取得联系,希望他尽快找到这位妇女和她的母亲。不料,魏国栋在匆忙之间,将那位妇女的姓名和电话号码顺手记在了一本工作手册上,回头再想找时,不由得傻眼了——原来这本工作手册上密密麻麻地写满了人名和号码!魏国栋隐约记得那位妇女姓黄,在石油管理局工作。他找出了一个又一个疑似的人名,打电话去询问,结果都对不上茬。这样一拖就拖了四年。

2008年6月24日,在任青春的安排下,我与魏国栋在超等乡乡政府会面。当时,魏国栋即将调往大庆电视台工作。我恳请他再冷静地回想一下四年前的细节,争取找到那位妇女的下落。

7月1日早晨,魏国栋来电告诉我,那位妇女终于找到了,她姓李不姓黄。我随即乘坐长途汽车从肇源赶往大庆。当天下午2点,我和魏国栋以及《大庆科学生活报》记者部主任曹长发、《大庆晚报》文化版编辑丁福民一起,前往李桂芹的家中采访。

李桂芹现年五十多岁,是大庆油田有限责任公司下属某单位的职工。一见面,她就连声抱怨:"你们为啥不早来呢?我还反复做我妈的思想工作,叫她别紧张,把那年在江边看见的事情原原本本地告诉记者。谁想魏记者打完电话后,就石沉大海……"

李桂芹告诉我们,她母亲名叫史玉华,老家在江南(松花江南岸)。"我姥爷(外公)是打鱼为生的。我妈小时候常去江边给姥爷送饭。那一回她也是去送饭,就看见江边许多人,端盆的,拿桶的,说是去'救龙'。"

魏国栋问:"那龙是在沙滩上吗?"

李桂芹答:"我妈没说沙滩,就说在江边,当时好多人,我姥爷也在,都在往龙身上浇水。村里还组织人搭了个棚子,用席子盖的。我妈人小,挤不到跟前去。"

"当时你妈有多大?"

2008年7月1日，作者与李桂芹(中)、魏国栋(右)合影

"也就十来岁吧，特别记事了。她说，后来下了一场特大特大的雨，从没见过那么大的雨，谁都出不了门。雨停了，那坑还在，龙却没了。"

由于无法同史老太太直接对话，关于那动物的特征，我们只能听李桂芹的转述，她强调了这么几点：第一，"身子挺庞大的，多少个席子都盖不住。"第二，"鳞片很大，像小簸箕那么大，颜色是发黑的。"第三，"那气味特冲，腥臭腥臭的。"至于头上是否有角、嘴边是否有须、腹下是否有脚，李桂芹都回答不出。

李桂芹说："我妈不认字，不会看书看报，也不受媒体影响。打我们小时候起，我妈就老说她见过龙，不知说了多少回了。特别是过年贴年画时，还有阴天下雨时，她又要唠叨一回。等我们上学了，知道世上没有龙也没有凤，就回家驳我妈，说她是迷信思想。可我妈不服，一口咬定见过龙，而且是黑龙。看了魏记者的文章，我真的很激动。看来我妈说的真有其事，不然她不会老是这么说的！"

我问:"你母亲有没有说过,她是在什么地方见到黑龙的?"

李桂芹答:"具体什么地方,我妈也说不清,反正是在江南。我把报上魏记者的文章一念,她马上说:对,对,就是这个围子!"

陈家围子?难道她和任殿元见到的是同一个事件?我和魏国栋对此都有疑惑,因为从时间上推算有蹊跷。史玉华生肖属鼠,1924年生。陈家围子事件发生在1944年,当时史玉华年满20周岁,早已不是"小时候",而且恐怕已出嫁了,怎么可能再去江边给姥爷送饭?

李桂芹告诉我们:"我妈小时候有两件事记忆最深,一件是'救黑龙',还有一件是'救太阳'。那天好吓人,一下子天全黑了,屯子里的人敲着铜盆,说是太阳被什么狗吃了,要去'救太阳'。"

回到上海后,我查阅了中国天象史料,发现1936年6月19日有过一次日全食,我国能见到这一天象奇观的正是黑龙江地区。这样看来,史玉华在松花江南岸目击"救黑龙"场景,大概也是在1936年前后,显然比任殿元见到的那一次更早。

1934年"龙骸"事件的重新发现

十五年来,在探寻神龙原型的进程中,最引人瞩目是辽宁营口1934年"龙骸"事件的重新发现。该事件发生时,也曾在当地引起不小的轰动,然而随着时代的急剧变迁,"见龙"话题成禁忌,知情者亦零落殆尽。感谢营口市史志办公室同志的努力发掘,才使这一沉埋了七十多年的奇闻再度引起媒体和公众的关注。

营口位于辽东半岛的西北部,大辽河入海口的左岸。当地属暖湿带大陆性季风气候,降水集中于夏季。1934年夏,正是在连续一个多月的大雨后，发现了那个奇异的动物。且听出生于营口的杨义顺老人的追述：

1934年夏天，营口地区大雨连绵，持续下了40多天，河北苇塘里的水没至膝盖，街面上的水也很深，许多房屋进水并倒塌。

立秋过后，天气晴朗了，但空气中始终弥漫着一股浓浓的腥臭味儿。后来有人发现苇塘中有一处地方的大片芦苇倒伏，再深入探察，便发现了在芦苇倒伏的地方有一大型动物骨骸。该骨骸很长，头上长有两个长长的角，嘴中长有几寸长的牙。

后来，西大庙前的海口医院的检疫医生身穿白大褂，戴着口罩，拿着消毒用品急忙来此消毒。消毒时有很多小白蛆蹦起一米多高，进行垂死挣扎。当局雇人把该骨头用大筐抬至河北中小街上，按原形摆放后展览。当时骨头很多，并有很多小白蛆从骨头上和抬筐中纷纷掉下和蹦出。其中，有一两个抬筐里的骨头全是小趾节骨，长约一寸左右，呈暗黄色。

展览时，当局还派人照了相，我清楚地记得在照片上应该有我。拍后的照片，我还亲眼见到，照片拍得十分清晰。

"龙骨"出现后，营口市河南有一照相馆把展出的"龙骨"拍成照片，摆在二本町的街道两边叫卖，许多来营口观看"龙骨"的外地人纷纷购买，以拿回去给家中人看。

据杨义顺说，在发现"龙骨"之前，那个苇塘里还有过怪事：

在夏季那场大雨过后，河北有一40多岁的秦姓看苇塘的人，夜间去看芦苇，当走到一通往苇塘的河汊时，突然听到苇塘中传来一阵阵瘆人的嚎叫声，声音很大，特别吓人。这个姓秦的看苇塘人吓得跑回家后，卧病20多天，并请"大仙"为他治病，说是见到了鬼。

有一李姓父子,儿子叫李贵玉,父子俩专门从事打捞落水的船锚等物件。有一天,有一地主家靠河边的祖坟碑被洪水冲入了辽河中,地主就请这父子俩给捞坟碑。父亲下河捞碑时,发现水下翻花,似有大型动物游动,于是急忙上岸。其子下水捞碑时,也发现有怪物来回游动,搅得水里昏天地暗,吓得他急忙上岸。父子俩再也不敢捞碑了。①

1934年8月14日《盛京时报》刊登的"龙骨"展览现场照片

对这一不寻常事件,当时的伪满报纸《盛京时报》做了连续报道。该报1934年8月12日的报道,用的标题是《"巨龙"全体二十八节,臭气参天,观者塞途》:

(营口)本埠河湾处,发现巨龙一节,已志昨报。兹据实讯:缘初见此巨物者,系一操舢舻业之某甲,于八日晨,遇于河湾处,时皮肉已无,由警察之监视,划至西海关码头,四署房北,空地陈列,以供世

---

① 《营口"龙"之谜》,黑龙江人民出版社2004年版,第27—28页,采访者韩晓东、李占坤。

人观瞻。记者至时已五时过矣,而观者塞途。该场由警察三名维持秩序。该龙体气参天,头部左右各生一只角,脊骨宽三寸余,附于脊骨两侧者为肋骨,每根约五六寸长,尾部为立板形白骨尾。全体共二十八段,每段约尺余,全体共约三丈余。由抬者讯,原龙卧处,有被爪冲之宽二丈、长五丈之土坑一,坑沿爪印清晰存在,至该龙骨尚存有筋条,至皮肉已不可见矣。自此龙现后,世人为之街谈巷论,究为龙否,想生理家必知云。①

《盛京时报》当年8月14日又发短讯,题为《营川坠龙研究之一:水产学校教授发表"蛟类涸毙"》:

(营口)本埠河北苇塘内日前发现龙骨,旋经第六警察分署,载往河南西海关前陈列供众观览。消息传播,无不以先睹为快,熙熙攘攘,络绎载道,一时引为奇谈。以其肌肉糜烂,仅遗骨骸,究系龙否,议论纷纭,莫衷一是。兹闻本埠水产高级中学校教授,日昨前往参观,判明确系蛟类,以今夏降雨过量,溯流入河,搁浅苇塘泥中,因而涸毙者云。②

就在这篇短讯的旁边,该报还配发了一张"龙骨"展览现场的照片。受到当时摄影技术的限制,又是从报纸上复制下来的,画面的清晰度不足,但尚可看到被绳索拦住的大批围观者,以及地上摆放的一具长长的动物骸骨。尤其是头骨上耸起的两只长角十分醒目,而且是分杈的。

祖籍辽宁本溪的漫画家李滨声,也是这次"龙骨"展出的目击者。他在1987年10月28日的《营口日报》上发表了短文《我在营口见过

---

① 《营口"龙"之谜》,第23页。
② 《营口"龙"之谜》,第24页。

龙"》，并配上了凭记忆所绘的"龙骨"展漫画。然而此文在当时并未引起太多关注。直到2004年，年届八旬的李滨声在接受采访时说：

  1932至1934年间，我父亲李荫东在营口水产渔业局工作，家也一度迁至营口，只有我留在沈阳的外祖父家里读书。每年寒暑假，我都要到营口与家人团聚。

  1934年放暑假时，我来到了营口。当时营口连续多日阴雨天，辽河水暴涨。一日，营口河北突然有人报告说，在芦苇塘中发现一具已经腐烂的大型水族动物的尸骸，当时人们都认为它是"龙"。因为它长得和传说中的龙很相像，体长有三丈多，"龙骨"和鱼类的骨头不同，三面有骨和刺。特别令人不解的是，它的头上还长有两只带杈的角，非常像画上的龙的犄角。当局请来了很多渔民对该水族动物进行辨认，竟然没有一人能够识得。

  后来，营口水产渔业局把这个巨型水族动物尸骸运到了营口西海关附近的一块空场上进行展览。幸运的是，当年我和妹妹都亲眼见到了"龙骨"展出。

  据说，当时到营口观"龙"的人特别多，而且外地到营口的火车票价还向上做了浮动。当时生活在沈阳的舅舅和表姐，还特地带着老式玻璃板相机来到营口，并拍下了"龙骨"的照片。舅舅洗出后还送给我一张。

  解放后，家人时常谈起当年在营口参观"龙"展的情景，我还拿出"龙骨"照片与大家一起欣赏。遗憾的是，由于历史原因，我的"龙骨"照片没能保存下来。①

---

① 《营口"龙"之谜》，第38—39页，采访者韩晓东。

老中医给"龙"掉鳞处上药

1934年8月在营口西海关露天展览的"龙骸",究竟属于什么动物,至今仍众说纷纭。然而幸运的是,这并不是一个孤立的事件。就在那场持续大雨到来之前,大约是当年的六七月间,在营口附近一个叫"田家"的地方,出现了一条活龙,趴在地上不能动弹,同样引来了大批民众围观。据肖素琴老人回忆:

我9岁时(1934年),人们在田家西一市场边发现了一个动物,人们都围观它,人很多,挤都挤不进去。我是站在父亲牵着的马背上观看此动物的,距该动物十几米远,看得较清楚。当时该动物仍活着,它前部有两只爪,头如"龙"头,呈方形,但没注意有没有角。其眼较圆,也较大,并发红,烂眼糊瞎的,眼睛待睁不睁的。其体型较大,较长,头很粗,依次变细,尾巴最细。体背呈灰白色,并有鳞片。整个身体弯曲呈半月形趴在地面上,尾巴卷在身体里,身体基本不动,身上有些部位已经腐烂生蛆。人们用苇席子搭成棚子,遮盖在其身上,并不断担(挑)水往其身上浇,目的是使其免于干死。

该动物从出现到消失有半个月左右时间。传说是有一天天空乌云密布,电闪雷鸣,雷阵雨过后,此动物销声匿迹,不见踪影。[1]

《营口日报》有位工作人员梁世贤,也讲述了父亲告诉他的一件"见龙"奇闻,地点也是在"田家",很可能与肖素琴所见是同一个动物,但细节更丰富:

---

[1] 《营口"龙"之谜》,第40—41页,采访者韩晓东、李占坤。

上小学时,语文课有一节内容为"天上没有玉皇,海里没有龙王,我就是玉皇,我就是龙王"的课文。学到这节课时,我感觉挺疑惑,回家就问爸爸:世界上到底有没有"龙"?

爸爸说:"咋没有呢,我年轻时就遇见过。那年我二十五六岁了,跟你妈刚结婚,也就是夏天(六七月间),一连20多天没下雨,太阳火辣辣的,有一条'龙'困在田家西南,身长有10多米。人们发现它时,龙身上都生蛆了。人们见此情景,纷纷主动从家里拿来木杆、炕席、苇栅子,给龙架起了有半里地长的凉棚。开始时人们都主动争着抢着担水往'龙'身上浇,给'龙'降温,后来时间长了,附近村屯百姓就安排各村轮流担水。咱们村身强力壮的青壮年大都去担过水救'龙'。"

我问爸爸:"'龙'长得什么样?有角吧?"爸爸说跟画上画的差不多,头上的角可大了,像木头叉子似的,爪子尖尖的,"龙"鳞有饭碗那么大,"龙"身上有伤,还有鳞片脱落。我问爸爸是活的吗,爸爸说当时"龙"已奄奄一息,有时傍晚或阴凉的时候,"龙"还能睁眼看一看,摆摆头或动动身子,但伤势不轻,还有人送些鱼肉之类想让"龙"吃,还有老中医给掉鳞处上药。为了让"龙"早日"回家",人们在附近搭起台子,摆上供品,请来各方仙人(和尚、道士,还有跳大神的)念经、作法、祈祷,百姓也都纷纷磕头下跪,求玉皇接回这条受伤的"龙"。

20多天后的一天,天空阴云密布,下起了瓢泼大雨,人们给"龙"撤掉了遮阳的苇席、栅子,躲在供台底下避雨,司仪、乐手敲起锣鼓送"龙"……大雨一连下了好几天,天晴了,"龙"没了,只留下"龙"卧过的一道沟和"龙"身上掉下的几片鳞。我问爸爸,亲自看到"龙"走时的场面了吗？爸爸说没有，那天家里有活他没去。①

柴寿康所看见的"飞龙在天"

2008年秋，我和北京作家岩铁相约走访了营口。10月23日，在营口市史志办副主任韩晓东的安排下，我们访问了83岁的柴寿康。柴老先生满头黑发，精神矍铄，嗓音洪亮。他生于营口河北区，家境贫寒，12岁才上学，读到四年级就辍学了。后来随邻居到沈阳学开车，与汽车打了一辈子交道。

2008年10月23日，岩铁在营口访问柴寿康（右）

尽管柴寿康从小生长在营口，却并不知道1934年夏天发生的"龙骸"事件。他要告诉我们的是另一件奇闻：少年时代，他和几个同伴亲眼看见了龙，那是在天上飞的龙！

这位老人也很执拗。看到电视上说"中国的龙是现实中不存在

---

① 《营口"龙"之谜》，第47—48页。

的",他心中大为不服。大约在1997年前后,他给北京的古脊椎动物馆写了一封挂号信,说他小时候确实见过龙。结果自然是没有回音。后来,他去北京探望亲属时,又给包括水产养殖在内的三个部门写信或打电话,得到的答复也很干脆:他们不管这事。直到2004年中央电视台播出了纪录片《破解七十年谜团》后,他才找到了"管这事"的营口市史志办。

柴寿康说,那件事的具体年份,他也记不准了,但还记得是夏天,阴历六月,当时他10岁左右。那天,他正和三四个小伙伴在玩耍,猛一抬头,不由得叫起来:"啊呀,快看呀,龙!龙!"

我问:"那会不会是云彩?"

"不是云彩,是龙,看得一清二楚。不光是我一个人,几个小孩都看见了。"直到今天,柴寿康还能清晰地说出那几个小伙伴的名字。

岩铁问:"您看那距离有多远?"

柴寿康答:"那说不准,反正看得可清楚了。就说那龙的模样吧,脑袋像牛脑袋,有两个角,是小角,还有须子,很长的须子;两个大眼睛凸出,身上有鳞;那爪子吧,不像画上画的鸡爪子,我看像是鳄鱼的爪子,四个爪子。你问有没有尾巴?有,像鱼尾巴,鲤鱼那样的,没有杈,扁平的……"

"那天出太阳了吗?"

"当时天稍阴,没有太阳。天上有两块云,一块白的,一块蓝的。龙在往前动,动起来像蛇那样,一弯一曲向前走,从白云彩跑到蓝云彩,就看不见了。"

"龙本身是什么颜色?"

"灰色，深灰色。"

柴寿康说，他当时还小，很难把握时间，但他会数数字。他当时就数："一、二、三、四……"大约数到十五六，龙就不见了。

其实，柴寿康所看到的情景，历朝历代都有人见过，所谓"飞龙在天"也。读者可能已经发现，本书正文中引述的"见龙"记载，要么是坠落在陆地的，要么是浮现在江湖的，或者出现在井里的，几乎没有在天上飞行的。这是因为观察飞行之物，会受到天气状况、观测距离和角度等因素制约，由此引发的质疑会更多。现在既然采访了柴老先生，他说得又是如此肯定，那么，我不妨也摘抄几则古人的记载，以供读者参考：

徐裕湖携陈效参数辈往海盐塘看日出，时方五更，诸公列坐塘上，仰见一龙从南来，作黄金色，首尾鳞甲纤悉可睹。食顷始灭。（《云间杂志》卷中）

湖州西北，一日，碧天无云，白日皎然，有二龙游戏空中，蜿蜒自在，首尾鳞鬣，纤毫毕瞩，逾时不见。观者数万人。（东轩主人《述异记》卷下）

兰台又言：尝晴昼仰视，见一龙自西而东，头角略与画图同，惟四足开张摇撼，如一舟之鼓四棹，尾扁而阔，至末渐纤，在似蛇似鱼之间，腹下正如匹练。夫阴雨见龙，或露首尾鳞爪耳，未有天无纤翳，不风不雨，不电不雷，视之如此其明者。（纪昀《阅微草堂笔记·滦阳续录一》）

康熙二十四年，丹阳湖二龙起相斗，至吴家潭。倏一龙距地不数尺许，色正白，光闪烁，鳞甲俱可数，寒气噤人，腥不可当。俄复起空中，附近民屋有吸去四五十里坠常稳圩者。（《乾隆太平府志》卷

三十二)

乾隆四十六年八月,北门外张某在田间采拾棉花,忽闻风声自西北来,四野云起,仰视空中有白龙飞舞盘旋。俄顷,向东南去,亦无他异。(《道光乍浦备志》卷十)

从上述记载所透露的气象状况来看,应该不是龙卷风作怪,而且有时仰视奇观者众多,甚至达"数万人",也不可能是个别人的幻觉。试将《阅微草堂笔记》的那则记载,与柴寿康口述的相对照,两者何其相似,这仅仅是偶然的吗?

山西原平县的"蛟羔子"

岩铁著有悬疑小说《龙迹》(长江文艺出版社2006年版),用文学的形式表达了他对神龙之谜的见解。他还在自己的博客上向公众征集"见龙"的线索。

2008年6月,有一位王先生在岩铁博客上留言,提供了他小时候在山西原平县的一段见闻。王先生是江苏泰州某公司的司机,生于河北,幼时随父所在部队迁居山西原平县。岩铁与他通了电话,根据他的口述整理成文:

我小时亲眼看到过龙,活着的龙!地点就在山西忻州原平市城区,当时叫原平县。时间大约是1978年的春天或者秋天,记得当时我穿得挺多,所以不是夏季。那年我六岁。

当时原平县城还很落后,主要街道就是一横一竖两条大街,我家就住十字路口附近的部队大院。那天傍晚一场大雨过后,我到街上去玩。记得空气湿漉漉的,有点凉,柏油路被洗得很干净,路边一侧的排水沟像一条黄色的小河。那沟大概一米五到两米宽,不到两米深,雨水快满了。虽然天色已经渐暗,但是大雨过后能见度很好,可以看得很远。

我向西过十字路口,见108医院对面,大街旁的水沟边站了好多人。听人说有龙!我挤进去一看,只见水流中露出它的一段身子,大概一米多长,不见头尾;圆滚滚的还在微微蠕动,二十来厘米粗。那鳞一片片,一层层,看得清清楚楚,就跟鲤鱼的鳞一样的。长满鳞的身子是黄颜色,和沟里的雨水一样,但是很干净,一点泥没有。

后来天色更晚了,我就回家吃饭去了。晚上我和父母说了这事,他们都不信。夜里又下了一场大雨,第二天那东西就不见了,可是县城里很多人都在议论这件事,叫那东西"蛟羔子",从此我才知道这个词。当时不明白啥含意,长大以后才想到必是这三个字,小蛟龙的意思。

三十来年了,这件事我翻来覆去想过多少遍,想不明白究竟那个东西是不是龙?反正绝不是鱼,也不是鳄鱼,更不是蟒蛇。我肯定!

这种满身是鳞、呈黄颜色的"蛟羔子",莫非就是古人屡次在井里看见过的黄龙?①

孙家振笔下的"顺德堕龙"

十五年来,在我新搜集到有关"堕龙"的历史记载中,有一则显

---

① 参阅本书第四章中有关"井龙"的记载。能够出现在井里的动物,体积应该不会太大。

得不同寻常，似有必要详细说一说。

晚清至民国年间，上海有一著名报人，名孙家振（1862—1939年），字玉声。早年曾任《申报》编辑。《新闻报》初创时，为第一任总主编，后又历任《时事新报》《舆论时事报》主编，又自办《采风报》《笑林报》《大世界》等小报，并开设上海书局。他同时又是一个通俗文学的多产作家，以"警梦痴仙""海上漱石生"等为笔名，所著小说仅长篇就达三十余种，其中以《海上繁华梦》最为风行。

我现在要说的是，孙家振还撰有一本颇为自许的史料性笔记，曰《退醒庐笔记》。此书有1925年上海图书馆初版石印本，另有1997年上海书店出版社标点排印本，但后者校勘不精，文字时有错漏。就在《退醒庐笔记》上卷中，有一则引人注目的"龙失足"，全文如下：

1925年版《退醒庐笔记》中的"龙失足"

龙为天空灵物,世人不易得见,故泰西之研究动物学者竟致目为无龙,且以典籍所载见龙、飞龙等事为妄。然龙固神秘不经见,乃有时竟亦现其全身,任人纵览,直至七日之久始复夭矫上升,为万目所共睹,斯诚足破西人无龙之说矣。

电报局员直隶顺德吴君荫清,曾与余第三婿洪子才同供职于齐齐哈尔,公余获暇,言及清光绪某年夏日,顺德某村忽大雷雨,天空堕下一龙,长三丈有奇,鳞甲黝黑,角长而尖,僵卧地中若死,殆为失足跌晕所致。一时腥闻数里,蝇蚊麇集其身。乡人诧为奇事,并虑或肇奇祸,急即焚香叩祷,并以清水灌润,欲令藉水力遁去。无如纷扰竟日,此龙兀然不动。翌日,因醵资演剧为祈禳之举,来观者益人多于蚁。至第七日,天复雷雨大作,云中复现一龙,下垂其爪,向卧地之龙作援引状。卧龙乃扬鬐舞爪,与云内之龙爪相接,由地飞升,破空而逝。雨亦旋止,农田未伤一草一木,乡人罔不额手称庆。是岁彼适赋闲家居,故目击之。

余初闻子才转述此事,以其语近荒诞,未之或信。继念天地之大,诚属无奇不有,矧子才谓吴君人素诚实,平时语不妄发,则此言当非虚构,与我笔记本旨相符,爰志之以资谈助。

据孙家振说,这件骇人耳目的奇闻,是他的三女婿洪子才转述的,而洪子才是听同事、顺德人吴荫清说的,他俩曾一同供职于齐齐哈尔电报局。我国境内有两个顺德,一在广东,一在河北。此为后者,直隶顺德府,即今天的河北省邢台地区。

事件发生于光绪某年夏季,邢台一个不知名的村庄,大雷雨中从空坠下一条龙,身长三丈多,鳞甲深黑色,头上有角长而尖,趴卧在地不能动弹,那浓烈的腥味数里外都能闻到,蝇蚁等小虫子爬满其身。村民们担心因此招来大祸,一面赶紧焚香叩祷,一面用清水去泼洒它的身体。谁知忙活了一整天,那龙竟然一动也不动。第二天,老乡们不得已,又凑了些钱请人来搭台唱戏,祈求上苍垂怜,早日将龙接回去。这一闹腾动静可就大了,远远赶来看热闹的人摩肩接踵,简直比蚂蚁还多。捱到第七天,雷雨又大作,卧龙开始抖擞起来,乘着风雨飞走了。

上述情节,与本书曾经引述的众多记载如出一辙,唯有这条卧龙起飞时的情景却令人瞠目——云团中居然又出现一条龙,它垂下长长的爪子,将卧地之龙接引上天!按理说,大雷雨中不会有人守候在堕龙现场的,纵然看到了什么景象,也应该是从远处观察的。我怀疑,所谓"下垂其爪"云云,有可能是对漏斗状云团所形成的某种奇特景观的误认。由积雨云发展而来的龙卷风,其下端有时如同一根弯曲摆动的管子,民间通常形容为"龙尾巴";一旦下端出现多个分叉,远远望去,真的就像是从天上伸下一只长长的龙爪。

孙家振说,他听到这件奇闻时,起初也不敢相信,因为太荒诞不经了,可是他的女婿洪子才却再三强调,吴荫清为人一向诚实,平日从不说诳语,何况当事件发生时,吴君尚无工作闲居在家,于是有幸成为直接目击者之一。在此类记载中能留下目击者的姓名,这在以往是很少见的,可惜没有同时记下那个村子的村名。

"绿旗塘"被脔割的怪物

2009年春,在翻检《中国方志集成》中的乡镇志时,初版于民国二十三年(1934年)的《月浦里志》卷十五的一则逸闻,令我十分惊

讶,以致夜不成寐:

民国二年(1913年)六月中旬,绿旗塘口突现一怪物,系蟒形,身长数丈,头有二角,全身有鳞,腹部有爪。乡民骤见之,以为龙也,即将其手中所持之锄耙斫而死之。远近闻者争往观看,讵该处乡民已以之宰脔殆尽。有人仅割一爪,持至县公署内,悬挂头门之旁。见者咸以为与理想之龙爪无异,惜未曾供博物家研究也。

此逸闻用浅近文言写成,其大意是说,1913年夏天,绿旗塘口出现一个很像巨蟒的大型动物,身子有几丈长,头上有两只角,全身覆盖鳞片,腹下还有脚爪。不幸的是,惊骇中的乡民挥动锄头铁耙,将这个来历不明的动物当场打死了。消息传开,远近的人都赶来观看,谁知愚昧的乡民竟把这个动物给分割了。有人割下一只爪子,把它挂在宝山县公署的大门旁展览,看见的人都说它与传说中的龙爪几乎没有什么差别。

这节才一百多字的记载,我看了一遍又一遍,反复琢磨,不敢相信这件与"龙"有关的奇闻就发生在家门口——上海市郊的宝山月浦地区。然而,这一事件已过去95年,当时在场的目击者中,倘若有个10岁少年,今天也要105岁了,而且还要头脑清醒,这几乎是不可能的。残存的希望也就是能找到目击者的第二代或第三代,即听他父辈或祖辈说起过此事。这件事在当年的月浦也算大新闻了,而且那个动物的头角、爪子、鳞片都散落在乡民中间,总该留下一些痕迹吧?

"绿旗塘"在哪里?我在民国十年出版的《宝山县续志》所附的《月浦乡图》上仔细搜寻,终于找到了"绿旗塘"这个名称,就在狮子林炮台的西南方向,那也许是条小河,也许是个水潭,距离长江边不远,周围有不少村落。一旦明确了方位,我的心反而有些发凉——几乎可以肯定,那片区域就是今天的宝山钢铁总厂所在地,纵有村庄也早在三十年前就平掉了!

我找到了长期居住在月浦镇上的严志清先生。严先生曾是当地中小学的教师,也是民间文学的搜集者和创作者。他告诉我,他的父亲与毛主席同龄,父母在世时经常讲一些前朝后代的所见所闻,但从未听他们讲过"绿旗塘"出现龙的事。他也去问过参与新编《月浦镇志》的毛念慈同志,毛说也注意到了民国《月浦里志》上的那条记载,然而无从考证其是真是假。严先生说,他并不知道"绿旗塘"这个地名,询问过几位老人,说是大概在原月浦人民公社的新生一大队那里。1978年开始建宝钢厂,第一期工程就征用了靠近长江边的新生一大队、新生二大队等土地,当地居民都被动迁到周围的新村里去了。

在黄浦区档案馆景智宇、宝山区档案局陶洪英的热情帮助下,我获知新生大队当年有部分居民搬迁至马泾桥新村。新村居委会党支部书记鲍秋英告诉我,他们早年居住的地方确实有个大水潭叫"绿旗塘"。2009年9月8日下午,我来到了马泾桥新村居委会。鲍秋英书记找来了几位年长的居民:张丽珍(72岁)、秦阿三(84岁)、龚秀文(82岁)、袁力明(71岁)。他们原先都是新生二大队的住户,"绿旗塘"即位于一大队和二大队之间。听这些老居民说,这个水潭约有一个篮球场那么大,圆圆的,一年到头都有水,碧清碧清的,下雨时水满一些,天旱时水浅一些,可是周围不通河流,也不知这水是从哪里来的。自宝钢厂征用土地后,这个大水潭就被填没了。

问起民国初年"绿旗塘"出现龙形怪物并被剐割的逸闻,在座的老人都说没有听到过。然而,非常有意思的是,这个大水潭还有两个在当地流传颇广的俗名,都与龙有关,一个叫"龙脱脚",一个叫"龙挠(音xiāo)地"。

张丽珍说:"我小时候经过那地方,就看见有个蛮大的浜。我父亲就说啦,那不是人开出来的,那叫'龙挠地'。从前有条龙经过那里,脚没有扎牢,就跌下来了,所以又叫'龙脱脚'。"张丽珍的父亲如果活到今天,应该105岁。张丽珍说,她问过小区里的其他几位老人,也都是这么说的。"脱脚"是当地方言,"龙脱脚"即上一节所引《退醒庐笔记》中的那个标题"龙失足"。难道真的有龙在那里掉下来过吗?

关于"龙挠地",龚秀文转述其父亲留下的说法,听上去更像是民间传说了:"有一天,不少人看见有条龙从那边飞过来,烟雾腾腾的,墨墨黑。经过'龙挠地'这地方,一脱脚落下来,尾巴在地上挠了挠,随后又飞走了……"后来向严志清求教,他说这个水潭的俗称"龙挠地",其实应该写作"龙逍潭"。

依然是众说纷纭,依然是迷雾重重,历史的真相究竟在哪里呢?

增订本后记

这本小书初版于1994年,是华夏出版社出版的(以下简称华夏版)。那年出生的婴儿,现在也该有24岁,差不多大学毕业了,正可以阅读这个相对漂亮的新版本了。

这次新版的是个增订本。所谓"增订",无非是两方面,一是增补,二是订正。

先说增补。本书初版以后,又陆续发现了一些珍贵的古籍记载,如《北梦琐言》所记"畬火烧龙"、《山斋客谭》所记"杭州北关堕龙"、《香山小志》所记"蒋墩降龙"等,这些大多补入了增订本第二章中。新版增幅最大的,是添加了附录五《十五年后再启程》,有12000多字。其中包括,2008年夏天我在黑龙江肇源、大庆走访的记录,2008年秋天我和岩铁去辽宁营口访问柴寿康的情况,2009年秋天我在上海市郊宝山地区寻访百年前奇闻的经过,以及1934年营口"龙骸"事件的史料和口述,还有一些不方便插入正文的古籍记载。虽然内容稍嫌驳杂,但主线清晰,环环相连。此外还增加了少量脚注,比如第一章中新增了对《周易》"龙战于野"的注释,有新的视角。

再说订正。初版本中有将近二十处错别字。如第二章中写到蒲松龄的经历,"康熙九年他南下游牧时"(华夏版37页),"游牧"是

"游幕"之讹;第四章中提到闻一多关于龙的论断,"半个世界以来一直被众多研究者奉为圭臬"(华夏版86页),"世界"是"世纪"之讹。另有一些提法不准确,如第二章中引述《聊斋志异》卷二"北直界堕龙"的记载,当时推测北直界"应该是某个村镇的名称"(华夏版34页),这是不对的,其实是北直隶地界的简称。这些在增订本中都作了改正。

推断龙是历史上真实存在过的动物,我并非第一人。仅我目力所及,学者翁长松1993年曾在《上海科学生活》上发表过一篇《龙是什么?》,引述《左传》《周易》中的记载,认为龙很可能是古代居民见过的真实动物。再往前溯,晚清的王韬、吴趼人,都曾推测龙是"古有而今无"的一种动物。我的努力主要体现在两个方面:一是尽力搜集散落在各类史籍中的"堕龙"记载,而这些记载大多为以往的研究论著所忽略;二是开始重视民间有关"见龙"的传说,并身体力行着手调查,尽管这项艰巨的工作仅仅是起步,做得还很粗浅。

1996年春,我在一本非公开出版的杂志上看到这样的记载:"50年代初,神农架苗丰乡山洞中在暴雨后还飞出一条巨龙。巨龙长达几十米,后来死在泥地里,其腥气方圆数里都能闻到。"当时我很惊讶,不知这个信息从何而来。我很想去那个叫作"苗丰乡"的地方亲自调查一下,但也知道凭一己之力奔赴神农架有困难。于是我想到了余纯顺,想去问问他,在他的行程中有没有神农架这一站。谁知还没有联系上,却传来了余纯顺在罗布泊遇难的噩耗,我不由得失声痛哭。在我们这座以追求经济利益为风尚的城市中,有两个人物显得相当另类,一个是为追踪"野人"而至死不渝的刘民壮,另一个是徒步走天下而捐躯大漠的余纯顺。我虽未与他们两位见过面,但我的心和他们是相通的。

神龙之原型,是中国文化史上最诱人也是最难解的谜案。我是无意间闯入这个迷宫的。朦胧中,我发现有扇门似乎未曾开启过,然而我的力量有限,仅仅推开了一道缝,还是看不清门背后到底隐藏着什么。我的这本小书,尽管举证丰富、引人入胜,但只要没有得到生物考古学的实证支持,它终究只是一种假说,一种不乏魅力的假说。既然我敢于质疑那些"权威性结论",那么,我的书不应该也不可能成为新的权威,去阻碍别人的探索和发现。这本小书中的观点及引证的材料,不但是可以继续探讨和争论的,也是可以批评和否定的。不然的话,科学研究怎么能够进步?

这本书初版于北京,新版回到了我的家乡上海,我感到很荣幸。衷心感谢上海社会科学院出版社,给了这本小书一个新生的机会。责任编辑袁钰超留给我良好的印象,正是她主动找到我,热情地问我是否有再版的意向。她尚未到"而立之年",但她对出版事业的认真和执著,使我这个做了半辈子编辑的人感到很欣慰。

本书新版之际,应当感谢《中外书摘》杂志原主编黄亨先生。若不是《中外书摘》在1989年大胆刊发了征文稿《我所看到的黑龙》,就不会激起我追索神龙真相的热情,也就不会有我的这本小书。2009年,当我着手对此书进行增订时,得到了黄亨的热切关注,并为我联系了出版单位。虽然其事未果,我仍感念在心。

抚今追昔,我深深怀念1994年春陪伴我前往肇源采访的先父马嵩山。这也是他一生中所做的最后一件大事。为了一个共同的目标,我还陆续结识了一批北方的朋友——任青春、戴淮明、崔万禄、魏国栋、韩晓东、岩铁。要是没有这些朋友的鼎力相助,这本书中就会缺少许多鲜活生动的访谈记录。转眼间,我们这一代探索者都在渐渐老去,而"堕龙"之谜仍未解开。

"吾生也有涯,而知也无涯",我比以往任何时候都更加真切地体会到这一感慨的沉重。趁本书新版之际,我把最热切的期望和最美好的祝愿献给正在成长中的后继者。

马小星

2018 年 7 月

图书在版编目(CIP)数据

龙：一种未明的动物 / 马小星著. — 增订本. — 上海：上海社会科学院出版社，2018
ISBN 978-7-5520-2366-4

Ⅰ.①龙… Ⅱ.①马… Ⅲ.①龙—研究 Ⅳ.①B933

中国版本图书馆 CIP 数据核字(2018)第 145860 号

龙：一种未明的动物（增订本）

著　　者：马小星
责任编辑：袁钰超　应韶荃
封面设计：李　廉
出版发行：上海社会科学院出版社
　　　　　上海顺昌路 622 号　邮编 200025
　　　　　电话总机 021-63315947　销售热线 021-53063735
　　　　　https://cbs.sass.org.cn　E-mail：sassp@sassp.cn
排　　版：南京展望文化发展有限公司
印　　刷：上海龙腾印务有限公司
开　　本：890 毫米×1240 毫米　1/32
印　　张：11.75
插　　页：2
字　　数：249 千
版　　次：2018 年 8 月第 1 版　2025 年 5 月第 12 次印刷

ISBN 978-7-5520-2366-4/B·247　　　　定价：45.00 元

版权所有　翻印必究